MUSÉE

DE

PEINTURE ET DE SCULPTURE,

OU

RECUEIL

DES PRINCIPAUX TABLEAUX,

STATUES ET BAS-RELIEFS

DES COLLECTIONS PUBLIQUES ET PARTICULIÈRES DE L'EUROPE.

DESSINÉ ET GRAVÉ A L'EAU FORTE

PAR RÉVEIL;

AVEC DES NOTICES DESCRIPTIVES, CRITIQUES ET HISTORIQUES,

PAR DUCHESNE AÎNÉ.

VOLUME X.

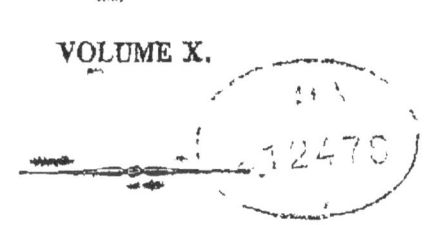

PARIS.

AUDOT, ÉDITEUR,

RUE DES MAÇONS-SORBONNE, N°. 11.

1831.

PARIS. — IMPRIMERIE ET FONDERIE DE FAIN
Rue Racine, nº. 4, place de l'Odeon.

MUSEUM

OF

PAINTING AND SCULPTURE,

OR

COLLECTION

OF THE PRINCIPAL PICTURES,

STATUES AND BAS-RELIEFS

IN THE PUBLIC AND PRIVATE GALLERIES OF EUROPE,

DRAWN AND ETCHED

BY RÉVEIL:

WITH DESCRIPTIVE, CRITICAL, AND HISTORICAL NOTICES,

By DUCHESNE Senior.

VOLUME X.

LONDON:

TO BE HAD AT THE PRINCIPAL BOOKSELLERS

AND PRINTSHOPS.

1831.

PARIS. — PRINTED BY FAIN,
Rue Racine, n°. 4, place de l'Odeon.

NOTICE

FRÉDÉRIC SUSTRIS.

Frédéric Sustris, named also, Suster, or Zeustris, and to whom the first name of Lambert was improperly given, was born at Amsterdam, about the year 1540.

A pupil of Schwartz, and afterwards of Titien, this artist retired to Munich, where he performed a great many works.

The year of his death is unknown.

NOTICE,

SUR

FRÉDÉRIC SUSTRIS,

Frédéric Sustris, nommé aussi Suster, ou Zeustris, et auquel on a donné improprement le prénom de Lambert, naquit à Amsterdam vers 1540.

Élève de Schwartz et ensuite de Titien, il alla résider à Munich où il exécuta un grand nombre de travaux.

On ignore l'année de sa mort.

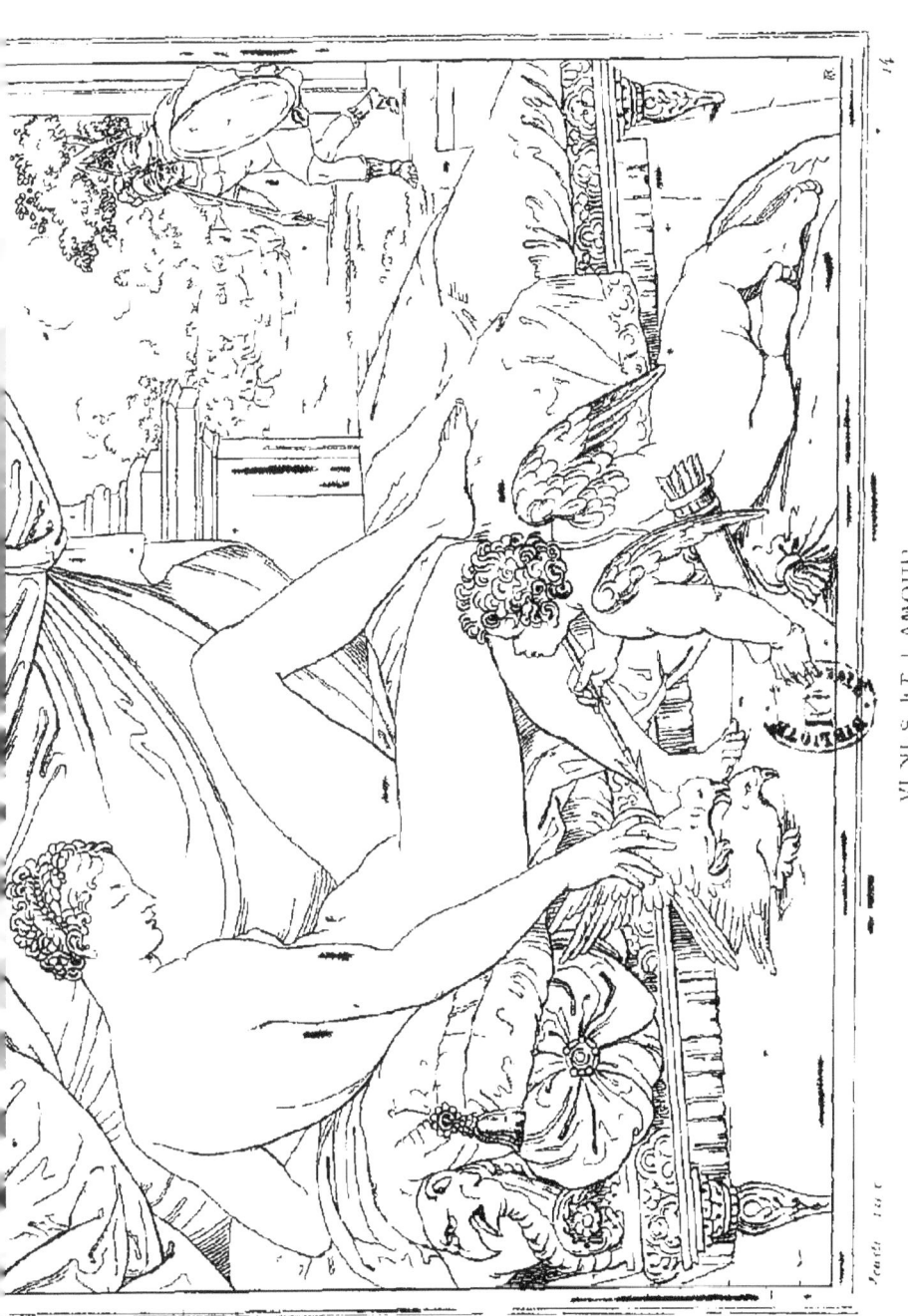

VENUS ET L'AMOUR

VÉNUS ET L'AMOUR.

La déesse de Cythère s'est retirée avec l'Amour dans une partie de son palais, pour y attendre le dieu Mars; elle a quitté tous ses vêtemens, même cette ceinture merveilleuse dont Homère a donné une description si ingénieuse. L'amour est couché sur un coussin près du lit de sa mère; il semble lui demander la permission de piquer d'une de ses flèches les colombes que Vénus caresse. Au second plan, on aperçoit le dieu Mars accourant au rendez-vous.

Ce tableau est assez bien composé, mais le dessin n'en est pas très correct. La pose de Vénus a quelque grace; sa figure est agréable, son regard amoureux et tendre. L'attitude et la physionomie de Cupidon annoncent la malice et l'espiéglerie; sa carnation, ainsi que celle de la déesse, sont d'une couleur assez suave, quoique un peu monotone; les accessoires sont vrais et de bon goût. La figure de Mars est egalement bien; mais il serait difficile d'expliquer quels sont les personnages assis autour d'une table dans le fond du jardin.

Larg., 5 pieds 8 pouces; haut., 4 pieds.

VENUS AND CUPID.

The Cytherean goddess has withdrawn with Cupid in a retired part of her palace, to await the god Mars; she has taken
off all her apparel, even that wonderful girdle of which Homer
gives so ingenious a description. Cupid is lying on a cushion
near this mother's couch : he seems to ask her permission to
wound, with one of his arrows, the doves which Venus is
fondling. In the back ground , the god Mars is seen hastening
to the appointment.

The composition of this picture is pretty good, but the
drawing is not very correct. The attitude of Venus is somewhat
graceful, her countenance is pleasing , her look is amorous and
languishing. The attitude and features of Cupid shew his
fondness for mischievous tricks : the carnations are rather of a
soft colour, although a little monotonous : the accessories are
true and in good taste. The figure of Mars also is well : but it
would be difficult to explain who are the personages seated
round a table at the bottom of the garden.

Width, 6 feet; height, 4 feet 3 inches.

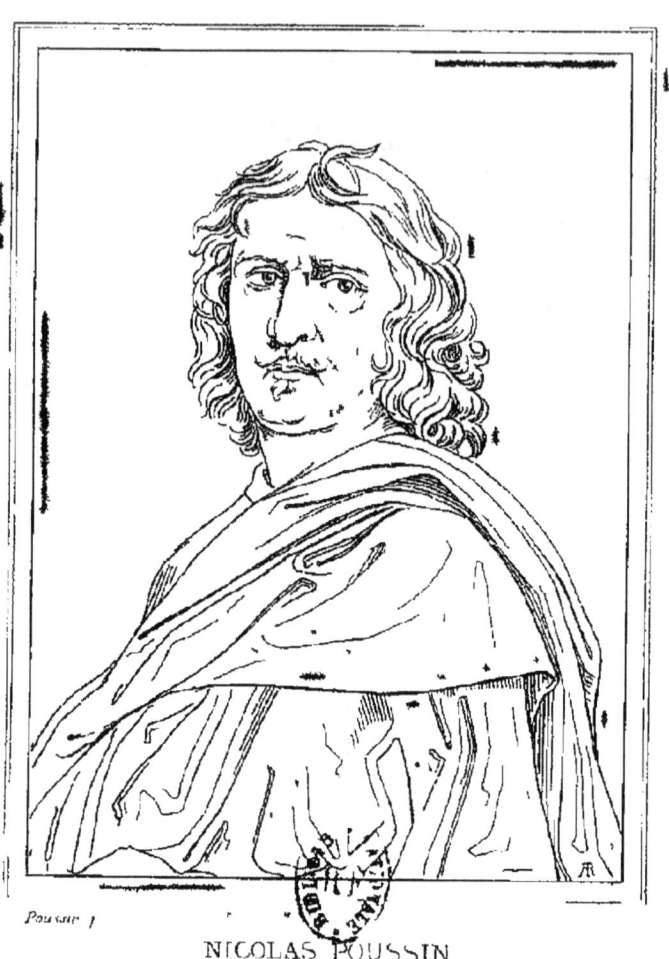

Poussin f

NICOLAS POUSSIN

NOTICE,

HISTORIQUE ET CRITIQUE

SUR

NICOLAS POUSSIN.

———

Il semble qu'il soit dans les destinées de la France de n'avoir rien à envier aux autres pays dans quelque genre de gloire que ce soit. Si l'Italie s'honore de Raphaël, l'Allemagne d'Albert Durer, et la Flandre de Rubens, la France peut se glorifier d'avoir donné naissance à Poussin, qui reçut l'épithète de peintre des philosophes et des gens d'esprit, et auquel les Italiens donne le nom de Raphaël français.

Nicolas Poussin naquit aux Andelys dans le mois de juin 1594 : son père, originaire de Soissons, avait perdu par suite des guerres civiles le peu de bien qu'il avait eu. Pendant ses premières études, Poussin manifesta son goût pour le dessin, et ses progrès furent rapides dès qu'il eut la permission de s'y livrer. Quentin Varin, peintre d'Amiens, fut son premier maître, et développa en lui les dispositions de ce talent qui reçut ensuite de si grands accroissemens. C'est de ce maître qu'il apprit à peindre à la détrempe, avec une prestesse dont on verra plus tard une preuve extraordinaire.

A l'âge de dix-huit ans, Poussin quitta la maison paternelle, et vint à Paris dans l'intention de se livrer entièrement à l'étude des beaux arts. Il reçut d'abord quelques leçons de Ferdinand Helle, peintre flamand connu par plusieurs portraits, et ensuite de Lallemant, peintre de peu de talent, mais qui pourtant composait des tableaux. Poussin sentit bientôt que de tels maîtres ne pouvaient le diriger long-temps : dès qu'il eut appris d'eux la manœuvre de l'art, il les quitta pour étudier Raphaël et Jules Romain, dont les estampes commençaient à se répandre en France, et dont il trouva des recueils assez nombreux chez un mathématicien du roi logé au Louvre.

Un jeune seigneur du Poitou, amateur de peinture, voulant faire décorer son château, engagea Poussin à le suivre, mais c'est inutilement qu'il fit ce voyage. La mère de ce jeune gentilhomme voulut charger notre artiste de travaux étrangers à son art, ce qui ne pouvait lui convenir. Avant de revenir à Paris, notre jeune peintre s'arrêta à Blois, où, pour subvenir à ses dépenses, il fit deux tableaux dans l'église des capucins. Au château de Chiverni, il peignit plusieurs bacchanales ; mais sa santé l'obligea alors d'aller passer une année dans sa famille. Il revint ensuite dans la capitale, et tenta deux fois le voyage en Italie, mais il fut forcé de s'arrêter la première fois à Florence, et l'autre fois à Lyon.

Pendant son séjour à Paris, il fut employé avec Ph. de Champagne à peindre quelques décorations dans les appartemens du Luxembourg, sous la conduite de Duchesne, artiste peu connu et qui pourtant avait le titre de peintre de Marie de Médicis. En 1623, lors de la canonisation de saint Ignace et de saint François-Xavier, Poussin fut chargé de faire six tableaux en détrempe ; une semaine lui suffit pour ce travail, qui lui fit le plus grand honneur, et lui gagna l'amitié du cavalier Marini. Enfin, l'année suivante, Poussin put effectuer son voyage à Rome ; il y arriva lorsque le cavalier Marini qu'il avait connu à Paris partait pour Naples, où il mourut peu de temps après. Le cardinal Barberini, neveu du pape Urbain VIII, auquel il avait été recommandé, quittait aussi Rome, et Poussin se trouva dans cette grande ville sans connaissance, sans appui, sans autre ressource qu'un talent peu apprécié, parce que personne ne le faisait valoir. Réduit à un état de misère qui aurait plongé une ame faible dans le désespoir, pouvant à peine tirer de ses tableaux le prix que lui coûtaient les toiles et les couleurs, notre artiste se vit forcé de donner deux sujets de bataille pour sept écus chaque, tandis qu'un jeune peintre romain reçut pour une copie le double de ce que Poussin avait obtenu pour l'original.

Malgré son état de dénûment, Poussin se trouvait heureux, il pouvait étudier l'antique et Raphaël : lié d'amitié avec François du Quesnoy, dit François Flamand, qui était du même âge que lui, et avec Alexandre Algarde, sculpteur italien, ces trois artistes étudiaient ensemble, mesuraient des statues antiques, et faisaient en cire de petits modèles. L'un d'eux, donné par Poussin à M. de Chantelou, est maintenant dans la possession de l'auteur de cette notice ; il représente Ariadne abandonnée dans l'île de Naxos, statue connue alors sous le nom de Cléopâtre ; ce morceau est on ne peut plus curieux par la perfection avec laquelle il est exécuté.

Pendant son séjour à Rome, Poussin se promenait souvent dans les environs de cette ville, et il faisait des croquis, soit pour orner ses tableaux d'histoire, soit pour composer des paysages dans le genre héroïque. Dans d'autres momens, il étudiait la perspective d'après les ouvrages du P. Zaccolini ; l'architecture d'après Palladio ; et l'anatomie, soit avec les écrits et les figures de Vésale, soit dans le cabinet de Nicolas Larche, chirurgien célèbre. En parcourant les rues, les promenades, il y examinait soigneusement les passans, leur physionomie, leur attitude, leurs vêtemens, et surtout l'expression de leur physionomie, puis en conservait des croquis dont il se servait ensuite dans ses compositions. Quant à la peinture, il prit pour modèle Dominique Zampieri ; et ramena à l'étude de ses tableaux, tandis que ceux de Guido Reni avaient jusque là obtenu la préférence.

Le cardinal Barberini, étant revenu à Rome, s'empressa
d'utiliser les talens du Poussin ; le premier tableau que lui
demanda cette éminence fut la Mort de Germanicus. Un tel
protecteur suffisait assurément pour faire cesser la détresse
que notre peintre ressentait depuis long-temps ; mais toujours
simple dans ses goûts, Poussin ne cherchait pas à tirer parti
des circonstances. Il ne faisait jamais aucun prix d'avance ;
lorsque son tableau était fini, il écrivait le prix derrière, et sa
modestie lui a fait refuser quelquefois ce qu'on voulait lui
donner au dessus de sa demande.

Vers ce temps Poussin fut attaqué près de Monte-Cavallo ; il
reçut un coup de sabre entre le premier et le deuxième doigt
de la main droite ; plus tard une maladie grave le mit ensuite
dans la gêne : c'est alors qu'il fut accueilli et secouru par un
de ses compatriotes Jacques Dughet. En 1629, il épousa Anne-
Marie, fille de son hôte. N'en ayant pas eu d'enfans, il adopta
son frère, connu sous le nom de Guaspre Poussin, et si célèbre par ses beaux paysages.

Le cavalier del Pozzo, amateur célèbre, se fit aussi remarquer par l'amitié qu'il témoigna à notre peintre : il mit à sa
disposition toutes les antiquités et les médailles qu'il avait re-
cueillies, lui fit faire des tableaux qui n'étaient pas des moin-
dres ornemens de son cabinet, puis enfin lui fit obtenir pour
l'église Saint-Pierre un tableau de saint Érasme, qui est le
seul où Poussin ait mis son nom. C'est alors qu'il exécuta pour
son protecteur la première suite des Sept Sacremens, qui a été
gravée à l'eau-forte et par Jean Dughet son beau-frère, et par
Châtillon. Il fit aussi plusieurs tableaux pour M. de Créqui,
ambassadeur de France à Rome ; les Israélites recueillant la
mane, Renaud et Armide, pour le peintre Stella ; un Triomphe
de Neptune, pour le cardinal de Richelieu. La réputation de
Poussin fut à peine connue à Paris, que le cardinal engagea le
roi à le rappeler de Rome, pour le charger de décorer la galerie

du Louvre; mais le séjour de l'Italie plaisait à notre peintre philosophe, qui disait avec raison *chi sta bene, non si muova*. Cependant, malgré sa répugnance, il fut forcé de céder; et lorsque M. de Chantelou vint à Rome, il l'emmena, à la fin de 1640.

A son arrivée à Fontainebleau, un carrosse de la cour conduisit Poussin à Paris, où il fut logé dans le jardin des Tuileries. Accueilli par le roi Louis XIII, il fut aussitôt chargé de faire, pour la chapelle de St-Germain, un tableau de la Cène, maintenant au Musée de Paris, et du petit nombre de ceux où il fit des figures de grandeur naturelle. Indépendamment des tableaux qui lui furent demandés par le roi, il fit encore huit cartons pour des tapisseries, plusieurs dessins pour des frontispices d'ouvrages imprimés aux frais du roi, puis des compositions relatives à l'histoire d'Hercule, qui devait être peinte dans la voûte de la grande galerie du Louvre.

Par arrêt du 20 mars 1641, Poussin fut nommé premier peintre du roi : cette nouvelle faveur, jointe à toutes les autres, excitèrent la jalousie de Vouet et de ses élèves, de Fouquières peintre de paysages, qui avait cru être chargé de peindre des vues de France dans la galerie du Louvre, et de l'architecte le Mercier, dont on venait d'abattre les lourds caissons qui décoraient la voûte de cette galerie. Fatigué des désagrémens que lui causaient toutes ces personnes, Poussin demanda un congé pour aller à Rome chercher sa femme qui y était restée, et partit au mois de novembre 1642; mais la mort du cardinal, celle du roi Louis XIII, et la retraite de M. des Noyers, laissèrent à Poussin la liberté de demeurer à Rome. Il y rendit de nouveaux services aux arts et à sa patrie en donnant quelques conseils à Le Brun et à Mignard. Il remplissait ainsi les fonctions de directeur, avant l'établissement de l'Académie de France à Rome. C'est sans doute à ce titre qué Louis XIV lui conserva dans cette ville sa pension, ainsi que le titre de son premier peintre.

Poussin fit en 1643 le Ravissement de saint Paul, qui lui avait été demandé par M. de Chantelou, pour servir de pendant à une copie du Rêve d'Ézéchiel, peint par Raphaël. Ce tableau ne fut payé que trois cents écus au peintre. Un si grand désintéressement ne pouvait attirer la fortune, aussi vivait-il seul avec sa femme sans avoir personne à son service. Un soir, le cardinal Massimi étant venu lui rendre visite, Poussin le reconduisit une lumière à la main. Frappé de cette extrême simplicité, l'éminence ne put s'empêcher de dire : « Combien je vous plains de n'avoir pas seulement un valet ! — Et moi, monseigneur, reprit le peintre, combien je vous plains d'en avoir tant ! »

Quoique Poussin ressentît quelques infirmités, il continuait à travailler, et son talent semblait s'accroître ; souvent on lui demandait des copies de ses tableaux, mais il préférait faire de nouvelles compositions. C'est ainsi qu'il fit pour M. de Chantelou sa seconde suite des Sept Sacremens, gravée par Pesne et aussi par Benoît Audran. Il fit aussi un second Moïse exposé sur les eaux, pour M. Pointel ; un second Frappement du rocher, pour Stella, et un second Ravissement de saint Paul, qui est plus grand que le premier, et qui se trouve au Musée de Paris. Vers le même temps, Poussin peignit le fameux tableau des Bergers d'Arcadie, Éliézer et Rebecca, la Femme adultère, la Mort de Saphire, plusieurs Saintes Familles, et ces grands paysages d'un si bel effet, qu'en les voyant on peut dire avec raison que si Annibal Carrache a créé le genre du paysage historique, Poussin l'a perfectionné. Le but que cherchait constamment ce peintre dans ses tableaux était de parler à l'ame ; il se proposait d'émouvoir sans chercher à plaire : aussi dans ses compositions tout est grand, tout est noble, tout est simple. On voit de belles masses d'architecture et point d'ornemens de détail, de superbes paysages et non des jardins de plaisance, des draperies bien jetées et non de frivoles parures. Faut-il dire qu'on lui a reproché dans cette partie d'avoir trop imité l'antique, dont on a prétendu reconnaître quelques statues dans ses tableaux. S'il a fait de tels emprunts, il se les est appropriés par une manière que personne n'a encore imitée.[1]

Si nous voulons considérer Poussin dans sa vie privée, nous le verrons heureux dans la famille de sa femme, vivant dans une maison sur le mont Pincio, se levant chaque jour de grand matin, se promenant auprès de sa maison, rentrant chez lui pour peindre pendant quelque temps, travaillant encore deux heures après son dîner; puis allant vers le soir faire des promenades où des artistes, des étrangers, des personnages de tout rang, venaient avec plaisir pour l'entendre parler sur son art, sur la philosophie, sur l'histoire; s'expliquant avec méthode, avec clarté, avec modestie, et répondant à celui qui lui demandait quel fruit le plus doux il avait recueilli de son expérience : *Celui de savoir vivre avec tout le monde.*

Dès l'année 1660, Poussin avait commencé, pour le duc de Richelieu, les tableaux des Saisons, représentant des scènes de l'Écriture sainte; en 1664, il finit le Déluge, qui fut son dernier tableau, et n'en est pas moins un chef-d'œuvre de pensée. La vieillesse de l'auteur s'y fait cependant sentir sous le rapport de l'exécution; car alors sa constitution s'affaiblissait, ses forces diminuaient. Le chagrin que lui causa la mort de sa femme vint augmenter ses infirmités; il ne pensa plus qu'au départ de ce monde, et il mourut en philosophe chrétien le 19 novembre 1665.

Ses funérailles furent faites sans pompe, ainsi qu'il l'avait ordonné; mais un grand concours de monde assista au service, qui eut lieu à Saint-Laurent in Lucina. L'épitaphe que fit Bellori se termine d'une manière remarquable par ces mots : *In tabulis vivit et eloquitur*, il vit et il parle dans ses tableaux.

Long-temps après sa mort, le gouvernement voulut rendre hommage au plus habile peintre français, et sa statue fut une des premières que fit faire le roi Louis XVI; c'est le statuaire Julien qui fut chargé de ce travail, et il s'en acquitta avec succès. M. Seroux d'Agincourt, amateur français, qui, pendant une longue résidence en Italie, n'a cessé de s'occuper des beaux-arts, a fait placer le buste de notre célèbre peintre dans le Panthéon à Rome. Il y a plus de vingt-cinq ans qu'une souscription fut ouverte à Paris pour élever un monument à la mémoire de Poussin dans le lieu même de sa naissance : quelques souscripteurs s'inscrivirent, mais le nombre n'en fut pas assez grand, et on ne put donner aucune suite à ce projet. Enfin, l'année dernière, l'ambassadeur de France, M. le vicomte de Chateaubriand, animé par de nobles sentimens pour tout ce qui est grand, a voulu qu'un monument durable fût élevé à la mémoire de Poussin dans la ville témoin de ses travaux et de sa mort; il a fait faire un buste de ce grand peintre avec un marbre tiré d'un monument antique.

Un monument d'un autre genre, et qui fait également honneur à Poussin, est un recueil de lettres publiées en 1824. Je me plais à penser que j'ai contribué à cette publication, long-temps projetée par M. Dufourny, puisque les originaux ayant été perdus vers 1790, il n'existait plus de ces lettres que des copies faites en 1760 par mon aïeul Antoine Duchesne, et qui se trouvaient alors en ma possession.

Nous n'avons pu dans cette notice parler de tous les tableaux du Poussin, qui passent le nombre de cent vingt; ils ont été gravés principalement par Jean Pesne son compatriote, Jean Dughet son beau-frère, Claudine Stella, Étienne Baudet, Rousselet, Chasteau, Gérard et Benoît Audran, ainsi que par Bartolozzi, Strange, Morghen, Folo, Blot, Laurent et M. Desnoyers. Les gravures publiées d'après Poussin passent le nombre de 900; elles se trouvent fréquemment à des prix modérés, et sont répandues dans les ateliers de tous les artistes.

HISTORICAL AND CRITICAL

NOTICE

OF NICHOLAS POUSSIN:

Such is the happy fortune of France, that she has no reason to envy other countries, in any species of glory that can be named. If Italy boasts her Raffaelle; Germany, her Albert Durer; and Flanders, her Rubens: France may well be proud of having given birth to Poussin, styled, the favourite painter of philosophers and men of genius, and whom the Italians designate as the French Raffaelle.

Nicholas Poussin was born in the Andelys, in the month of June 1594: his father, a native of Soissons, lost, in consequence of the civil wars, the slender fortune that he had acquired. Poussin, during his scholastic studies, showed a taste for drawing; and his progress was very rapid, as soon as he was allowed to devote himself wholly to it. Quentin Varin, a painter from Amiens, was the first who cultivated the germ of that talent, which afterwards acquired in his pupil, so extraordinary a growth. It was this master who taught him to paint in water-colours. An extraordinary proof, of the facility with which Poussin worked, in that branch of the arts, will be given, in the course of this notice.

At eighteen years of age, Poussin left his father's home and went to Paris, with the intention of wholly giving himself up to the study of the fine arts. He at first received some lessons from Ferdinand Elle, a flemish painter, who had made himself known by his portraits; and afterwards, he received other lessons from Lallemant, an artist of little talent, but who however produced some compositions. Poussin soon felt that he could not long remain with such masters : consequently, as soon as he had learnt the mechanical part of the art, he left them, to study Raffaelle and Giulio Romano, engravings of whose works began, at that time, to be known in France, and rather extensive collections of which, he found at one of the king's mathematicians, who lived in the Louvre.

A young nobleman of Poitou, desirous of embellishing his *château*, engaged Poussin for that purpose; but the journey was made to little purpose, as the young man's mother wished to charge our artist with the execution of works foreign to his art, and by no means suitable to him. Before his return to Paris, our young painter stopped at Blois, where, to meet his expenses, he painted two pictures, for the church of the capuchins. At the *château* of Chiverni, he painted several bacchanalian subjects; but his health obliged him to go and spend a year with his family. He afterwards returned to the capital, and twice attempted a journey in Italy, but was compelled to stop, once, at Florence, and another time, at Lyons.

While living in Paris, he was employed with Ph. de Champaigne in painting various decorations, in the apartments of the Luxembourg; under the super-intendance of Duchesne, an artist little known; but who, however, bore the title of painter to Marie de Médicis. In 1623, during the canonization of St. Ignatius and St. Francis-Xavier, Poussin was commissioned to draw six pictures in distemper : one week was sufficient to complete a work, which did him an infinite credit, and procured him the friendship of the Cavaliere Marini. In the following year, Poussin was enabled to perform his journey to Rome, and he arrived there, at the moment, when Marini, whom he had known at Paris, was setting out for Naples, where he died shortly after. The Cardinal Barberini, pope Urbain the eighth's nephew, to whom he had been recommended, was also leaving Rome, and Poussin remained in that great city, without friends

or patrons; and without any other resource, than a talent but
little appreciated; because, nobody brought it forward. He was
reduced to a state of misery which would have plunged a
weaker mind into despair, not being able to sell his pictures
for scarcely more, than the price the canvass and colours cost
him.' Our artist was compelled to part with two battle-pieces,
for seven scudi, or crowns, each: whilst, a young roman painter
received for a copy double the amount that Poussin had ob-
tened for the original.

Notwithstanding his destitute condition, Poussin felt happy;
for he was studying the antique and Raffaelle. Having formed
a friendship with Francis du Quesnoy, surnamed il Fiam-
mingo, who was of the same age as himself, and also with
Alexander Algarde, an italian sculptor; these three artists studied' together, measured antique statues, and made small
models in wax. A specimen of them, given by Poussin to
M. de Chantelou, is now in the possession of the writer of
this notice. It represents Ariadne deserted in the island of
Naxos: a statue known, under the name of the Cleopatra.
This specimen is exceedingly curious, on account of the perfection with which it is executed. While residing at Rome, Poussin
often wandered about the environs of that city, and made
sketches, either to introduce in his historical pictures, or for
the purpose of composing landscapes, in the heroic style. At
other, times, he studied perspective, out of the works of P. Zaccolini; architecture from Palladio; and anatomy, either from the
writings and models of Vesalius, or in the rooms of Nicholas
Larche, a famous surgeon. When in the streets or public walks,
he would examined attentively the faces, attitudes, costume,
and, particularly, the expression of the countenance of those
who passed. In painting he copied the style of Domenico Zampieri, and thus, revived the study of that artist's pictures; whilst
those of Guido Reni had, till then, obtained the preference.

Cardinal Barberini, having returned to Rome, was eager to

employ the talents of Poussin : the first picture, ordered by his Eminence, was the Death of Germanicus. Such a patronage was indubitably sufficient to put an end to the distress, under which, this painter had so long laboured; but ever moderate in his desires, Poussin did not seek to profit by circumstances. He never bargained for his pictures, before they were finished : but when completed, he used to write the price behind them, and, such was his diffidence, that he sometimes refused accepting what might be offered him above his demand.

About this time, Poussin was attacked by Banditti near Monte-Cavallo, and received a cut from a sword between the first and second fingers of his right hand; after which, a severe illness threw him into distress. It was then that he was welcomed and relieved by one of his countrymen, James Dughet, whose daughter, Anne-Marie, he married in 1629; but having no children by her, he adopted her brother, known by the name of Gaspar Poussin, famous for his sublime landscapes.

The Cavaliere del Pozzo, a celebrated amateur, distinguished himself also, by the friendship he displayed towards our painter : he put at his disposal all the antiquities and medals that he had collected, commissioned Poussin to paint some pictures, which were not deemed the meanest ornaments in this Amateur's Collection, and finally he procured him an order for a picture of St. Erasmus, for the church of Saint-Peter's, which is the only one there, to which, the painter has put his name. About this time he executed for his patron the Seven Sacrements; engraved, in aqua-fortis, by John Dughet, his brother-in-law, and by Chatillon. He likewise painted several pictures for M. de Créqui, the French ambassador at Rome : The Israelites gathering the manna; Rinaldo and Armida, for Stella, the painter; and a Triumph of Neptune for the Cardinal de Richelieu. Scarcely was Poussin's reputation known at Paris, than the Cardinal induced the King to recal Poussin from Rome that he might work in ornamenting the gallery of the Louvre, but Italy had more charms for our philosophical painter, who used to say quaintly : *chi sta bene, non si muova.* He was obliged however to yield, notwithstanding his dislike to the contrary : and when M. de Chantelou came to Rome, Poussin accompanied him back to Paris, about the end of the year 1640.

On his arrival at Fontainebleau, one of the court carriages conducted Poussin to Paris, and he had apartments alloted to him in the garden of the Tuileries. He was kindly received by the King, Lewis XIII; and received his Majesty's commands to paint, for the chapel of St-Germain, a picture of the Lord's Supper ; it is now in the Louvre, and is one of the few pictures, whose figures are the size of life. Besides the pictures ordered by the King, he drew eight cartoons, to be imitated in tapestry : many drawings, as frontispieces of works painted at the King's expense ; some compositions relating to the story of Hercules, which where to have been painted on the vaulted ceiling of the grand gallery in the Louvre.

By a decree, dated March 20, 1641, Poussin was appointed first painter to the King. This new mark of favour, added to the others, excited the jealousy of Vouet and his pupils; of Fouquières, a landscape painter, who had hoped to have been commissioned to paint views of France in the gallery of the Louvre; and of the architect Le Mercier, whose heavy ornaments in the vaulted ceiling of that gallery, had just been removed. Weary of the vexations these individuals caused him, Poussin asked for a leave of absence, to fetch his wife who had remained at Rome ; and he set off in November 1642. By the death of the cardinal, that of Louis XIII; and the resigning of M. des Noyers, Poussin was at liberty to remain in Rome. He there, rendered fresh services to the arts and to his country, by several hints he gave to Le Brun and to Mignard : thus performing the functions of director, previous to the establishing of the French Academy at Rome : and no doubt it was on this account that Louis XIV continued him his pension, in that city; as also the title of first painter to the King.

Poussin, in 1643, painted the Rapture of St. Paul; ordered by M. de Chantelou; as a companion to a copy of Ezechiel's Dream, painted by Raphael : and for this picture, he was paid but three hundred crowns. So much disregard to private interest could not increase his fortune, and he therefore lived with his wife, without even a servant. One evening that the Cardinal Massimi had visited Poussin, the latter was lighting him back to his carriage ; when his Eminence, struck by such extreme plainness, could not help saying to him : « How much I am concerned at your not having even one attendant. — And how much I pity you, my lord, replied the painter, for having so many. »

Although Poussin laboured under various infirmities, he continued working, and his talent seemed to increase. He was often asked for copies of his pictures, but he always preferred making new compositions. It was thus he painted for M. de Chantelou his second series of the Seven Sacraments, engraved by Pesne, and also by Benedict Audran. He painted also, for M. Pointel, a second Moses exposed on the waters; a second Striking of the Rock, for Stella; and a second Rapture of St Paul, larger than the first, and which is now in the Louvre gallery. About the same time, Poussin painted the famous pictures of the Arcadian Shepherds; Eliezer and Rebecca; the Adulteress; the Death of Saphira; several Holy Families; and those Landscapes, of so grand and so fine an effect, that on examining them, it may be correctly said that if Annibal Carracci invented the historical landscape, Poussin perfected it. The object, this painter constantly aimed at in his pictures, was to address the soul; he endeavoured to excite, without seeking to please. Thus in his compositions, every thing is grand, noble and simple : you see fine masses of architecture, and not detailed ornaments ; magnificent landscapes, and not pleasure gardens; draperies well thrown, and not frivolous dresses. Must we added that he has been reproached, in this latter part, with having, too much, imitated the antique, some statues of which, it is thought, have been recognized in his pictures. If he has thus borrowed ; these loans, he has made his own, in a manner that nobody has yet been able to imitate.

If we examine Poussin in his private life, we find him happy in his wife's family, residing in a house on Monte-Pincio, rising early every day, walking in the neighbourhood, returning home to paint for some time, working again for two hours after his dinner, then resorting in the evening to the public walks, where artists, foreigners and persons of all ranks, came with pleasure to listen to his discussions upon his own art, upon philosophy or history; explaining himself methodically, with perspicuity and modesty : and when some person asked him, what most pleasing advantage he had derived from his experience, replying : *That of knowing how to live with every body.*

As early as the year 1660, Poussin had begun for the duke de Richelieu, the Seasons, representing subjects from the Holy Scriptures; in 1664, he finished the Deluge, his last picture which, nevertherless, is a master - piece for conception: but, with respect to the execution, the author's age is felt, for his constitution and strength were then rapidly breaking. The grief, his wife's death caused him, increased his infirmities : he turned his thoughts only to leaving this world, and he died, with the resignation of a christian philosopher, Nov. 19, 1665.

According to his wishes, his burial was performed without any display of pomp; but an immense number of persons attended the service at St. Lawrence in Lucina. His epitaph, written by Bellori, concludes with the following remarkable words : *In tabulis vivit et eloquitur;* He liveth and speaketh in his pictures.

A long time after his death , the government wishing to of-ier a mark of respect to the most skilful painter, France ever had; his statue was one of the first ordered by Louis XVI: and Jullien, the sculptor, who received the order, acquitted himself of it successfully. M. Seroux d'Agincourt, a french amateur, who, during a long residence in Italy, has incessantly been occupied for the advancement of the fine arts, has caused the bust of our celebrated painter to be placed in the Pantheon at Rome. About twenty five years since, a subscription was opened in Paris, to raise a monument, in his native place, to the memory of Poussin; but the number of subscribers not being sufficient, the project was abandonned. Last year, however, M. de Chateaubriand, impelled by the noblest sentiments, for all that is great, and wishing that a lasting monument should be raised to the memory of Poussin, in the town, which witnessed, both his labours and his death, has had a bust made from an antique marble.

·A monument of another kind, and equally an honour to Poussin, is a collection of his letters published in 1824. The writer of this notice feels proud in having been the means of contributing to a publication, projected a long time before by M. Dufourny. The originals were lost, about the year 1790, and there existed only the copies which had been taken in 1760, by the writer's grand father, Anthony Duchesne, and which happened to be in the possession of the former.

We have not been able, in this notice, to speak of all Poussin's pictures, of which there are more than a hundred and twenty. They have been engraved principally by John Pesne, his countryman; John Dughet, his brother-in-law; Claudine Stella; Stephen Baudet; Rousselet; Chasteau; Gérard and Benedict Audran; as also, by Bartolozzi, Strange, Morghen, Folo, Blot, Laurent, and Desnoyers. The engravings from Poussin are more than 800 in number; they are frequently to be met with, at a moderate price, and are in the *ateliers* of most artists.

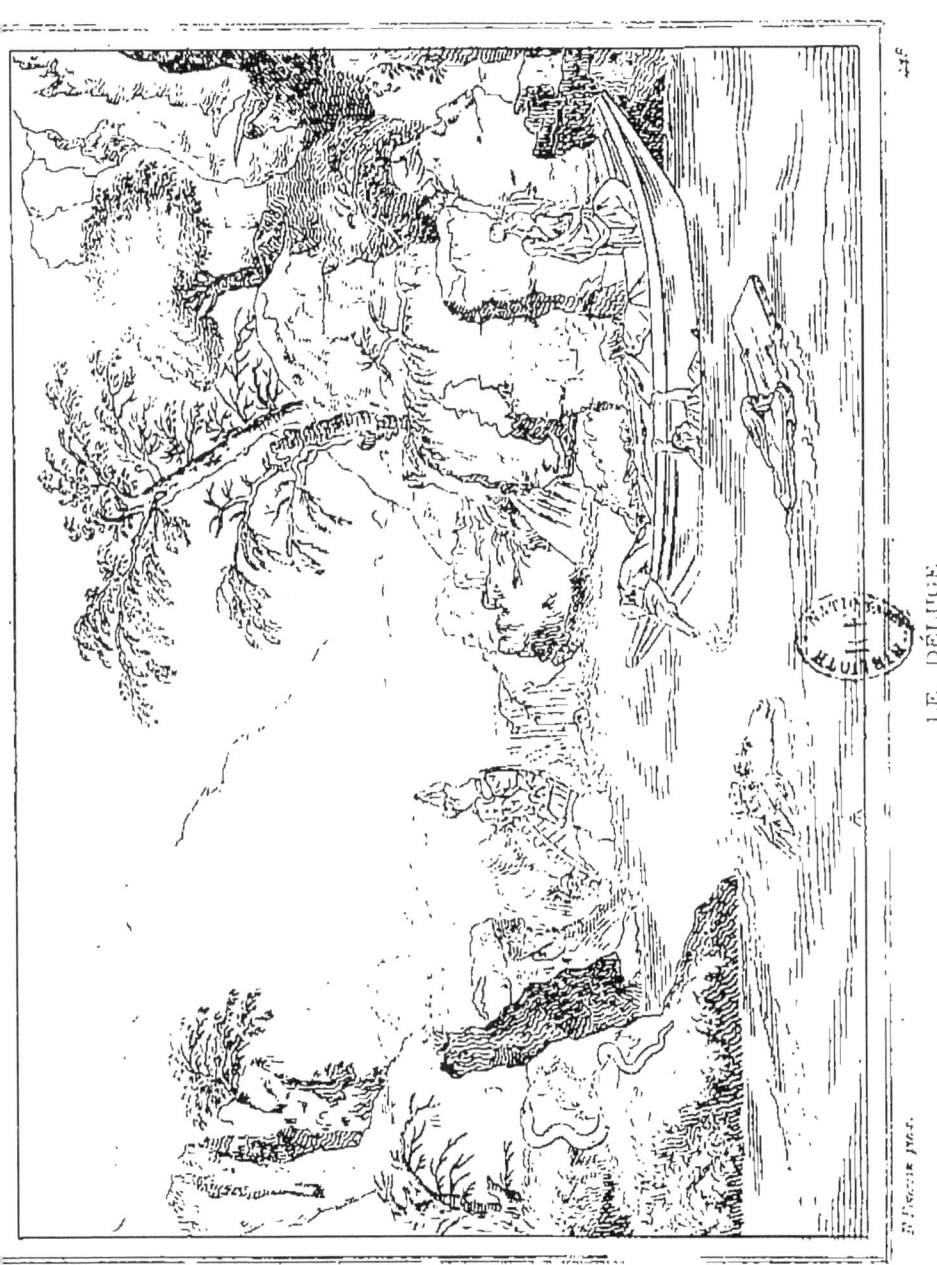

LE DÉLUGE.

LE DÉLUGE.

Plusieurs maîtres ont traité ce sujet, aucun de leurs tableaux n'a atteint la célébrité de celui du Poussin; c'est que tous ont représenté des scènes partielles, des épisodes du commencement de ce terrible phénomène : lui seul l'a représenté dans son entier, lui seul a montré la fin de cet épouvantable cataclysme, seul il a rendu cette pensée de la Bible : «Toute chair qui se trouva sur la terre expira, tous les oiseaux, tous les animaux domestiques, toutes les bêtes sauvages, tous les hommes. »

L'air est surchargé de nuages, la pluie tombe par torrens; le soleil voilé ne laisse entrevoir qu'une faible lumière; les eaux sont depuis long-temps débordées; de vastes mers confondent les plaines et les montagnes, elles montent déja vers le sommet le plus élevé des rochers. Cependant au centre du tableau, des eaux écumeuses tombant en cascade, lancent une barque contre les écueils, et l'un de ceux qui, par ce moyen, avaient espéré trouver un refuge, lève vainement les mains vers le ciel qui l'a proscrit. Sur le devant on aperçoit aussi une famille cherchant à se soustraire à la mort qui la poursuit, tandis qu'on voit l'arche voguer dans le lointain.

Jamais le coloris d'aucun tableau ne convint mieux au sujet; partout il présente des images sinistres et d'une vérité effrayante, cependant partout il est léger et transparent. Ce chef-d'œuvre fut le dernier tableau dont s'occupa Poussin, il le termina en 1664, âgé de 70 ans, et il mourut l'année suivante.

Ce tableau fait partie de la galerie du Musée, il a été gravé par J. Audran, Eichler, Devilliers et Bovinet.

Larg., 5 pieds; haut., 3 pieds 11 pouces.

448.

THE DELUGE.

Several masters have treated this subject, but none of their pictures have obtained the celebrity of Poussin's, because they all have represented partial scenes, episodes of this awful phenomenon : he alone has represented it in the whole, he alone has shown the end of this awful inundation, he alone has rendered this thought from the Bible. « And all flesh died that moved upon the earth, both of fowl, and of cattle, and of beast, and of every creeping thing that creepeth upon the earth. »

The atmosphere is overcast with clouds, the rain falls in torrents : the sun obscured displays but a faint light : the waters have prevailed from a long time : immense seas cover the plains and hills, they increase over the tops of the highest mountains. In the mean time, in the centre of the picture, the foaming billows, rushing down some precipices have dashed a boat against the rocks, and one of those who had hoped to find a refuge, in vain raises his hands to that heaven by which he is condemned. In the fore-ground, a family is also seen endeavouring to save itself from the destruction that surrounds it; whilst the ark is perceived, riding in the distance.

Never was the colouring of any picture more suitable to the subject : it every where presents awful images and of a dreadful truth, yet it is, in all its parts, light and transparent. This master-piece was the last picture at which Poussin worked, he finished it in 1664, being 70 years old, and died the following year.

This picture forms part of the gallery of the Museum : it has been engraved by J. Audran, Eichler, Devilliers, and Bovinet·

Width; 5 feet 4 inches; height, 3 feet 11 inches.

448.

ELIEZER ET REBECCA

ÉLIÉZER ET RÉBECCA.

Pour bien sentir cette composition, il faut se reporter aux temps anciens où l'hospitalité s'exerçait d'une manière toute différente de la nôtre, et penser aussi à l'importance que l'on attache aux sources d'eau vive dans les pays orientaux.

Le tableau de Poussin est empreint d'une grande naïveté et d'une profonde philosophie, que l'auteur a puisées dans la Genèse, où il est dit : sur le soir, au temps où les filles avaient coutume de sortir pour puiser de l'eau, Éliézer fit reposer ses chameaux près du puits, et dit : Seigneur, Dieu d'Abraham, faites que je rencontre aujourd'hui ce que je désire, je me tiendrai près de cette fontaine. Que la fille à qui je dirai, baissez, je vous prie, votre vase, afin que je boive ; et qui me répondra, buvez et je donnerai aussi à boire à vos chameaux, soit celle que vous avez destinée à Isaac votre serviteur. A peine avait-il achevé, qu'il voit venir Rébecca qui descendit à la fontaine et remplit son vase. Éliézer lui dit alors : Donnez-moi, je vous prie, un peu à boire de l'eau que vous portez dans votre vase. Elle lui répondit : Buvez, seigneur ; et aussitôt, baissant son vase, elle lui donna à boire ; puis elle ajouta : Je vais aussi chercher de l'eau pour vos chameaux. Cependant, Eliézer considérait cette jeune fille avec étonnement. Lorsque les chameaux eurent achevé de boire, le serviteur d'Abraham offrit à Rébecca un bijou d'or qui pesait un demi-sicle et des bracelets qui pesaient dix sicles, puis lui demanda de qui elle était fille.

Ce tableau a été peint vers 1648 pour M. Pointel, il est maintenant dans la galerie du Musée. Il a été gravé par Gérard Audran.

Larg., 6 pieds 1 pouce ; haut., 3 pieds 9 pouces.

779

ELIEZER AND REBECCA.

'To fully feel this composition we must go back to former times when hospitality was exercised in a manner quite different from ours; and we must also bear in mind the importance attached in Eastern countries to running streams.

Poussin's picture is impressed with great simplicity and deep philosophy, which he derived from Genesis, where it is said that Eliezer made his camels to kneel down without the city, by a well of water, at the time of the evening, even the time that women go out to draw water. And he said, O Lord God of my master Abraham I pray thee, send me good speed this day. Behold, I stand here by the well of water. Let it come to pass, that the damsel to whom I shall say, Let down thy pitcher, I pray thee; that I may drink; and she shall say, Drink, and I will give thy camels drink also : let the same be she that thou hast appointed for thy servant Isaac. And it came to pass, before he had done speaking that, behold, Rebecca came out, and she went down to the well, and filled her pitcher. Eliezer said to her, Let me, I pray thee, drink a little water of thy pitcher. And she said, Drink, my lord : and she hastened, and let down her pitcher upon her hand, and gave him drink; and she said, I will draw water for thy camels also. And Eliezer wondered at this damsel, and as the camels had done drinking he took a golden earring of half a shekel weight, and two bracelets for her hands of ten shekels weight of gold : and then said to her. Whose daughter art thou; tell me I pray thee ?

This picture was painted for M. Pointel, about the year 1648 : it now is in the Gallery of the Louvre. It has been engraved by Gerard Audran.

Width, 6 feet 5 inches ; height 4 feet.

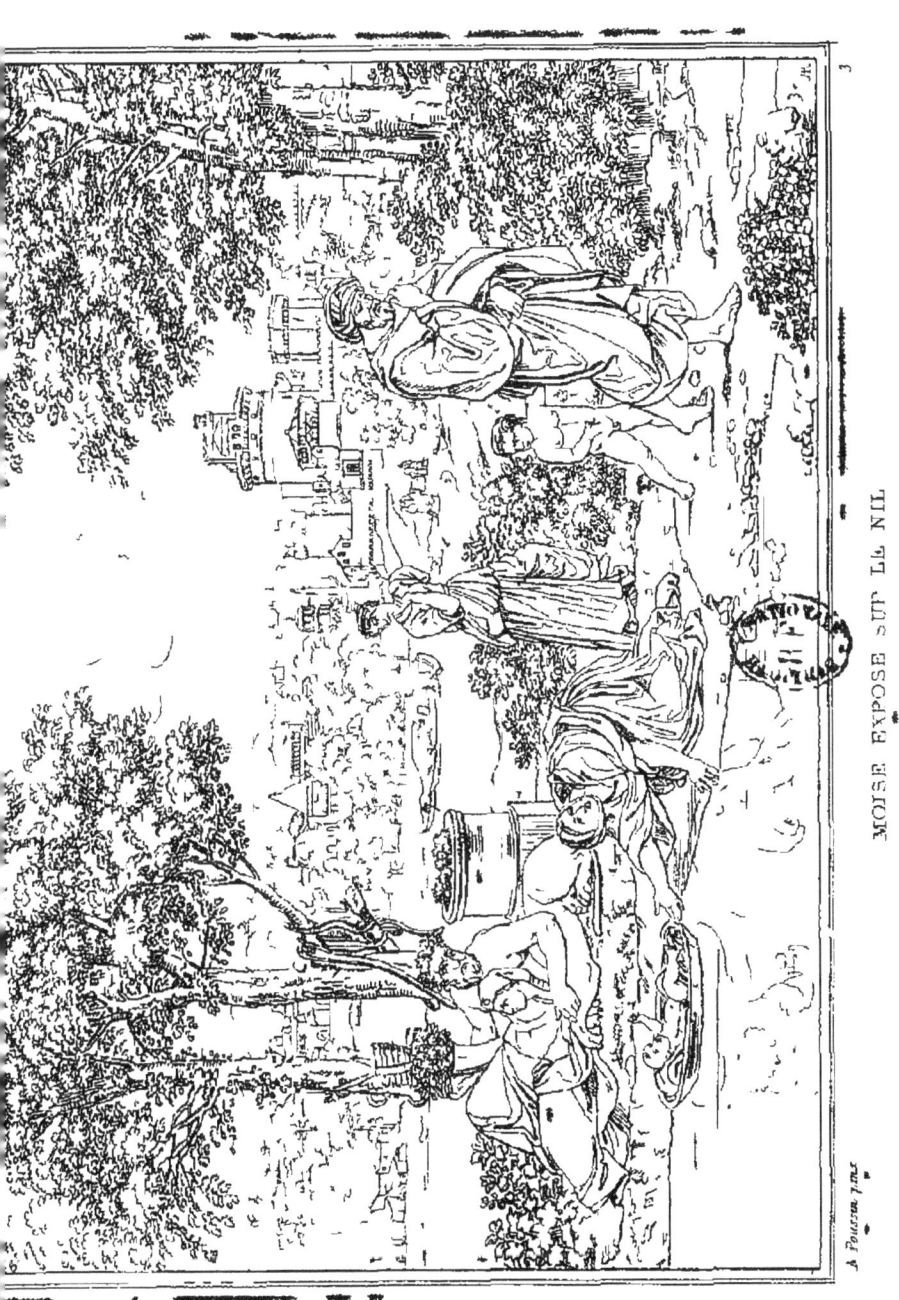

N. POUSSIN pinx.

MOISE EXPOSE SUR LE NIL

MOÏSE EXPOSÉ SUR LE NIL.

Ayant fait connaître les motifs de l'exposition de Moïse, lorsque, sous le n°. 657, nous avons donné ce même sujet peint par Romanelli, nous n'aurons rien à ajouter relativement à son histoire.

C'est, en 1654, étant âgé de soixante ans, que Poussin fit pour son ami Stella, ce tableau de Moïse exposé sur le Nil. Toujours sublime dans ses compositions, le peintre a su réunir dans un même tableau des expressions variées, quoique tous les personnages soient mus par un sentiment semblable, l'intérêt qu'ils prennent au malheureux enfant dont l'existence est menacée.

L'enfant couché dans une corbeille enduite de bitume, ne connaissant rien du danger, est dans une parfaite sécurité, tandis que la mère paraît désolée de n'avoir d'autre moyen pour le sauver du massacre général, que de le laisser à l'abandon sur le fleuve. La sœur de Moïse, voyant venir la fille de Pharaon, semble se livrer à l'espérance et fait signe à sa mère de se retirer en silence. Déjà le vieux Amram s'éloigne avec résignation de ce lieu, et emmène avec lui Aaron qui semble témoigner quelque étonnement de ce qu'on laisse ainsi son jeune frère.

Le paysage est un des plus beaux qu'ait peints Nicolas Poussin. Les hautes tours, les palais, les fabriques indiquent une grande ville, le fond est très-riche et très-varié.

Ce tableau a fait partie de la galerie du Palais-Royal, il est maintenant dans la possession du comte Temple, qui l'a payé 20,000 francs. Il a été gravé par Claudine Stella, en 1612, et depuis par Charleau et par Benoît Audran.

Larg., 6 pieds 4 pouces ; haut., 4 pieds 8 pouces.

MOSES EXPOSED ON. THE NILE.

Having given the motives of the exposure of Moses; when, under n°. 657, we described the same subject, painted by Romanelli , we have nothing to add relative to that story.

It was in 1654, that Poussin being sixty years old, painted, for his friend Stella, this picture of Moses exposed on the Nile. Ever sublime in his compositions, this artist has found the means to combine in the same picture varied expressions, although the personages are all excited by a similar feeling, the interest taken in the fate of the unfortunate child whose very existence is threatened.

The infant, in a basket daubed with pitch, unconscious of any danger, lies in perfect security; whilst its mother is in despair at having no other means to save it from the general massacre that to abandon it on the river. Moses' sister, perceiving Pharaoh's daughter approach, seems to yield to hope, and beckons her mother to withdraw in silence. Old Amram has already retired with resignation from the spot, taking with him Aaron, who appears to feel some astonishment at his young brother being left thus.

The landscape is one of the finest painted by Nicholas Poussin. The high towers, the palaces, the buildings, display a vast city, and a very rich and highly varied back-ground.

This picture formed part of the Gallery of the Palais-Royal : it now is in the possession of Lord Temple, who paid for it 20,000 franks, about L. 800. It, in 1612, was engraved by Claudine Stella, and since by Charteau; and by Benoit Audran.

Width 6 feet 9 inches ; height 5 feet.

1713.

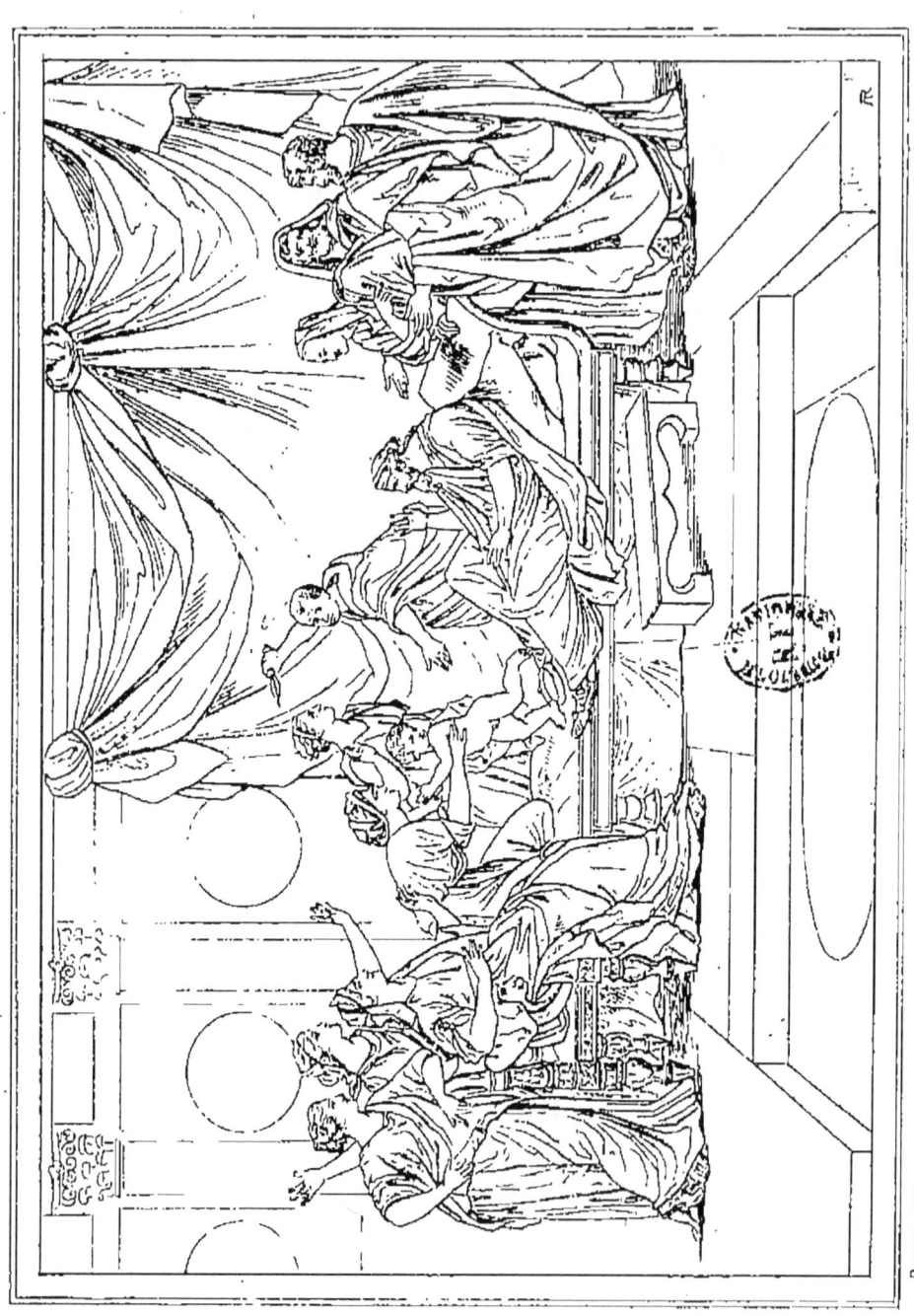

MOISE ENFANT FOULE AUX PIEDS LA COURONNE DE PHARAON

MOÏSE ENFANT

FOULE AUX PIEDS LA COURONNE DE PHARAON.

L'historien Josèphe, en parlant de Moïse, raconte qu'à l'âge de trois ans, cet enfant était si beau et annonçait tant d'esprit que Thermutis, fille de Pharaon, l'adopta et le présenta au roi, en lui disant que son désir était de le voir succéder au trône d'Égypte. Le roi, voulant faire plaisir à sa fille, posa sa couronne sur la tête de l'enfant ; mais aussitôt Moïse la jeta par terre, et la foula à ses pieds. L'un des prêtres regardant cette action comme d'un mauvais augure, voulait le faire périr, mais Thermutis l'enleva sur-le-champ.

Poussin, en retraçant cette scène, a représenté le jeune Moïse au moment où il vient de marcher sur la couronne : le prêtre, scandalisé de cette action, tire son poignard pour en percer l'enfant, qui dans son effroi se jette dans les bras d'une des femmes de Thermutis. Le roi paraît plus surpris que fâché ; tous les personnages prennent part à l'action, et les groupes sont bien disposés ; on peut même dire que ce tableau intéressant par le sujet, savant par l'ordonnance, est sublime par l'expression.

Félibien en parlant de ce sujet ne dit pas que Poussin l'ait traité deux fois ; cependant il s'en trouvait une répétition chez le duc d'Orléans. Ce second tableau est maintenant dans le cabinet de M. Migneron, à Paris. Lors de l'estimation de la galerie du Palais-Royal, en 1791, il ne fut estimé que 8000 francs, et cependant il est parfaitement beau et bien conservé.

Le tableau qui est au Musée a été gravé par M. Bouillard.

Larg., 4 pieds 1 pouce ; haut., 2 pieds 10 pouces.

THE CHILD MOSES

TRAMPLING ON PHARAOH'S CROWN.

The historian Josephus, speaking of Moses, relates that at the age of three years, this child was so beautiful and displayed such an extraordinary mind, that he was adopted by Thermutis, Pharaoh's daughter, who presented him to the king, at the same time, imparting her wish, to see him succeed to the throne of Egypt. The king, willing to please his daughter, placed his crown on the child's head, but Moses suddenly cast it on the ground, and trampled it under his feet. One of the priests, looking upon this action as an ill omen, endeavoured to destroy the infant, but Thermutis immediately withdrew him.

Poussin, in delineating this scene, has represented young Moses, the moment after he has trampled on the crown : the priest scandalized at the action, draws his dagger to stab the child, who, in his fright, throws himself in the arms of one of Thermutis's female attendants. The king appears more astonished than angry ; all the personages take an active part, and the groups are well distributed. This picture, the subject of which is interesting, and the composition learned, may be said to be sublime for the execution.

Felibien, speaking of this subject, does not mention that Poussin treated it twice; and yet, there existed at that time a duplicate of it, in the Gallery of the duke of Orléans. This second picture is now at Paris, in M. Migneron's Collection. In the appraisement of the Gallery of the Palais-Royal, in 1791, it was valued at 8000 francks, or L. 320, only, though perfectly beautiful and in high preservation.

The picture in the French Museum has been engraved but once, by M. Bouillard.

Width, 4 feet 4 inches; height, 3 feet.

RAPHMINI DU ROCHER

FRAPPEMENT DU ROCHER.

Lorsque le peuple d'Israel sortit d'Égypte, il traversa le désert et, se trouvant campé à Raphidim, il manquait absolument d'eau. Mais Moïse s'étant adressé à Dieu, le Seigneur lui répondit : « Marchez devant ce peuple, menez avec vous des anciens d'Israel, prenez en main la verge dont vous avez frappé la mer, et allez jusqu'au rocher d'Horeb, je me trouverai là moi-même ; vous frapperez ce rocher et il en sortira de l'eau, afin que le peuple ait à boire. »

Poussin fit ce tableau, en 1649, pour son ami Antoine Stella ; cette composition est supérieure à celle qu'il avait faite quinze ans auparavant pour M. de Gillier, attaché au maréchal de Créquy, ambassadeur de France à Rome. Cependant quelques personnes prétendirent que l'eau, venant de sortir du rocher, n'avait pas eu le temps de se creuser un lit aussi profond. Poussin répondit à cela dans une lettre adressée à Stella lui-même, « Qu'apparemment la disposition du lieu où ce miracle se fit devait être de la sorte qu'il l'a figurée, parce qu'autrement l'eau n'aurait pu être ramassée, ni prise pour s'en servir dans le besoin qu'une si grande quantité de peuple en avait, mais qu'elle se serait répandue de tous côtés. »

Peut-être pourrait-on adresser au peintre un reproche plus fondé, c'est d'avoir laissé Moïse encore dans l'action de frapper le rocher, tandis que l'eau coule depuis long-temps, puisqu'on la voit déjà loin de sa source. La pose de cette figure n'a pas non plus toute la majesté que l'on pourrait désirer. Ce tableau n'en est pas moins un des plus remarquables de la galerie de l'Hermitage. Il a été gravé par Claudine Stella.

Larg., 5 pieds 10 pouces ; haut., 3 pieds 8 pouces.

683.

MOSES STRIKING THE ROCK.

When the people of Israel had left Egypt, they crossed the desert, and, being encamped in Kadesh, they had no water. But Moses prayed unto God, and the Lord answered him, saying : « Take the rod, and gather thou the assembly together, thou; and Aaron thy brother, and speak ye unto the rock before their eyes ; and it shall give forth his water, and thou shalt bring forth to them water out of the rock : so thou shalt give the congregation and their beasts drink. »

Poussin did this picture, in 1649, for his friend Antoine Stella : this composition is superior to the one he had done fifteen years before for M. de Gillier, in the suite of the Marshal de Crequy, the French ambassador at Rome. Nevertheless some persons pretend that the water from the rock had not had sufficient time to get so deep a bedding. To this Poussin replies in a letter addressed to Stella himself ; « That most likely the spot where this was wrought was disposed in the manner he had delineated it, for otherwise the water could not have been gathered or taken up for the use of so numerous a population, but that it would have spread on all sides.

Perhaps a more serious criticism may be applied to the painter, that of having left Moses in the act of striking the rock, whilst the water has flowed from a considerable time, it being seen far from its source. Nor has the attitude, of the figure all the grandeur that might have been expected. Still it is one of the moset remarkable in the Gallery of the Hermitage. It has been engraved by Claudine Stella.

Width 6 feet 2 inches; Height 3 feet 10 ½ inches.

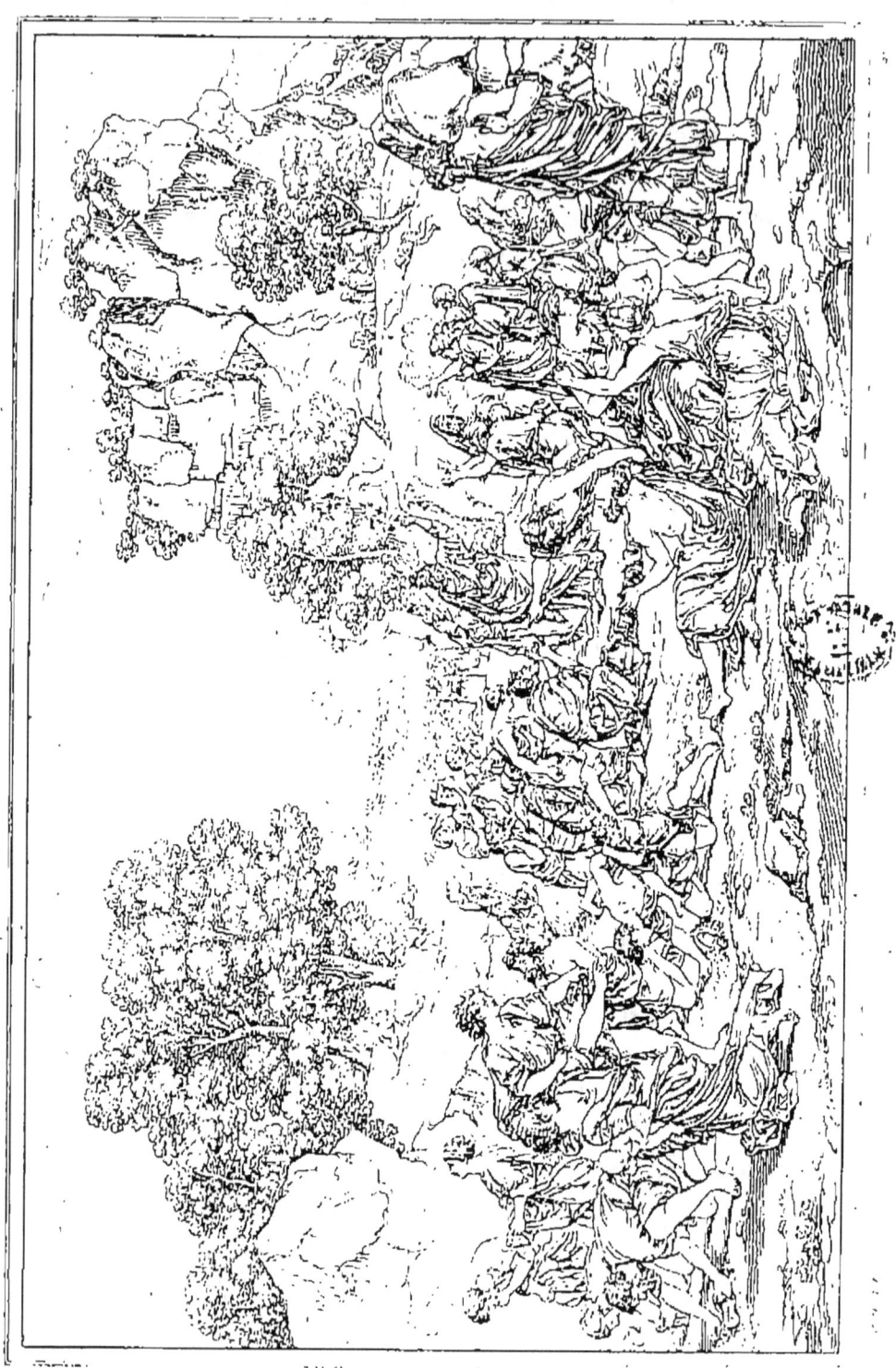

LA MANNE.

Le peuple d'Israël, après avoir traversé la mer Rouge, fut obligé de passer les déserts de l'Arabie, et leurs provisions se trouvant épuisées, ils murmuraient contre Moïse. Dieu fit alors tomber avec la rosée, de petits grains blancs, dont la vue étonna les Israélites, qui s'écrièrent : *man-hu? qu'est cela?* Cette nourriture céleste reçut alors le nom de *manne*. Elle continua à tomber de même tous les matins, excepté le jour du sabbat, pendant les quarante années que le peuple campa dans les déserts, avant d'entrer dans la Judée ou Terre promi e.

Poussin avait beaucoup étudié l'antique, et l'on trouve ici l'application de ses études. L'homme debout dans l'étonnement, à droite, a les proportions du Laocoon; la femme à demie couchée, ainsi que celle qui lui présente le sein, sont imitées de Niobé; le vieillard, couché et vu par le dos, ressemble, au Sénèque; le jeune homme, qui lui montre l'endroit où tombe la manne, tient beaucoup de l'Antinous.

Dans le groupe opposé, des deux jeunes gens qui se battent, l'un est pris sur l'un des lutteurs, l'autre sur l'un des enfans de Laocoon; l'homme à genou paraît dessiné d'après l'Hercule Commode; le jeune homme qui tient une corbeille a du rapport avec l'Apollon du Belvédère, et la femme à genoux sur le devant tient beaucoup de la Diane d'Éphèse.

Ce tableau fut peint pour M. de Chanteloup, et terminé dans le mois de mars 1639. Il est placé dans la galerie du Louvre. G. Chasteau et B. Audran l'ont gravé tous deux.

Larg., 6 pieds; haut. 4 pieds 6 pouces.

MANNA.

After passing the Red Sea, the children of Israel had to traverse the deserts of Arabia: Their provisions being exhausted, they murmured against Moses; on which God caused showers of small white grains to fall with the dew, at the sight of which the astonished Israelites cried out: *Man-hu? What is this? —* Hence the celestial food was called *manna.* It continued to fall every morning, except on the sabbath-day, during the forty years of their sojourning in the wilderness, before they entered Judea, the Land of Promise.

Poussin had closely studied the antique, and we see the application of his knowledge in this picture. The man standing with an air of amazement on the right, exhibits the proportions of the Laocoon; the woman sitting on the ground, and the other who is offering her the breast, are the imitations of the Niobe; the old man reclining with his back towards us, resembles the Seneca; and the young one, who is pointing out to him where the manna is falling, bears a striking likeness to the Antinous.

In the opposite group, one of the two youths contending, is taken from one of the wrestlers, and the other, from one of the sons of Laocoon; the man kneeling appears to have been designed after the Hercules Commodus; the young man with a basket has some relation to the Apollo Belvedere, and the woman on her knees in the foreground, a strong affinity to the Diana of Ephesus.

This picture was painted for M. de Chanteloup, and was finished in March 1639. It is now in the gallery of the Louvre: is has been engraved by G. Chasteau and B. Audran.

Width, 6 feet 4 inches; height, 4 feet, 9 inches.

852.

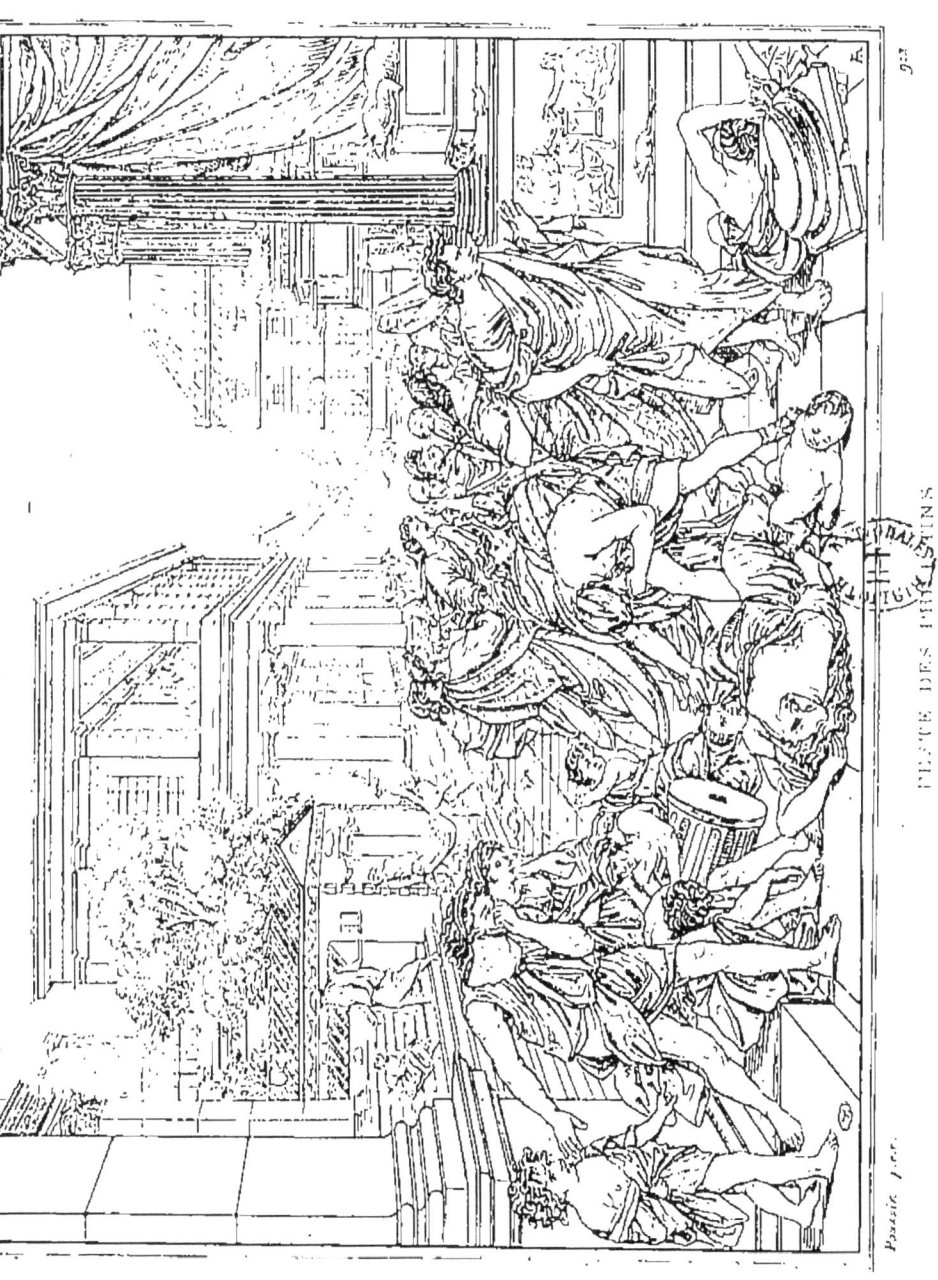

PLACE DES PHILISTINS.

PESTE DES PHILISTINS.

Les Philistins, ayant vaincu les Israélites, emmenèrent l'Arche d'alliance dans leur ville d'Azot, et la placèrent dans le temple de Dagon. Le lendemain l'idole se trouva renversée devant l'Arche sainte. Ensuite « la main du Seigneur s'apesantit sur ceux d'Azot et les réduisit à une extrême désolation; il les frappa de maladie, il sortit tout d'un coup une multitude de rats, et l'on vit dans toute la ville une confusion de morts et de mourans. »

Poussin a représenté cette scène de désolation avec la supériorité que l'on remarque dans toutes ses compositions. A droite, on voit le temple de Dagon et l'idole renversée ; un groupe de Philistins s'avance vers le temple pour s'assurer de l'exactitude du prodige que leur annonce le prêtre. Sur le devant, au milieu une mère vient d'expirer, près d'elle un de ses enfans est déjà mort, tandis qu'un autre plus jeune cherche encore à s'alimenter sur le sein de sa mère; mais un homme, dont l'action fait connaître l'infection qu'il ressent, cherche à le repousser. A gauche, d'autres personnes semblent amenées sur cette place pour donner secours aux mourans; dans le fond on voit deux hommes enlevant un malheureux que la mort vient de frapper.

Poussin fit ce tableau à Rome en 1630, à une epoque où son mérite n'était pas encore reconnu. Il lui fut payé environ 300 fr., et dans l'inventaire du musée il est porté au prix de 30 mille francs. Après avoir appartenu à un sculpteur nommé Matheo, il passa chez le duc de Richelieu, puis fut acheté par le roi. Il a été gravé par Ét. Picart et par Niquet.

Larg., 6 pieds; haut., 4 pieds 7 pouces.

THE PLAGUE OF THE PHILISTINES.

The Philistines having vanquished the Israelites and taken the Ark of the Covenant, brought it to Ashdod, and placed it in the temple of Dagon. «And when they of Ashdod arose early on the morrow behold, Dagon *was* fallen upon his face to the earth before the ark of the Lord... And the hand of the Lord was heavy upon them of Ashdod, and he destroyed them, and smote them with emerods, « [and sent mice among them *that marred the land.* And there was seen a confused multitude of the dead and dying throughout the city.]

Poussin has represented this scene of desolation, with his accustomed superiority. On the right, is seen the temple of Dagon, with the prostrate idol, and a group of Philistines arriving, to be assured of the reality of the prodigy, announced by the priest. In the foreground, in the centre, is a mother who has just expired, with one of her children lying dead beside her; while another, younger, is attempting to seek its wonted aliment from her breast, but is prevented by a man, whose attitude marks, that his senses warn him of the infection. On the left, are a number of persons, who appear to arrive for the purpose of succouring the dying; and, in the background, are two men, bearing off the body of a wretch who has just fallen a victim to the pestilence.

Poussin painted this piece in 1630, before his merit was known, and sold it for 300 francs : in the inventory of the Museum, it is estimated at 30,000. After belonging to a sculptor named Matteo, it became the property of the Duke of Richelieu, and was afterwards purchased by the King: it has been engraved by Etienne Picard, and by Niquet.

Width, 6 feet 4 inches; height, 4 feet 11 inches.

91°.

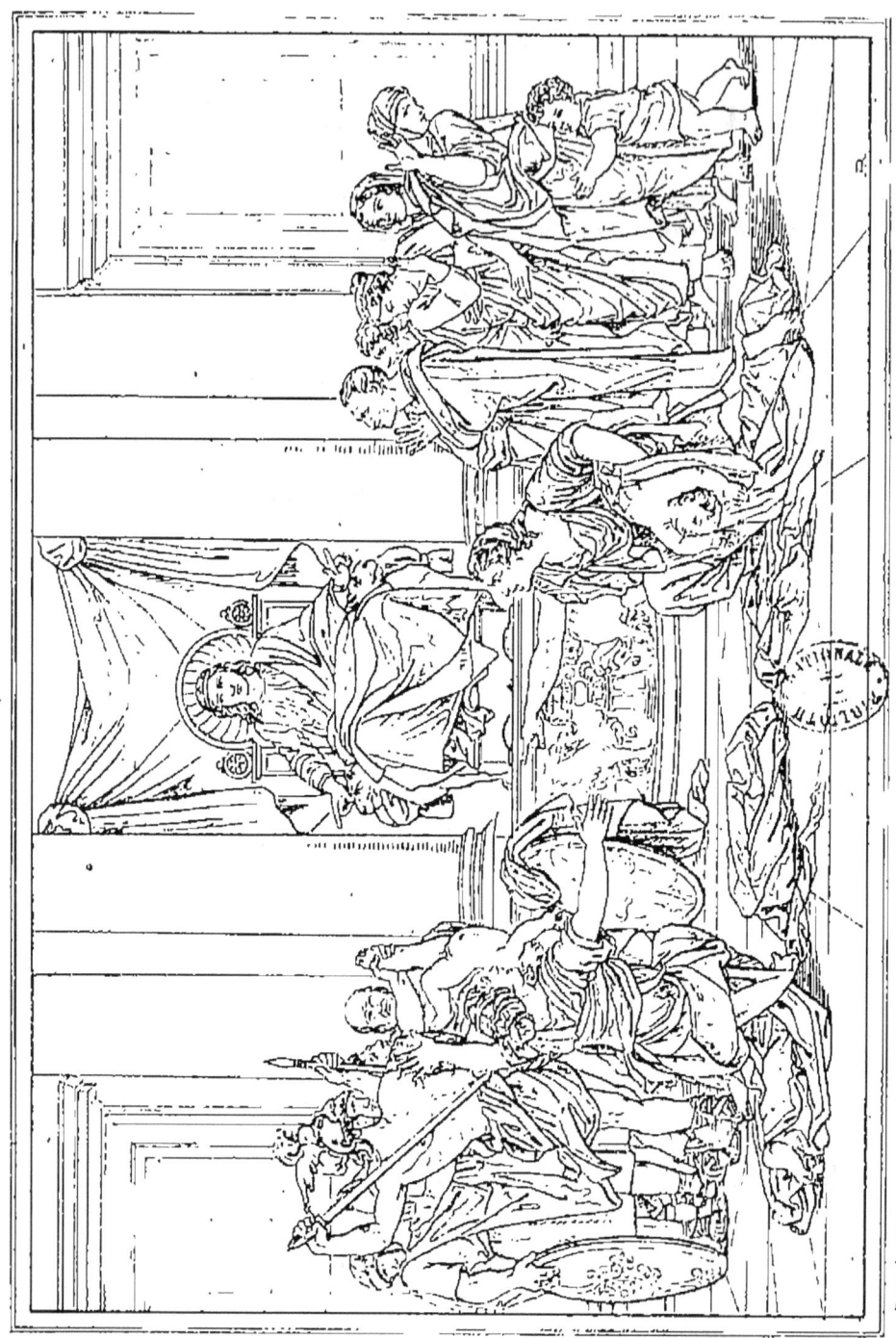

JUGEMENT DE SALOMON

Poussin pinx

JUGEMENT DE SALOMON.

Quoique souvent on parle du jugement de Salomon, il est peut-être bon d'en rappeler les détails, et de dire que deux femmes vivant ensemble accouchèrent le même jour; que l'une d'elle s'étant aperçu qu'elle avait étouffé son enfant en dormant, s'empara de l'autre enfant et mit le sien en place. Nul témoin ne pouvait éclaircir le fait, mais la sagesse du roi Salomon trouva moyen de connaître la vérité, en ordonnant que chacun des enfans fût coupé en deux et partagé ainsi entre les deux mères. Aussitôt celle dont l'enfant vivait encore s'écria qu'elle aimait mieux le donner à cette femme et qu'on la crût en être la mère, puisqu'elle aurait au moins la consolation de savoir que son enfant existait.

En rapportant cette anecdote, l'historien Flavius Josèphe ne fait pas connaître le motif qui pouvait engager cette femme à tenter une semblable substitution; mais il sera facile de le sentir en se rappelant que les Juives, dans l'espoir de voir naître le Messie dans leur famille, regardaient comme une marque de réprobation d'être privées de postérité. On comprend alors que la mauvaise mère, qui avait perdu son enfant, trouvait une espèce de consolation à empêcher sa compagne de conserver une espérance qu'elle n'avait plus.

Poussin fit ce tableau en 1649 pour Achille de Harlay, alors procureur général et depuis premier président au parlement de Paris. Il est maintenant dans la galerie du Louvre et a été gravé par Étienne Baudet; Dughet; G. Chasteau; Aug. Testa; C. Normand; Villeroy; A.-A. Morel.

Larg., 4 pieds, 4 pouces; haut., 3 pieds.

THE JUDGMENT OF SOLOMON.

Although Solomon's Judgment is often spoken of, it may perhaps be as well to briefly run over the particulars relating to it, by saying, that two women, who lived together, were brought to bed on the same day : one of them seeing that whilst asleep she had smothered her child took the other infant and put her own in its stead. No witness could clear up the fact ; Solomon however, in his wisdom, found means to know the truth, by ordering that each of the children should be cut in twain and thus divided between the two mothers. But immediately, she, whose child was still living, exclaimed that she preferred giving it to the other woman and to let her be thought its mother, as she should thus at least have the consolation to know that her offspring was yet alive.

In giving this anecdote, the historian Flavius Josephus, does not state the motive that could induce the woman to commit such a substitution : but it is easy to guess it, by recalling, that every Jewish woman, hoping to see the Messiah born in her own family, considered it a mark of reprobation to be deprived of issue. This accounts for the wicked mother, who had lost her child, finding a species of consolation in preventing her companion entertaining a hope, which she no longer had herself.

Poussin did this picture, in 1649, for Achilles Harlay, who, at that time was Attorney General, and subsequently First President in the Parliament of Paris. It now is in the Gallery of the Louvre . it has been engraved by Etienne Baudet; Dughet; G. Chasteau; A. Testa; C. Normand; Villeroy; A. A. Morel.

Width, 4 feet 3 inches; height 3 feet 2 inches.

737.

ADORATION DES BERGERS

Fonteni pinx

ADORATION DES BERGERS.

Ayant donné, sous les nᵒˢ. 110 et 537, ce qui est relatif à l'histoire de la naissance de Jésus-Christ, nous n'aurons plus à y revenir. Nous nous contenterons de faire remarquer quelle simplicité dans cette composition ; combien elle est d'accord avec la scène mystique de la naissance du Sauveur. C'est dans une pauvre étable à demi-ruinée, et occupée par les animaux qui l'habitent ordinairement, que la Vierge est assise, tenant sur ses genoux son divin enfant. Les pasteurs à qui cette naissance a été révélée, s'empressent de venir s'assurer de la vérité de ce qu'on leur a dit. A peine ont-ils reconnu la réalité de cette annonce, qu'ils se prosternent et adorent l'enfant, que saint Joseph leur indique comme le Sauveur des hommes.

C'est en 1653 que Poussin fit ce tableau pour M. de Mauroy, intendant des finances. Il passa depuis dans le cabinet de M. de Boisfranc, puis dans la galerie de Manheim, et se voit maintenant dans celle du roi de Bavière à Munich. Il a été gravé par Jean Pesne, et lithographié, en 1818, par N. Muxel.

Larg., 4 pieds 1 pouce ♦haut., 3 pieds 1 pouce.

THE ADORATION OF THE SHEPHERDS.

Having related, nᵒˢ. 110 and 537, the particulars of the birth of Christ, we shall content ourselves with remaking the simplicity of this composition, and its accordance with the history of the nativity. In a wretched, decayed stable, amid the animals which are its customary tenants, the Virgin is sitting, with the divine Infant on her knees. The shepherds to whom his birth has been announced, arrive, eager to verify the tidings, and, on discovering their truth, prostrate themselves before the Infant; whom St. Joseph points out to them as the Saviour of mankind.

This picture was painted, in 1653, for M. de Maucroy, intendant of the finances, and pertained successively to M. Boisfranc's collection, and to the Gallery of Manheim; it is now in that of the King of Bavaria at Munich. It has been engraved by John Pesne, and was lithographied, in 1818, by N. Muxel.

Width, 4 feet 4 inches; height, 3 feet 3 inches.

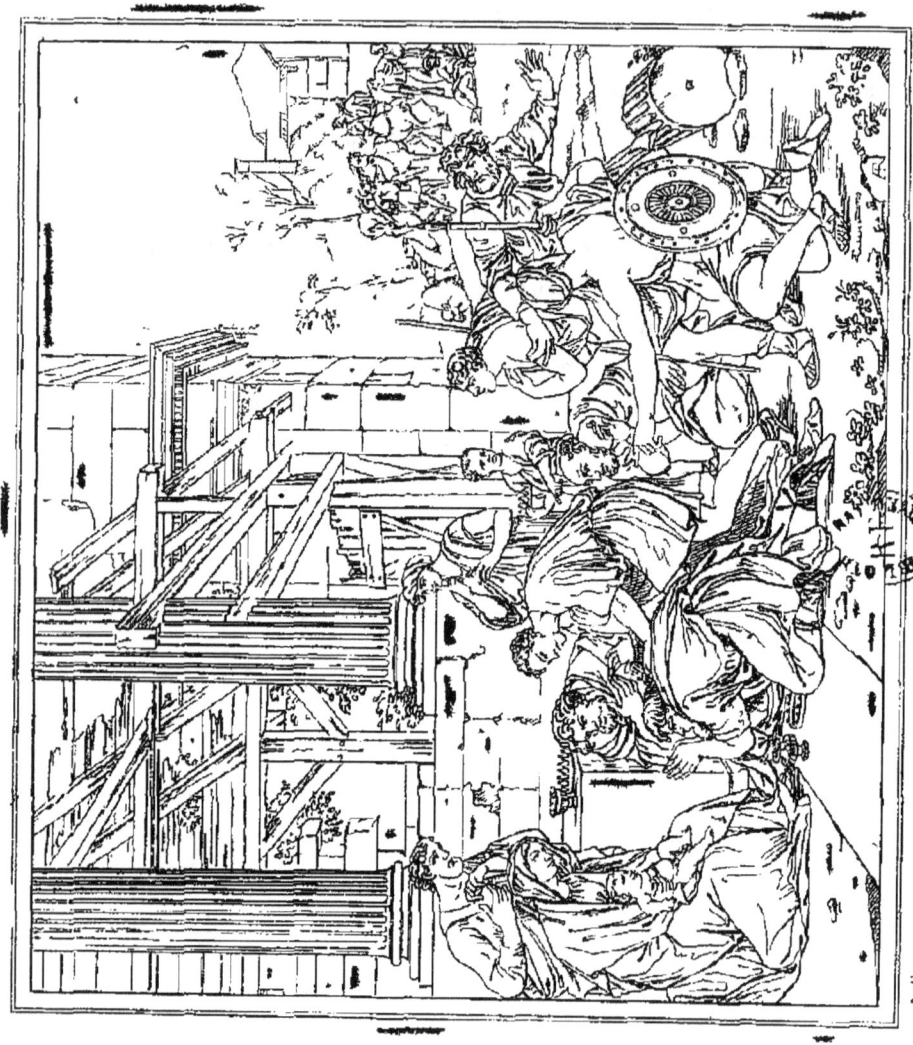

ADORATION DES MAGES

A. Prud'on pinx

ADORATION DES MAGES.

Un des caractères distinctifs du Poussin en traçant un sujet est de s'attacher particulièrement à représenter ce qu'il offre de moral, de religieux et de touchant. Nous voyons ici trois rois ayant déposé leur couronne aux pieds de l'enfant Jésus. La suite nombreuse de ces puissans personnages présente un grand contraste avec le délabrement des bâtimens où se trouve le fils de Dieu. Par là, le peintre a voulu rappeler cette parole de l'Évangile : *Heureux celui qui adore en esprit et en vérité.* Quelques critiques ont pensé qu'il était inconvenant de voir le groupe de la Vierge à l'une des extrémités de la composition ; mais l'état de dégradation du tableau fait supposer que la toile a été mutilée. Il est fâcheux aussi, qu'à l'imitation du Tintoret, Poussin se soit servi ordinairement des toiles imprimées en rouge, puisque cela contribue beaucoup à faire pousser les tableaux au noir.

Ce tableau a été gravé par Avice, et par Antoine Morghen.

Larg., 5 pieds 3 pouces ; haut., 5 pieds.

THE ADORATION OF THE MAGI.

One of Poussin characteristics, when delineating a subject, was to attach himself particularly to represent what it offered of moral, religious, and moving. We here see three Kings who have laid their crowns at the feet of the Infant Jesus. The numerous attendants of those powerful personages present a great contrast with the dilapidated state of the building, wherein the Son of God is. By that the painter wished to recal the words of the Gospel : « Blessed is he who worships in spirit and in truth. » Some critics have thought it inconsistent, to see the group of the Virgin at one of the extremities of the composition : but the damaged condition of the painting induces the belief, that the canvass has been cut. It is also to be regretted, that like Tintoret, Poussin usually made use of red primed canvass, since that contributes greatly to his paintings becoming black.

This picture has been engraved by Avice, and by Antonio Morghen.

Width, 5 feet 7 inches; height, 5 feet 4 inches.

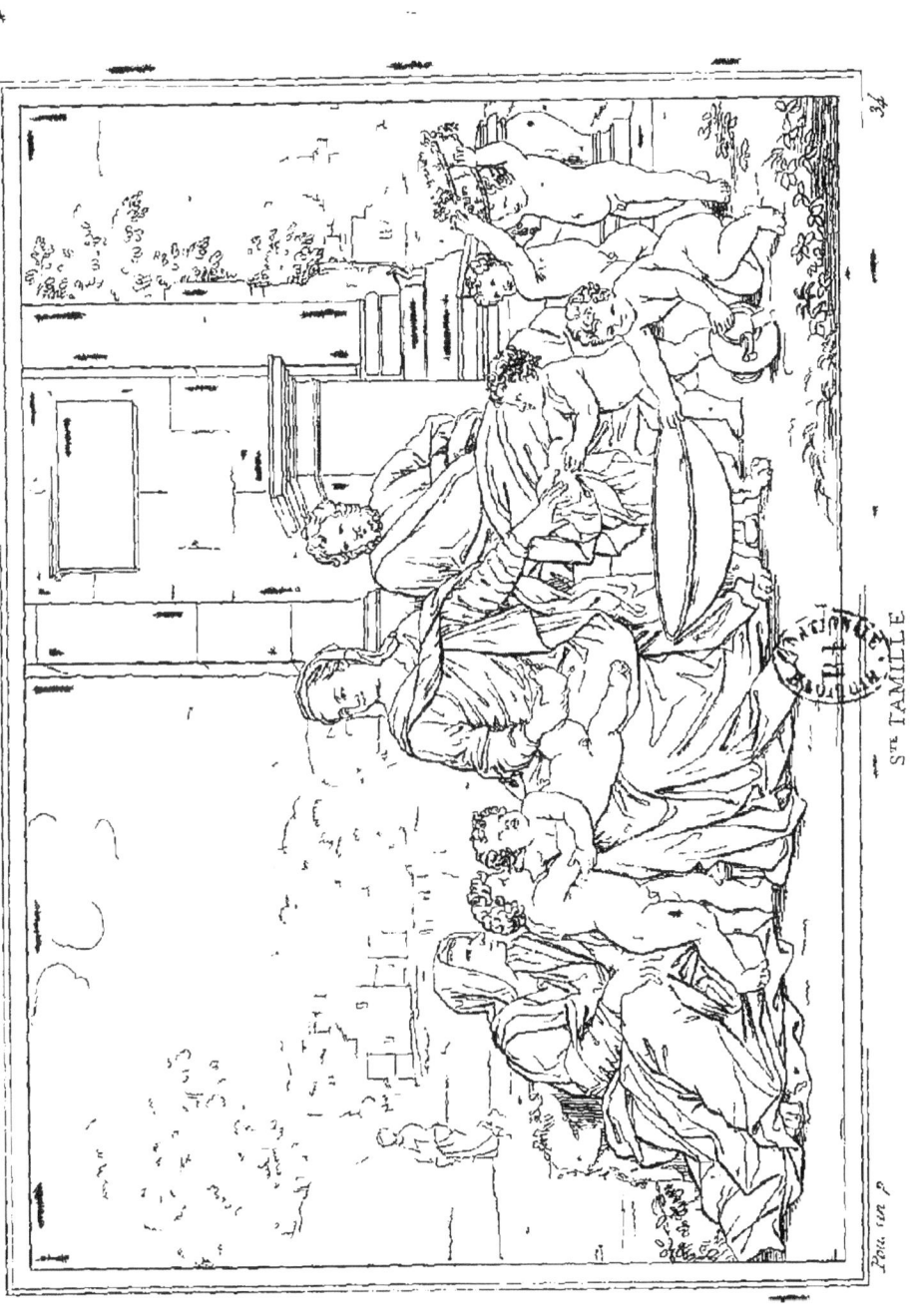

Ste FAMILLE

˴SAINTE˙ FAMILLE˙ ASSISE.

De tous les peintres, Poussin est celui qui a le mieux su conserver les convenances, et donner à ses compositions le caractère qu'elles devaient avoir. Combien on en voit la preuve dans la sainte famille, dont le tableau, qui a appartenu à M. Formont˷de Venne, est maintenant sans doute hors de France!

La Vierge, assise, vient de retirer du bain l'enfant Jésus qu'elle a placé sur ses genoux; elle tient un de ses pieds qu'elle va essuyer avec le linge que lui présente un ange qui est à droite, tandis qu'un autre ange s'occupe à vider le vase qui a servi au divin enfant, et que deux autres apportent un panier de fleurs. De l'autre côté, sainte Anne regarde avec admiration l'enfant Jésus s'élançant dans les bras du petit saint Jean; près de la Vierge, un peu en arrière et du côté gauche, est saint Joseph, assis contre un piédestal accolé à un grand monument. Le fond est un paysage avec des fabriques du plus grand style.

Ce tableau a quelques rapports avec celui qui a été donné sous le n° 9. Il a été très bien gravé par Pesne.

Larg., 4 pieds; haut., 2 pieds 6 pouces.

34.

THE HOLY FAMILY SEATED.

Of all painters Poussin is the most eminent for what is technically called *Good-keeping* in his compositions, and for giving to them their natural character. A stronger or more striking proof cannot be adduced than this picture of the holy family; which formerly belonged to M. Formont de Venne, and is doubtless now out of France.

The Virgin, seated, has just taken from the bath her infant son and placed him on her knees; she holds one of his feet which she is about to dry with the linen that an angel, on the right hand, presents to her, while another angel is emptying the vase which has been used by the holy child, and two more bringing a basket full of flowers. On the other side Anne looks with admiration, at the infant saviour throwing himself into the arms of the little St. John : near the Virgin, somewhat behind and on the left, is St. Joseph seaded by a pedestal annexed to a large monument. The back-ground is a landscape with buildings of the first style.

This picture has some affinity with that given at n° 9, and has been very well engraved by Pesne.

Width, 4 feet 3 inches, height, 2 feet 8 inches.

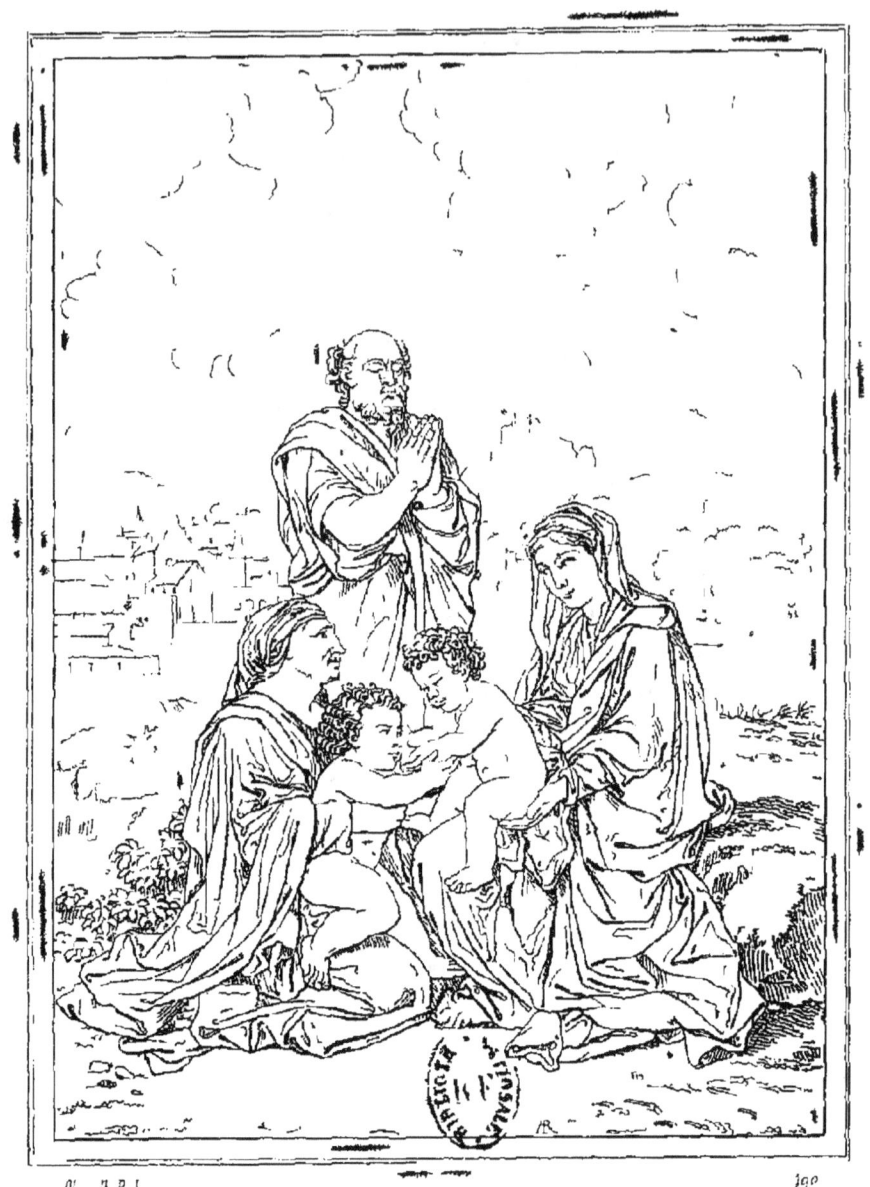

Sᵀᴱ FAMILLE

SAINTE FAMILLE.

Ainsi que Raphaël, Poussin possédait parfaitement l'art de grouper ses figures suivant la convenance, de les dessiner selon leur caractère, et de former un ensemble agréable, qui naît de l'accord de toutes les parties. Dans ce tableau donc, Poussin a placé la Vierge assise, tandis qu'il a mis sainte Élisabeth à genoux devant elle. Cette pose respectueuse amène une différence dans la hauteur des deux figures, et empêche leur tête de se trouver sur la même ligne horizontale. Il en résulte encore que l'enfant Jésus, assis sur les genoux de la Vierge, se trouve plus élevé que le petit saint Jean, placé sur ceux de sainte Élisabeth, ce qui donne à l'enfant Jésus la supériorité convenable. La tête de la Vierge est agréable, elle respire la candeur et la bonté, celle d'Élisabeth est dans le caractère que Raphaël a déterminé pour cette sainte ; saint Joseph a une physionomie noble sans fierté. Les enfans sont pleins de grâce, de naïveté. Il faut pourtant avouer que malgré tout cela Poussin n'est point arrivé à donner à ces personnages, et surtout à la Vierge, ce caractère d'un sentiment divin, que l'on trouve dans toutes les Saintes Familles de Raphaël.

Le paysage est de très bon style ; à l'égard de la couleur, on est forcé de convenir que Poussin n'a pas ce brillant coloris, cet effet de clair-obscur qui plaît dans plusieurs maîtres des écoles italienne et flamande.

Ce tableau a été gravé par Pesne, Massard père, et Niquet.

Haut., 2 pieds ; larg., 1 pied 7 pouces.

THE HOLY FAMILY.

Like Raphael, Poussin possessed perfectly the art of suitably grouping his figures, of drawing them according to their character, and of forming a whole, which pleases, because it springs from the conformity of all the parts. In this picture then, Poussin has represented the Virgin sitting, whilst he has placed St. Elizabeth kneeling before her. This respectful attitude produces a difference in the height of the two figures, and prevents their heads being in the same horizontal line. There also results from it, that the Infant Jesus, who is sitting on the Virgin's knees, is higher that St. John, placed on his mother's, which gives the Infant Jesus a becoming superiority. The Virgin's head is pleasing, it breathes innocence and kindness; Elizabeth's, has the character given by Raphael to this Saint : St. Joseph has a noble, though unassuming, countenance. The children are full of grace and native simplicity. Still it must be acknowledged, that Poussin has not succeeded in giving to his personages, and particularly to the Virgin, that character of a divine sentiment, discernible in all the Holy Families by Raphael.

The landscape is in very good style; with respect to the colouring it must be owned that Poussin has not that brilliancy, that effect of light and shade, which pleases so much in several masters of the Italian and Flemish Schools.

This picture has been engraved by Pesne, Massard Senr. and Niquet.

Height, 25 inches; width, 20 inches.

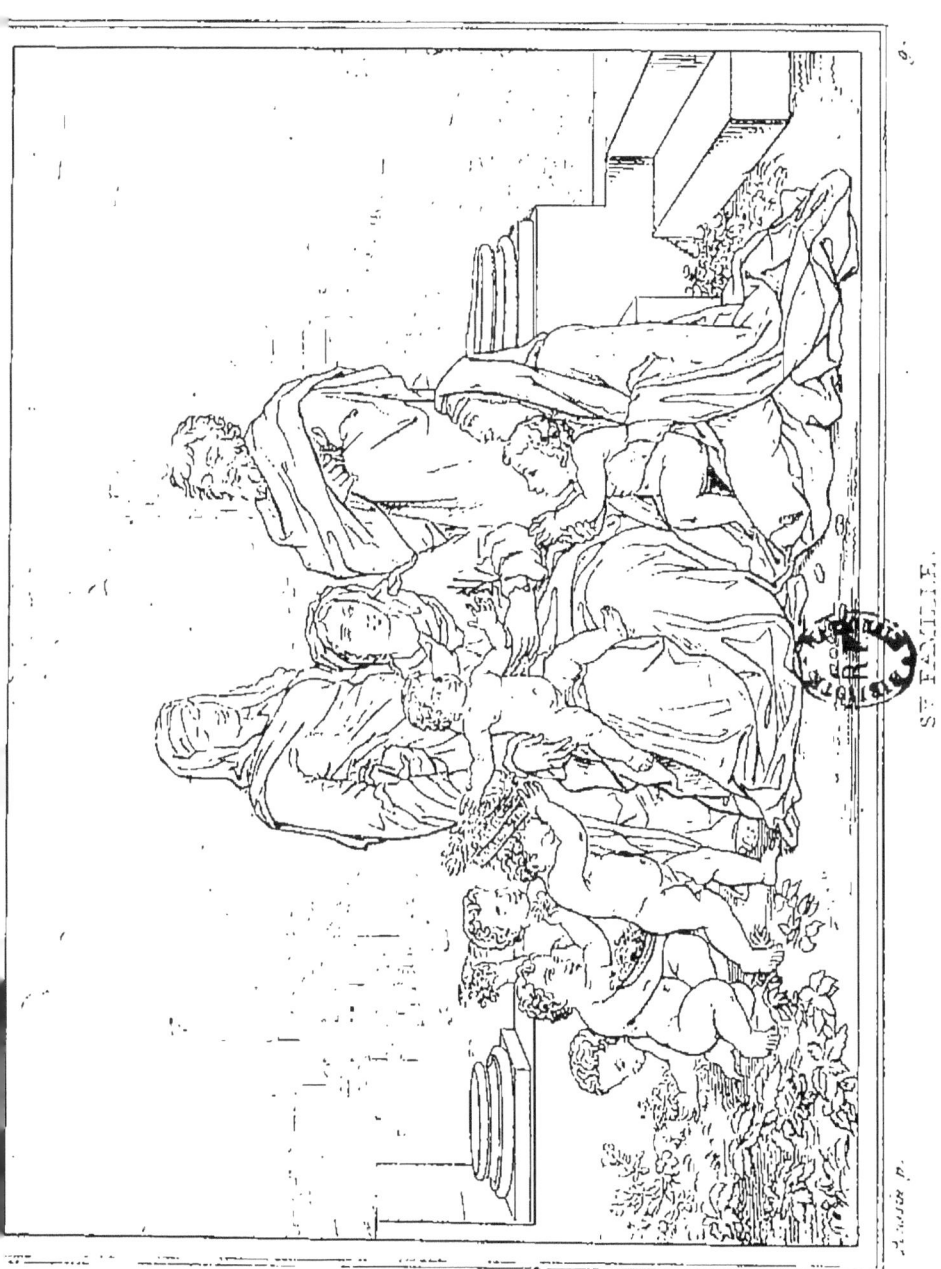

STE FAMILLE.

SAINTE FAMILLE

AVEC DEUX PERSONNAGES DEBOUT.

Cette composition a beaucoup de rapport avec une autre sainte famille décrite sous le n°. 34; elle est composée du même nombre de personnages : la Vierge y est assise au milieu, et quatre anges sont occupés à servir l'enfant Jésus. Mais dans celle-ci sainte Élisabeth est à droite, saint Joseph est debout, ainsi qu'une femme qui ne porte aucun caractère distinctif; et l'enfant Jésus, assis sur un des genoux de la Vierge, prend des fleurs dans un panier que lui présentent des anges. Le fond représente un paysage avec une ville; le monument près duquel se passe la scène n'est pas terminé, et on aperçoit de chaque côté la base d'une colonne.

Ce tableau a été gravé par Stella. Il se trouve maintenant dans la galerie du prince Liechtenstein, à Vienne.

Larg., 5 pieds; haut., 3 pieds,

A HOLY FAMILY

WITH TWO ERECT FIGURES.

There is much affinity between this piece and another holy family described at n°. 34, as it comprises the same number of figures. In the latter however, the Virgin is seated in the middle, and four angels are attending the infant Jesus, but in this saint Elisabeth is on the right hand, St. Joseph standing up, also a woman who bears no distinctive character. Jesus sitting on one of the Virgin's knees is taking flowers from a basket which the angels present to him. The back ground represents a landscape with a city; the monument near which the scene takes place is not terminated, and on each side stands the base of a column.

This picture has been engraved by Stella. It is now in the Prince of Liechtenstein's gallery, at Vienna.

Height, 5 feet 4 inches; breadth, 3 feet 2 inches.

9;

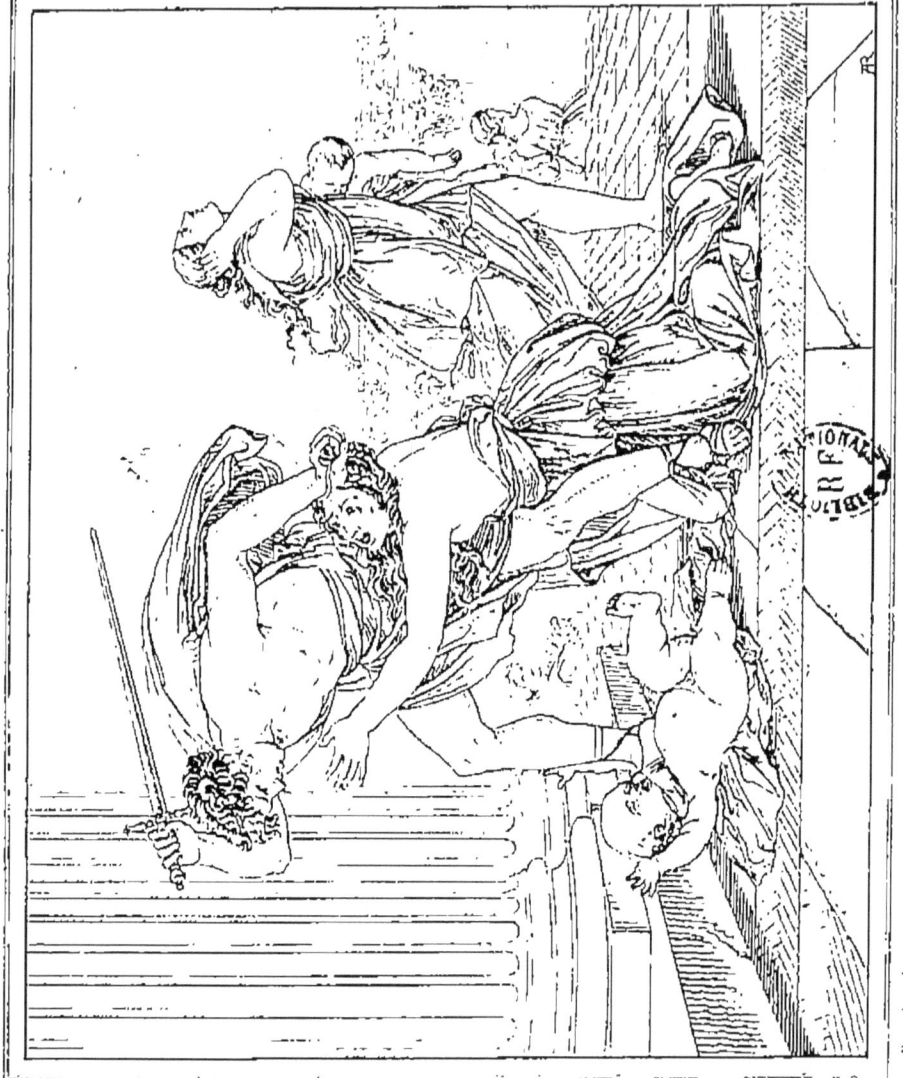

MASSACRE DES INNOCENS

Poussin pinx.

SCÈNE DU MASSACRE DES INNOCENS.

Pour donner une idée du massacre des Innocens, souvent on a représenté des milliers d'enfans égorgés par plusieurs centaines de soldats, et quelques veuves éplorées se lamentant sur les nombreuses victimes de la barbarie d'Hérode.

On sent que de tels tableaux, ne permettent guère à un artiste, de donner à ses têtes des expressions et des caractères remarquables ; aussi Poussin ne pouvait vouloir traiter son sujet de cette manière. Il n'a donné, de ce grand drame, qu'une épisode où l'on voit un soldat, deux mères et deux enfans. Quel sentiment dans la pose, quelle expression dans la tête de cette malheureuse mère ! quelle barbarie, quelle brutalité dans le soldat ! D'une main il repousse vigoureusement la malheureuse mère qui embrasse ses genoux ; de l'autre il lève son épée pour frapper une nouvelle victime, que déjà il étrangle en lui posant un pied sur la gorge. Sur le second plan, une autre mère emporte le corps inanimé de son enfant ; on croit entendre ses cris, on sent sa vive douleur, on partage son désespoir.

Ce tableau était l'un des plus précieux de ceux qui composaient la galerie de Lucien Bonaparte. Il a été très-bien gravé par Folo.

  Larg.   haut.

MASSACRE OF THE INNOCENTS.

To give an idea of the massacre of the innocents numbers of children are generally represented as murdered by numerous soldiers, and women in tears lamenting the many victims of Herod's barbarity.

It may be imagined, that subjects of this kind, scarce give scope to the painter to shew any very striking variety of expression in the character of his heads, therefore Poussin was not satisfied to represent the scene thus, but has confided himself to a sort of episode, in which is seen a soldier, two mothers, and two children. What feeling however is perceptible in the attitude of the unfortunate mother! What barbarity; what brutality, in that of the soldier! With one hand he is seen repulsing the unhappy woman who is embracing his knees, whilst with the other, he lifts his sword to strike another victim, which he has already strangled, by placing his foot on its throat. In the second scene, a mother is carrying the dead body of her child, wherein we almost fancy we hear her cries, we feel her sorrow, and partake of her despair.

This picture is one of the most precious of those which compose the gallery of Lucien Bonaparte, and has been well engraved by Folo.

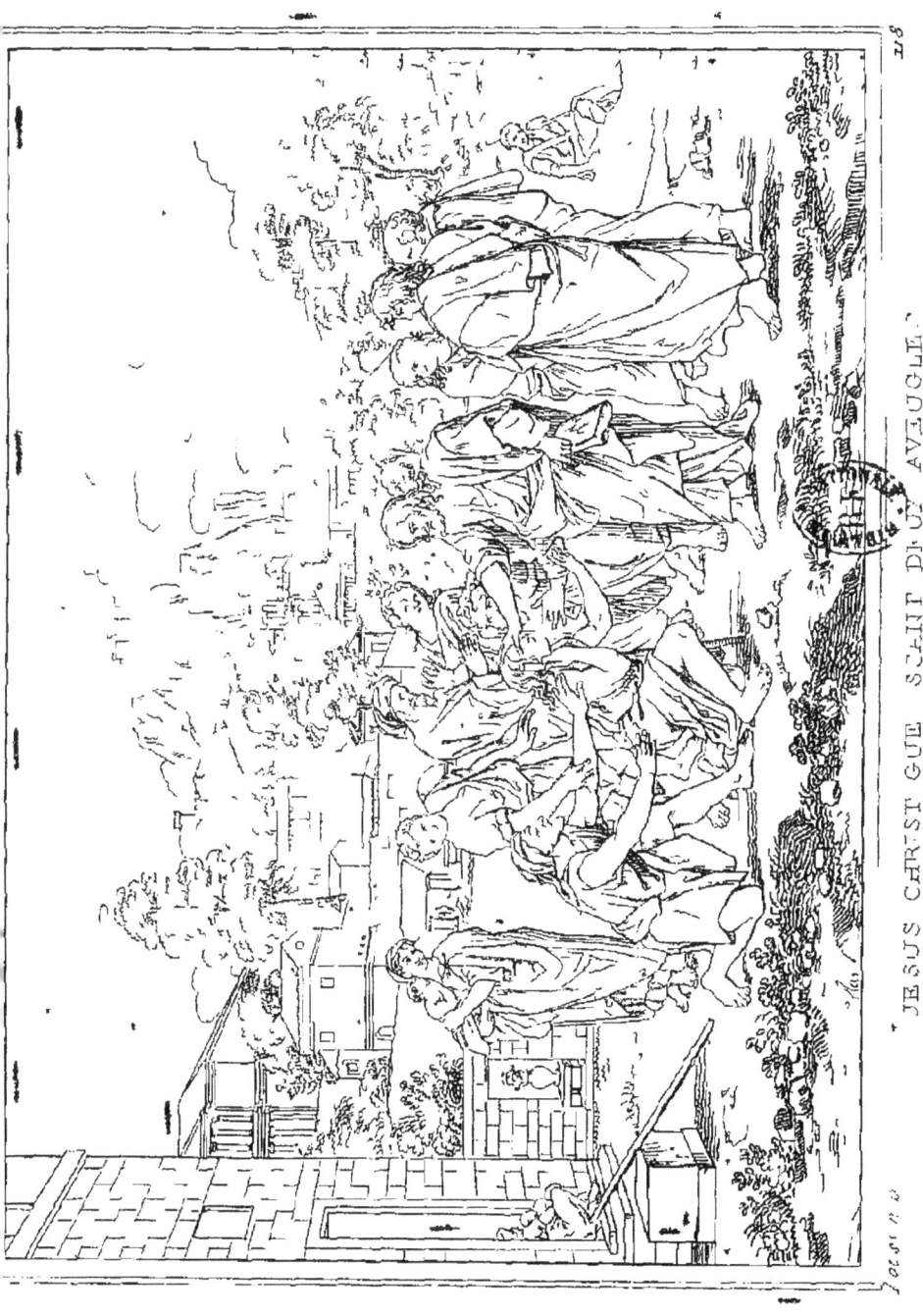

« JESUS CHRIST GUÉRIT DEUX AVEUGLES. »

JÉSUS-CHRIST

GUÉRISSANT DEUX AVEUGLES.

Ce tableau ne représente pas les aveugles de Jéricho, mais plutôt ceux que Jésus Christ guérit à Capharnaüm. Les motifs qui nous portent à faire cette observation sont que lors de la guérison de ces aveugles, Jésus-Christ n'avait avec lui que Pierre, Jacques et Jean, tandis qu'à Jéricho il était accompagné des douze apôtres. Dans ce dernier cas, il est dit qu'il sortait de Jéricho, tandis qu'à Capharnaüm, au contraire, on dit qu'il arrivait au logis; et dans ce tableau, Jésus-Christ paraît plutôt arriver que s'éloigner.

Ces aveugles, déja instruits de la puissance de Jésus-Christ, cherchent à lui montrer leur confiance en disant : « Ayez pitié de nous, fils de David. » Tous deux à genoux, celui qui se sent touché par le Sauveur croit déja éprouver quelque amélioration, l'autre paraît craindre le retard du bonheur dont sa foi ne lui permet pas de douter. Jésus-Christ, en touchant les yeux de l'un des aveugles, est assuré de l'accomplissement du miracle qu'il va opérer, et on croit l'entendre prononcer le mot *effeta*.

Poussin fit ce tableau à l'âge de 56 ans, pour M. Reynou, négociant de Lyon; il passa ensuite dans le cabinet du duc de Richelieu, neveu du cardinal, et fut acquis depuis par le roi. La composition et l'expression méritent les plus grands éloges, mais déja l'exécution ne répond plus à la grandeur de la pensée. Ce tableau fit le sujet de la septième conférence de l'Académie, le 3 décembre 1667, deux ans après la mort du Poussin. Il a été gravé par Chasteau, Picart le Romain et Louis Audran.

Larg., 5 pieds 2 pouces; haut., 3 pieds 6 pouces.

118.

JESUS CHRIST

RESTORING TWO BLIND MEN TO SIGHT.

This picture does not represent the two blind men of Jericho, but rather those whom Jesus Christ cured at Capernaum. The reason for our making this observation is, that, when Christ performed this latter miracle, he had with him, only Peter, James and John; while, at Jericho, he was accompanied by the twelve apostles. In the last case it is said that he was leaving Jericho, but at Capernaum it is stated, that he was coming home; and in this picture, Christ appears rather to be arriving than departing.

These blind men, aware of Jesus' power, are anxious to show the confidence, they place in him, by saying : « Have mercy on us, o Lord, thou son of David. » They are both upon their knees, the man he is touching believes to have already benefited by it; the other seems to fear the delaying of that happiness, of which his faith will not permit him to doubt. Jesus Christ, in touching the eyes of the blind man, is certain that the miracle will be accomplished, and our imagination makes us hear him pronounce the word *ephphatha.*

Poussin painted this picture, when he was 56 years old, for M. Reynou, a merchant of Lyons: it passed into the collection of the duke de Richelieu, nephew to the cardinal; and was since purchased by the King. The composition and expression deserve the greatest praise; but the execution does not correspond with the grandeur of the idea. Two years after the death of Poussin, this picture became, December 3, 1667, the subject of the seventh conference of the Academy. It has been engraved by Chasteau, Picart the Roman, and L. Audran.

Breadth, 4 feet 6 inches; height, 3 feet 8 ½ inches.

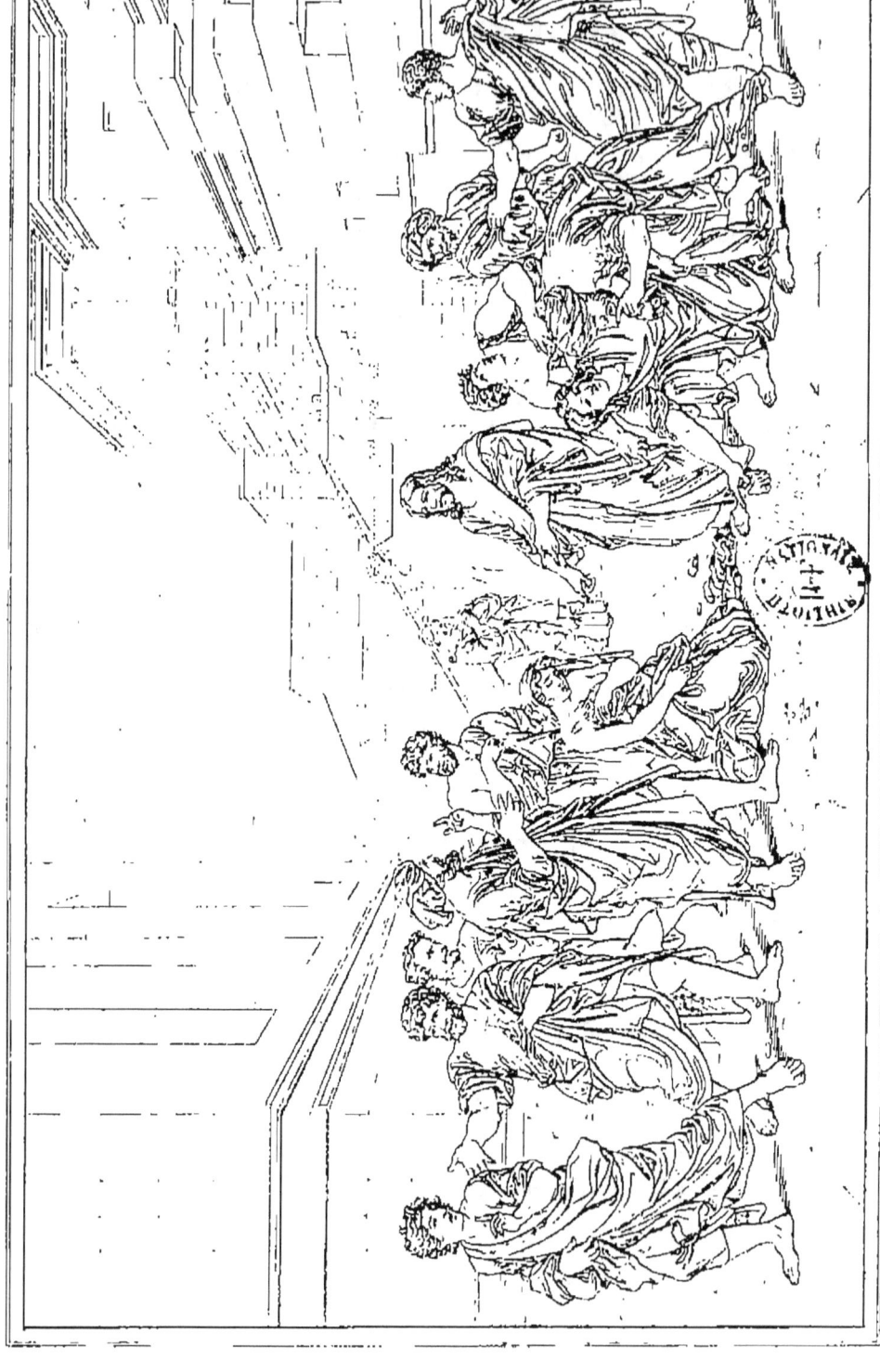

LA FEMME ADULTÈRE

LA FEMME ADULTÈRE.

Nous ne reviendrons pas sur ce que nous avons dit précédemment dans le n°. 320 sur la législation des Israélites, relativement à l'adultère; nous ne nous occuperons maintenant que de la manière noble et pleine de dignité, dont Poussin a représenté une coupable, honteuse de son crime, intimidée par la présence de ses accusateurs, et cependant conservant encore de l'espérance dans la bonté de son juge.

La femme est à genoux, le désordre de ses vêtemens indique assez qu'elle a été surprise, puis amenée contre son gré; sa pose est remplie d'abandon, sans indécence; on la voit humiliée, sans être avilie. La figure de Jésus-Christ n'est pas sublime comme on pourait le désirer, le caractère de sa physionomie manque d'élévation, et sa figure est un peu courte; mais tous les autres personnages sont animés de sentimens divers, rendus avec une verité et un talent au-dessus de tout éloge. Une autre femme paraît dans le lointain, elle semble inquiète, mais elle sent que sa présence serait inconvenante, et elle se tient éloignée.

Ce tableau fut peint vers 1653 pour l'architecte André le Nostre. Gérard Audran en fit alors une très-belle gravure qui contribua certainement à étendre la réputation du peintre. Le tableau passa depuis dans la collection du roi, et il se voit maintenant dans la galerie du Louvre.

Larg., 6 pieds 1 pouce; haut., 3 pieds 9 pouces.

THE WOMAN TAKEN IN ADULTERY.

We shall abstain from repeating, in this place, what we have elsewhere said of the Jewish laws relative to adultery ; and shall confine our attention to the noble and dignified manner in which Poussin has represented the guilty woman, ashamed of her crime, intimidated by the presence of her accusers, yet confiding in the mercy of her judge.

The woman is kneeling, and the disorder of her dress sufficiently indicates that she has been surprised, and dragged forward against her will. Her attitude is that of absolute neglect, yet without indecency : she appears humbled, but not degraded. The head of Christ has not all the requisite sublimity ; the features are short and the physionomy is wanting in elevation ; but the various sentiments of the other persons are expressed with a truth and talent that cannot be too highly praised. At some distance from the principal group, is another woman, who appears anxious, yet keeps aloof, as if conscious of the impropriety of her presence.

This picture was painted, about the year 1653, for the architect Andre Le Notre ; and at the same period was executed, by Gerard Audran, a very fine engraving of it, which contributed to extend the painter's reputation. The picture was afterwards placed in the King's collection, and is now in the Gallery of the Louvre.

Width, 6 feet 5 inches ; height, 4 feet.

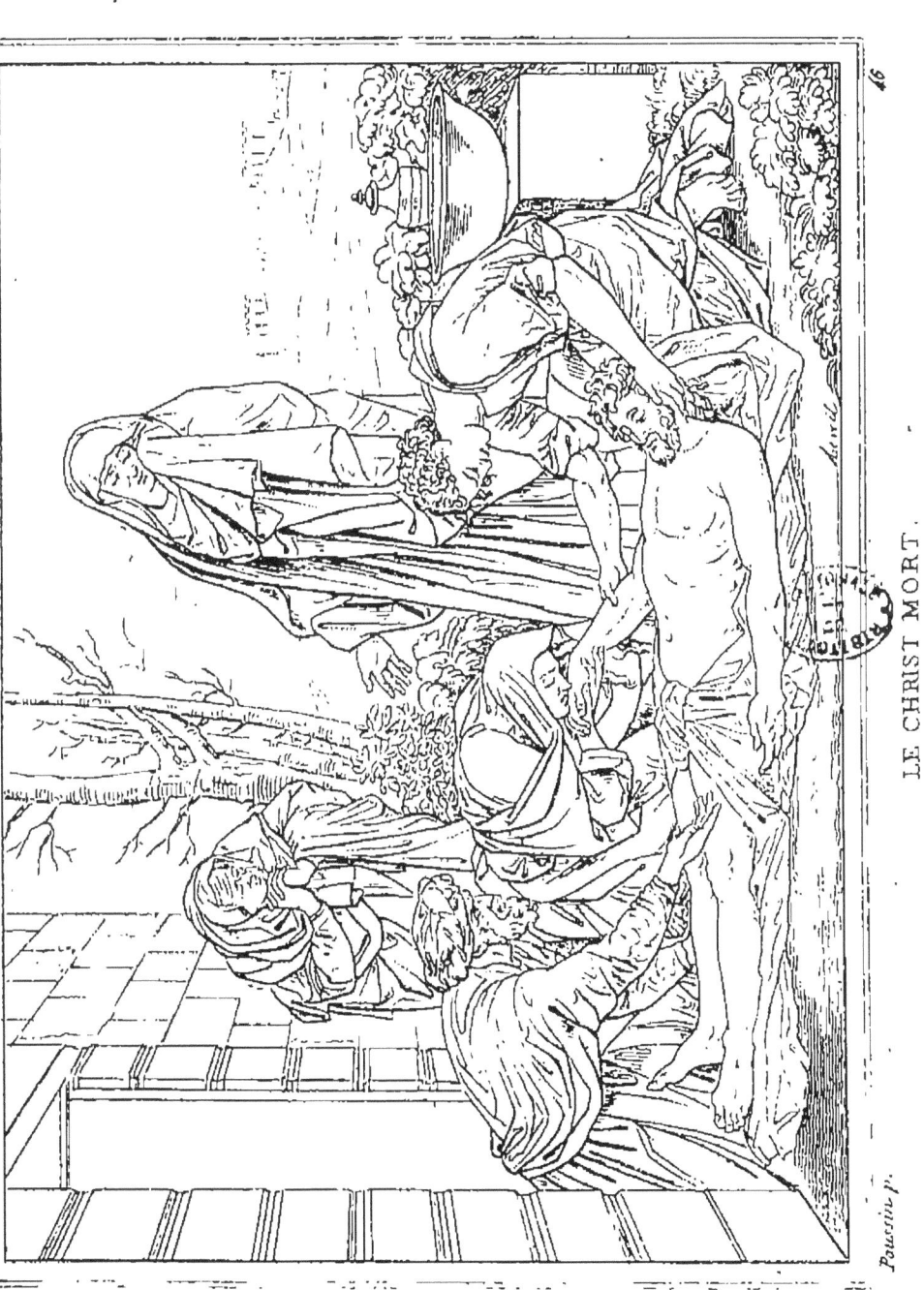

LE CHRIST MORT.

Poussin p.

LE CHRIST MORT.

Le corps de Jésus-Christ est déjà porté à l'entrée du sépulcre ; Joseph d'Arimathie et saint Jean s'apprêtent à l'y placer, tandis que les saintes femmes exhalent leurs douleurs. Cette composition, assez souvent répétée par un grand nombre de peintres de toutes les écoles, a reçu en Italie le nom de *Pitié*. On y voit toujours la Vierge avec deux ou trois saintes femmes, qui portent également le nom de *Marie*. L'une est la sœur de la Vierge, dont le mari se nommait Alphée ou Cléophas, et mère de saint Jacques le mineur. La seconde est femme de Zébédée, mère de saint Jean et de saint Jacques le majeur ; elle porte aussi le nom de Salomé. La troisième est Marie-Madeleine que l'on confond souvent avec la femme pécheresse qui répandit des parfums sur les pieds de Jésus-Christ et les essuya avec ses cheveux.

A DEAD CHRIST.

The body of Jesus-Christ is already carried to the mouth of the sepulchre; Joseph of Arimathea and saint John are preparing to place it therein, while the holy women are weeping around. This composition, often treated by many painters of all the schools, has received in Italy the name of *Pity*. The Virgn is always seen with two or three holy women all of whom bear the name of *Mary*. One of them is the sister of the Virgin, the wife of Alpheas, called also Cleophas, and the mother of saint James the less. The second is the wife of Zebedee, the mother of saint John and saint James the great; she bears also the name of Salome. The third is Mary Magdalene, who is often confounded with the penitent woman that anointed the feet of Jesus, and wiped them with the hair of her head.

46.

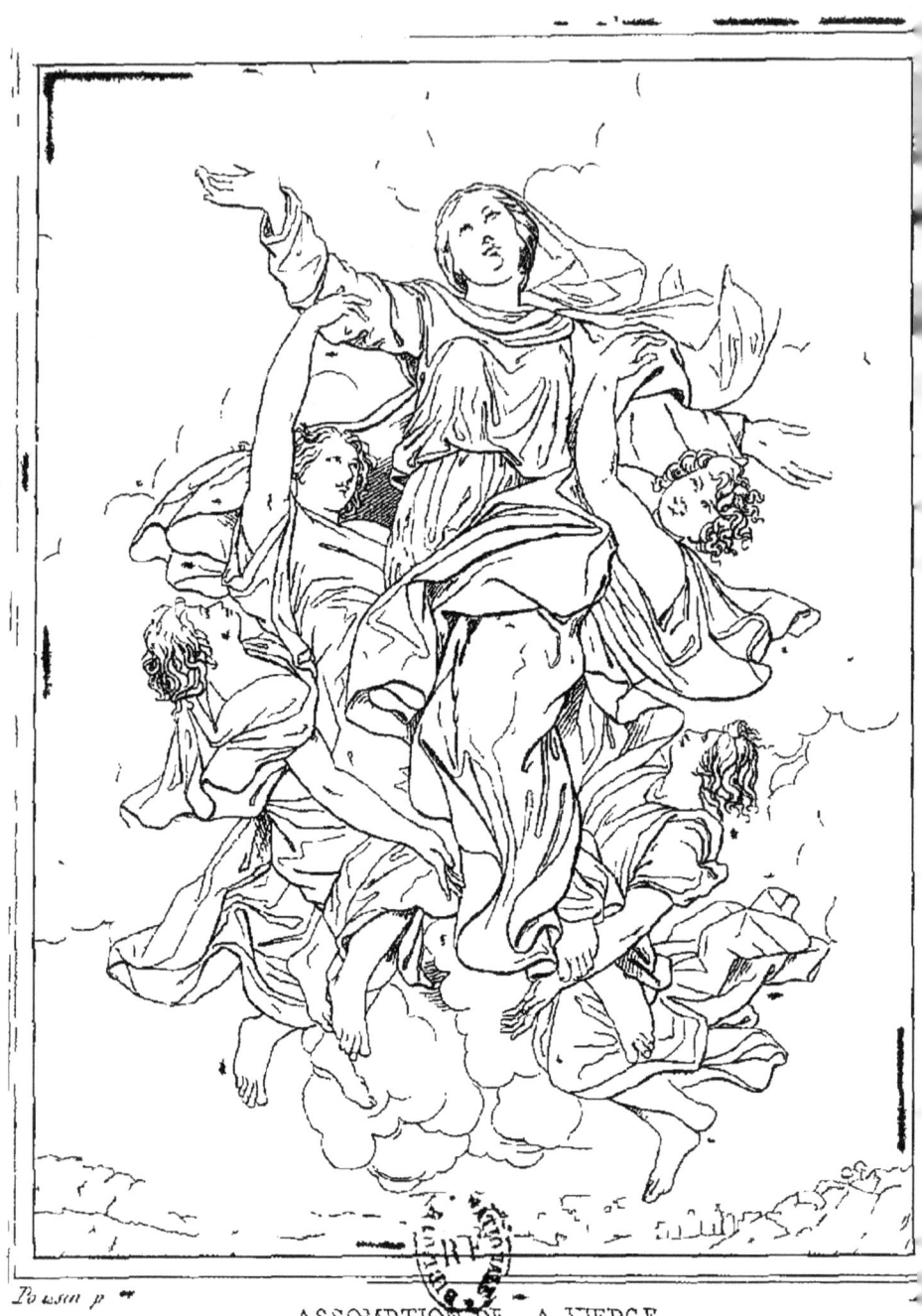

ASSOMPTION DE LA VIERGE

ASSOMPTION DE LA VIERGE.

La Vierge ne fut point martyrisée ainsi que tant d'autres saints et saintes dont la fête se célèbre le jour anniversaire de son martyre; mais on ignore l'époque et le lieu de sa mort. Cependant on a dit qu'elle avait eu lieu à Éphèse, et que son corps avait été enlevé au ciel.

C'est ce moment que Poussin a représenté; mais il a évité la double action dont la plupart des peintres n'ont pas su se garantir en plaçant au bas du sujet les apôtres ou des saintes femmes témoins de cet événement extraordinaire. Poussin a montré la Vierge élevée dans l'espace, entourée d'anges, et seulement il a laissé voir quelques monumens qui indiquent une grande ville, voulant montrer par là que la scène a lieu au moment où la Vierge a quitté la terre, pour aller au sein de la Divinité jouir du parfait bonheur.

Ce tableau a été gravé par Pesne.

Haut., 1 pied 6 pouces; larg., 1 pied 2 pouces.

≈·◉·≈

THE ASSOMPTION OF THE VIRGIN.

The Virgin was not martyred as many other saints whose fête is solemnized on the anniversary day of her supposed martyrdom; but the time and place of her death are unknown. Some pretend however she died at Ephesus and was rapt up to heaven.

It is this very moment Poussin has represented; but he has avoided the double action which most painters have not known how to evitate when putting at the bottom of the picture the apostles and the holy women as witnesses of that extraordinary event. Poussin has shown us the Virgin rapt up in the airy immensity, surrounded by angels; he lets us see but a few buildings which indicate a large city, to show us thereby this scene is taking place when the Virgin has just left the earth to fly to the bosom of the Divinity, and there enjoy unalterable bliss.

This picture has been engraved by Pesne.

1 foot 7 inches high; 1 foot 3 inches broad.

ST JEAN BAPTISANT SUR LES BORDS DU JOURDAIN

SAINT JEAN

BAPTISANT SUR LES BORDS DU JOURDAIN.

Saint Marc, dans son Évangile, rapporte que «Jean baptisait et prêchait dans le désert le baptême de pénitence pour la rémission des péchés. Toute la Judée et tous ceux de Jérusalem venaient l'entendre, et, confessant leurs péchés, ils recevaient de lui le baptême dans le fleuve du Jourdain.»

Poussin, ainsi que cela lui est souvent arrivé, a fait deux compositions de ce sujet. La première, que nous donnons ici, offre de grandes beautés sous le rapport de l'ordonnance ; les figures sont bien posées, les expressions bien senties. L'auteur a fait voir les Juifs de différens états s'empressant de venir se régénérer dans les eaux du Jourdain. Peut-être bien pourrait-on s'étonner que Poussin ait fait un paysage aussi riche, aussi varié sur les bords du Jourdain ; les déserts de la Palestine n'ont que des sables et quelques légères broussailles. Le peintre fit ce tableau avant 1640, pour le chevalier Cassiano del Pozzo, l'un de ses plus ardents admirateurs en Italie. Il fut possédé depuis par le célèbre André Le Nostre, et passa à sa mort dans la collection du roi. Il a été gravé par Gérard Audran.

L'autre composition, beaucoup plus petite, fut faite en 1648 pour M. de Chanteloup l'aîné, qui se nommait Jean.

Larg., 3 pieds 7 pouces; haut., 2 pieds 11 pouces.

S^t. JOHN

BAPTIZING ON THE BORDERS OF THE JORDAN.

S^t. Mark, in his Gospel, says, that, « John did baptize in the wilderness, and preach the baptism of repentance for the remission of sins. And there went out unto him all the land of Judæa, and they of Jerusalem, and were all baptized of him in the river of Jordan, confessing their sins. »

Poussin, as it has often happened to him, has executed two compositions from the same subject. The first, which we give here, presents great beauties, with respect to the arrangement; the figures are well cast, and the expressions nicely given. The author displays the Jews of different conditions pressing forward to be regenerated in the waters of the Jordan. It may perhaps excite astonishment that Poussin has given so rich and so varied a landscape on the borders of the Jordan, whilst the deserts of Palestine offer but sandy tracks slightly covered with bushes. The painter did this picture previous to the year 1640, for the Cavaliere Cassiano del Pozzo, one of his most ardent admirers in Italy. It was afterwards in the possession of the famous André Le Nostre, and, at the death of the latter, passed into the King's Collection. It has been engraved by Gerard Audran.

The second composition, which is much smaller, was executed in 1648, for M. de Chanteloup Senr. called Jean.

Width, 3 feet 9 inches; 3 feet 1 inch.

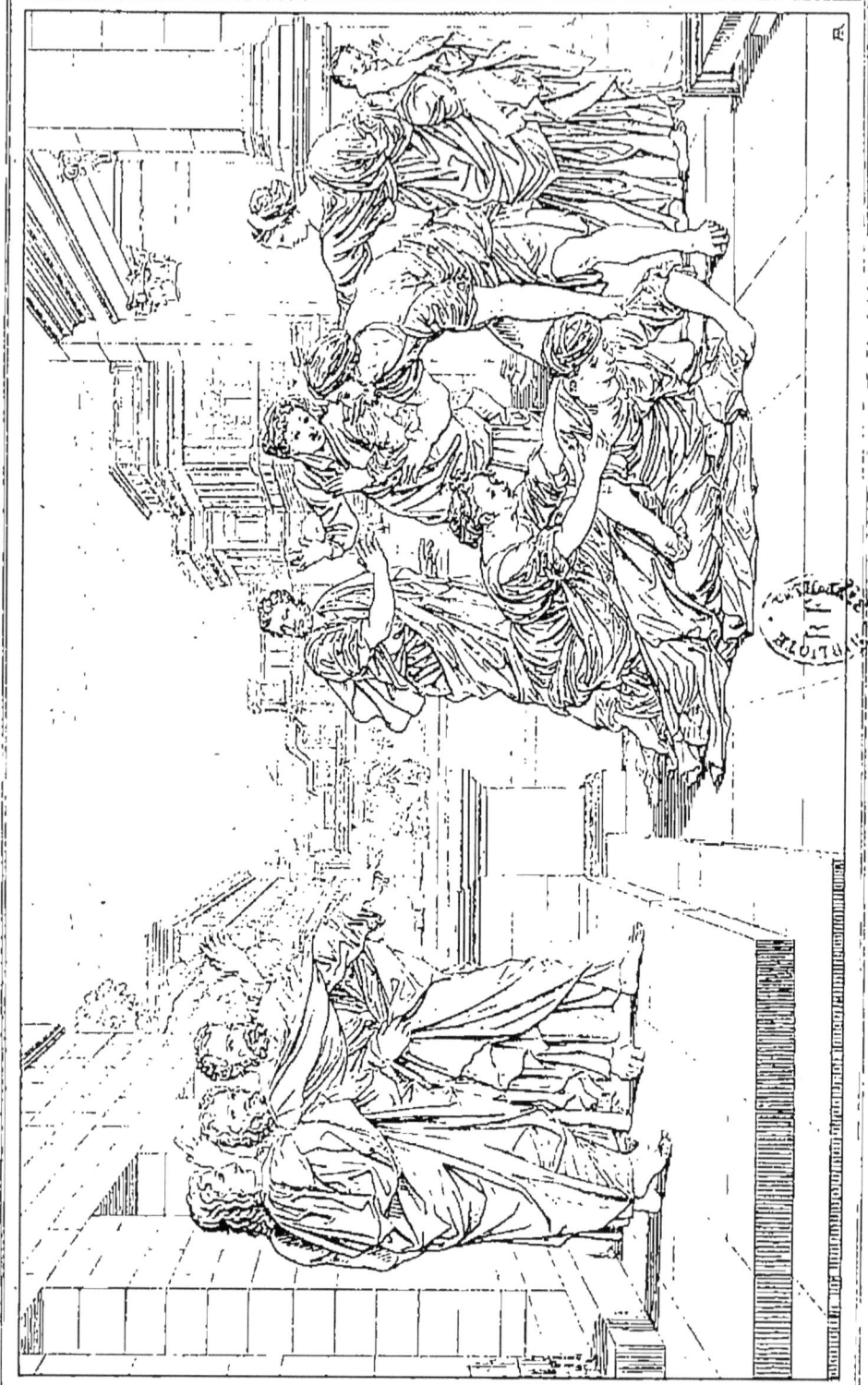

MORT DE SAPHIRE

MORT DE SAPHIRE.

Ananie et sa femme Saphire, nouvellement convertis à la religion chrétienne, voulurent montrer leur zèle et leur charité en vendant leur bien pour en faire des dons à l'Église ; mais, en lieu d'en remettre le prix entier aux apôtres, ils en gardèrent une partie, et furent frappés de mort en punition de cette faute.

Nous ne reviendrons pas sur ce que nous avons déjà dit, sous le n° 434, en donnant la mort d'Ananie peinte par Raphaël. Poussin semble avoir donné ici la suite de cette action. Le corps d'Ananie ayant été emporté, environ trois heures après, sa femme, ne sachant rien de ce qui s'était passé, entra ; et Pierre lui dit : « Femme, dites-moi, quel prix avez-vous vendu votre fonds ? — Nous l'avons vendu tant. » Alors Pierre lui dit : « Comment avez-vous ainsi conspiré, entre vous, de tenter l'esprit du Seigneur. Voilà ceux qui ont enseveli votre mari, qui sont à la porte, ils vont vous porter en terre comme lui. » A l'instant elle tomba à ses pieds et expira. Les hommes entrant, et la trouvant morte, l'emportèrent et l'enterrèrent comme son mari ; ce qui produisit une grande crainte dans toute l'Église et dans tous ceux qui apprirent cet événement.

On croit que ce tableau fut peint pour M. Pointel de Venne. Poussin était déjà âgé, et l'exécution s'en est ressentie, mais la pensée et la composition sont sublimes ; les figures des apôtres, surtout celle de saint Jean, paraissent un peu courtes.

Pesne a fait une gravure fort estimée, d'après ce tableau, qui fait maintenant partie du Musée français.

Larg. 6 pieds 2 pouces ; haut., 5 pieds 9 pouces.

641.

MORT DE SAPHIRE.

Ananie et sa femme Saphire, nouvellement convertis à la religion chrétienne, voulurent montrer leur zele et leur charité, en vendant leurs biens pour être distribués à l'Église ; mais, au lieu d'en remettre le prix entier aux apôtres, ils en gardèrent une partie, et furent frappés de mort en punition de cette faute.

Nous ne reviendrons pas sur ce que nous avons déjà dit, sous le n°. 451, en donnant la mort d'Ananie peinte par Raphael. Poussin semble avoir donné ici la suite de cette action. Le corps d'Ananie ayant été emporté, environ trois heures après, sa femme, ne sachant rien de ce qui s'était passé, entra; et Pierre lui dit : « Femme, dites-moi, quel prix avez-vous vendu votre fonds ? — Nous l'avons vendu tant. » Alors Pierre lui dit : « Comment avez-vous ainsi conspiré, entre vous, de tenter l'esprit du Seigneur. Voilà ceux qui ont enseveli votre mari, qui sont à la porte, ils vont vous porter en terre comme lui. » A l'instant elle tomba à ses pieds et expira. Les hommes arrivant, et la trouvant morte, l'emportèrent et l'enterrèrent comme son mari ; ce qui produisit une grande crainte dans toute l'Église et dans tous ceux qui apprirent cet événement.

On croit que ce tableau fut peint pour M. Formont de Venne. Poussin était deja âgé, et l'exécution s'en est ressentie, mais la pensée et la composition sont sublimes ; les figures des apôtres, surtout celle de saint Jean, paraissent un peu courtes.

Pesne a fait une gravure fort estimée, d'après ce tableau, qui fait maintenant partie du Musée français.

Larg., 6 pieds 2 pouces ; haut., 3 pieds 9 pouces.

THE DEATH· OF SAPPHIRA.

Ananias and his wife Sapphira being newly converted to the Christian Faith, wished to display their zeal and charity by selling their possessions to give the amount to the Church : but, instead of delivering the whole price to the apostles, they kept back a part, and were struck dead as a punishment for the deception.

It is needless repeating what has been said, under n°. 451, when speaking of the Death of Ananias, painted by Raphael. Here Poussin seems to have continued the action. The body of Ananias having been removed, his wife, about three hours afterwards, not knowing what had occurred, entered; and Peter said unto her: « Tell me whether ye sold the land for so much? » And she said: « Yea, for so much. » Then Peter said unto her : « How i it that ye have agreed together to tempt the Spirit of the Lord? behold, the feet of them which have buried thy husband are at the door, and shall carry thee out. » Then she fell down straightway at his feet, and yielded up the ghost : and the young men came in and found her dead, and, carrying her forth, buried her by her husband. And great fear came upon all the Church, and upon as many as heard these things.

This picture is thought to have been painted for M. Formont de Venne. Poussin was already advanced in years, as appears from the execution, but the design and composition are sublime : the figures of the apostles, particularly that of St. John, appear rather short.

Pesne engraved a highly esteemed print from this picture, which now forms part of the French Museum.

Width, 6 feet 6 inches ; height 4 feet.

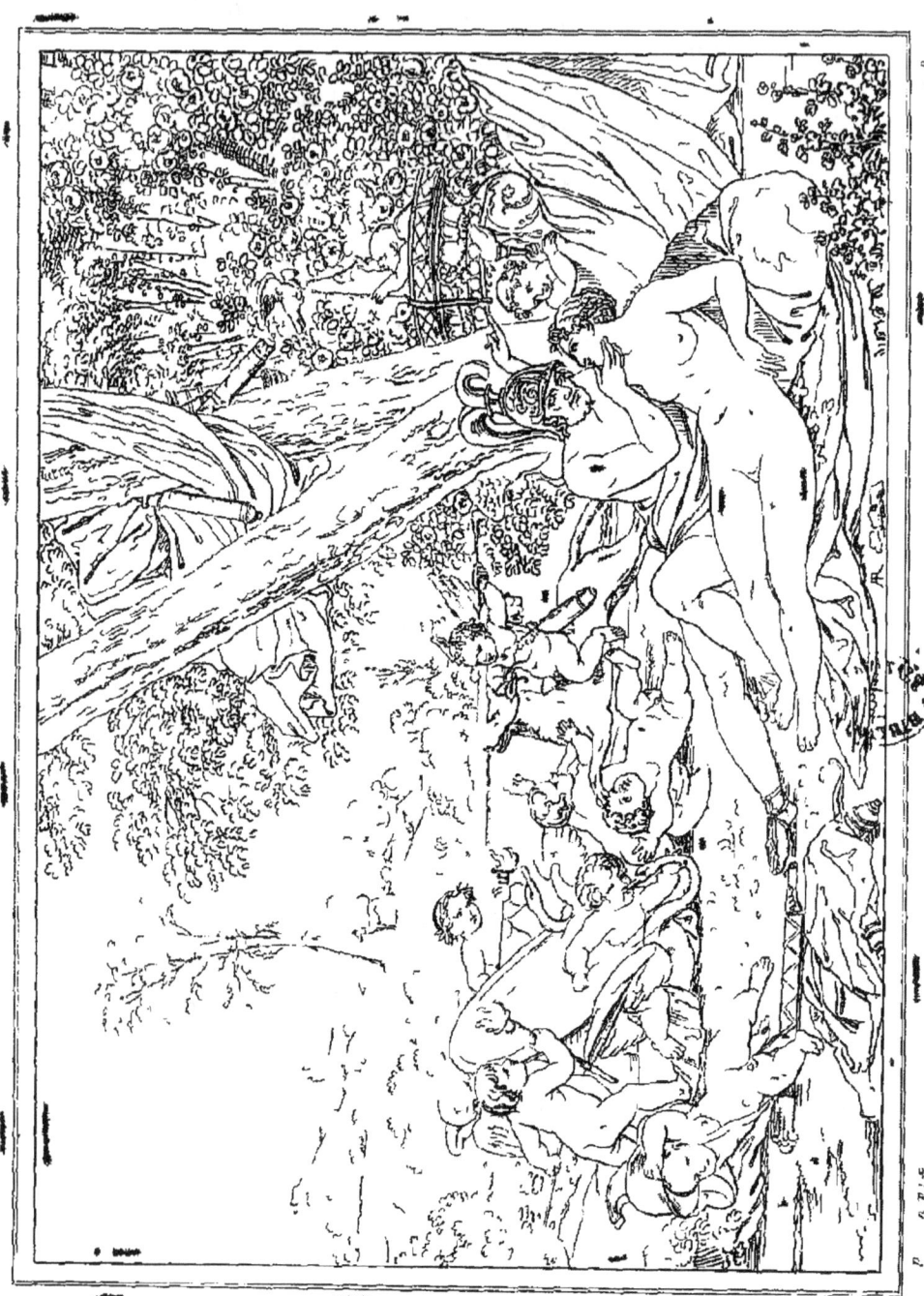

MARS ET VENUS

MARS ET VÉNUS.

Pour bien comprendre la scène que représente ce tableau, il faut se rappeler qu'Adonis fut victime de la jalousie de Mars, et que Proserpine, après la mort de ce célèbre chasseur, devint éprise de son ombre. Vénus, prétendant conserver son empire, même au delà des sombres bords, porta plainte contre la déesse des Enfers, et il fut décidé que l'amant des deux déesses passerait six mois sur la terre et six mois dans l'Élysée. Adonis donc continua d'être aimé de Vénus lors de son séjour sur terre; mais, pendant son absence, elle recevait les consolations du dieu Mars.

La déesse entièrement nue est couchée sur un tapis jonché de fleurs. Elle regarde Mars d'un air langoureux et tendre, mais en même temps, passant son bras droit derrière la tête du dieu, elle fait un signe moqueur qui prouve que l'amant le plus près d'elle n'est pas le plus aimé. En effet, on aperçoit dans le fond un Amour qui remet une lettre à Adonis, tandis que Mars, dans une douce sécurité, fixe Vénus avec tendresse, et se croit au comble du bonheur. Il règne dans toute cette scène beaucoup de grace et de variété : la figure de Vénus est parfaitement dessinée; le caractère de Mars est noblement exprimé; le paysage est riche et les accessoires bien ordonnés.

Le tableau est dans la galerie du Louvre; il a été gravé par Blot.

Larg., 3 pieds 10 pouces ; haut., 2 pieds 10 pouces.

MARS AND VENUS.

To fully understand the scene represented in this picture,
it must be remembered, that Adonis fell a victim to the jealousy
of Mars; and that Proserpine, after the death of that famous
hunter, became enamoured of his shade. Venus pretending to
extend her empire even to the dark regions, complained against
the Goddess of Hell, and it was adjudged, that the lover of the
two Goddesses, should remain six months on Earth, and six
months in Elysium. Adonis continued therefore to be beloved
by Venus, during his abode on earth; but, during his absence, she consoled herself with the God Mars.

The goddess, who is entirely naked, is lying on a carpet
strewed with flowers. She is looking at Mars, with languor and
tenderness; but, at the same time, placing her right arm behind
the god's head, she makes a jeering sign, that indicates that the
lover the nearest to her, is not the most cherished. In fact, one
of the Loves is seen in the back-ground giving a letter to Adonis, whilst Mars, in sweet security, gazes tenderly on Venus,
and thinks himself supremely blest. There reigns much grace
and variety throughout this scene : the figure of Venus is perfectly drawn, the character of Mars is nobly expressed, the
landscape is rich, and the accessories are well disposed.

This picture is in the Gallery of the Louvre, and has been
engraved by Blot.

Width, 4 feet 1 inch; height, 3 feet.

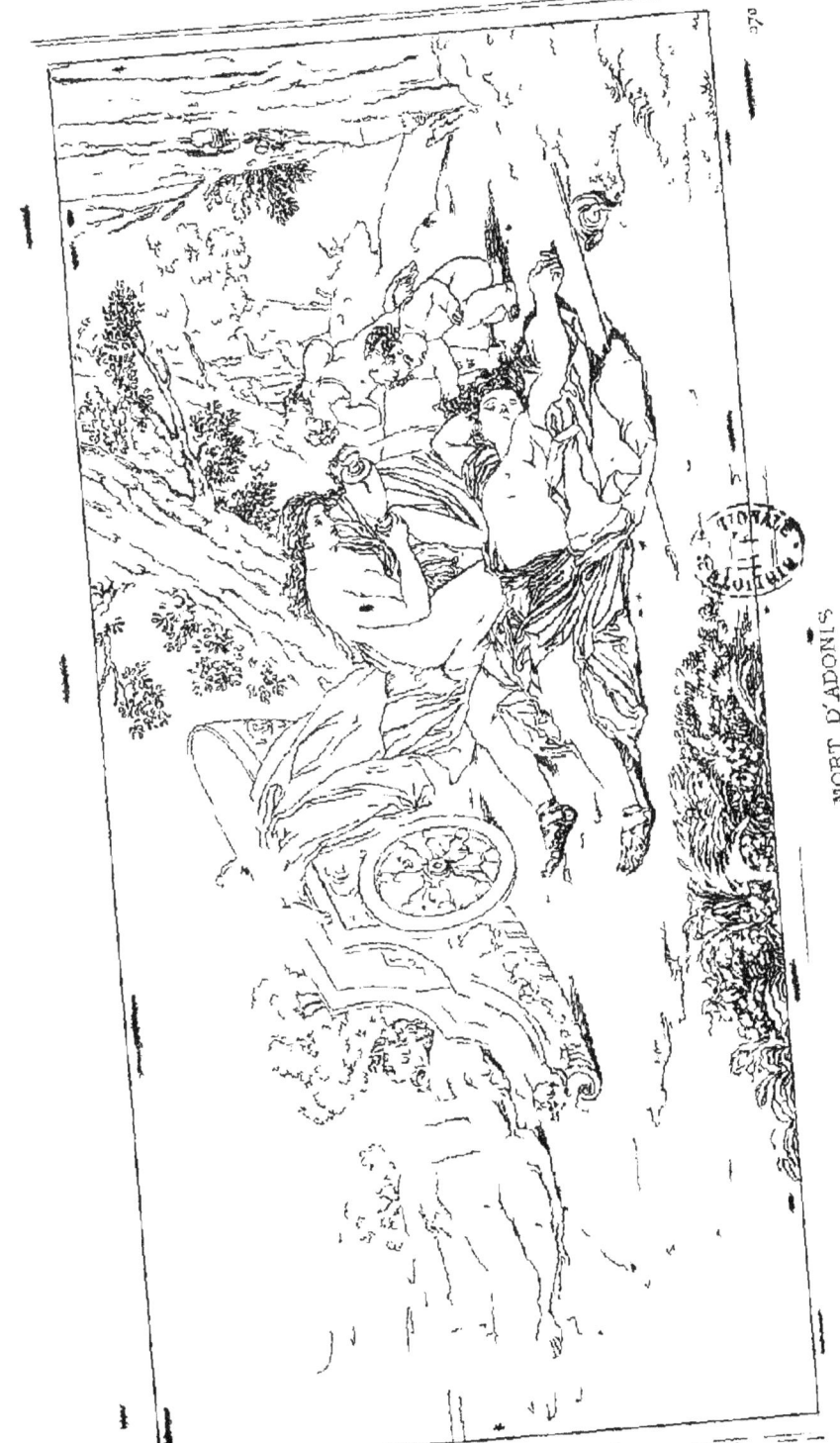

V. NOSTR. PINX.

MORT D'ADONIS

MORT·D'ADONIS.

Ovide, en racontant la mort d'Adonis, dit que Vénus, ayant entendu les cris de son amant, tourna son char traîné par deux cygnes du côté d'où venaient les plaintes, et trouvant celui qu'elle chérissait baigné dans son sang, se jeta précipitamment à bas de son char, et s'arracha les cheveux en s'en prenant au Destin. Ovide ajoute ensuite que, pour conserver le souvenir de son malheur et de son affliction, elle répandit du nectar sur le sang d'Adonis, qui, s'étant gonflé, produisit en un instant des fleurs semblables à celle de la grenade, et qu'on nomma depuis anémones.

Vénus, à genoux près de celui dont elle pleure la mort, vient de quitter son char sur lequel sont placés deux oiseaux. Les personnes qui aiment à critiquer, et qui en trouvent si rarement l'occasion dans les tableaux de Poussin, s'étonnent de ne point voir les cygnes dont parle Ovide, et ils ajoutent que les oiseaux qui doivent tirer le char de Vénus sont si petits qu'on les prend plutôt pour des passereaux que pour des colombes. Ils pretendent encore que la figure allégorique du fleuve est trop colossale pour bien représenter la petite rivière d'Adonis, qui, du mont où elle prend sa source jus-qu'à la mer où elle tombe, ne parcourt qu'un trajet de deux ou trois lieues.

Ce tableau a été gravé par Baquoy.

Larg., 3 pieds 6 pouces; haut., 1 pied 7 pouces.

THE DEATH OF ADONIS.

Ovid, when relating the death of Adonis, says that Venus, hearing the cries of her lover, turned her car, drawn by two swans, towards the spot whence came his moans; and finding him, whom she cherished most, bathed in his blood, she leaped precipitately from her car, tore her hair and cursed the Fates. Ovid adds, moreover, that, to preserve the remembrance of her sorrow and grief, she poured some nectar over the blood of Adonis, which, having swoln, instantaneously produced flowers similar to the pomegranate, and which have since borne the name of Anemones.

Venus, kneeling by the side of him whose death she bewails, has just left her car, upon which are two birds. Those persons fond of criticising, and who, in Poussin's pictures, very seldom have an opportunity of doing so, are astonished not to find the swans spoken of by Ovid, and they add that the birds supposed to draw the car of Venus, are so small, that they might be taken rather for sparrows than doves. They also pretend, that the allegorical figure of the river is too colossal to represent properly the small river Adonis, which, from the hill, where it takes its rise, to the sea where it disembogues itself, flows over a space of not more than two or three leagues.

This picture has been engraved by Baquoy.

Width, 3 feet 8 ½ inches; height, 20 inches.

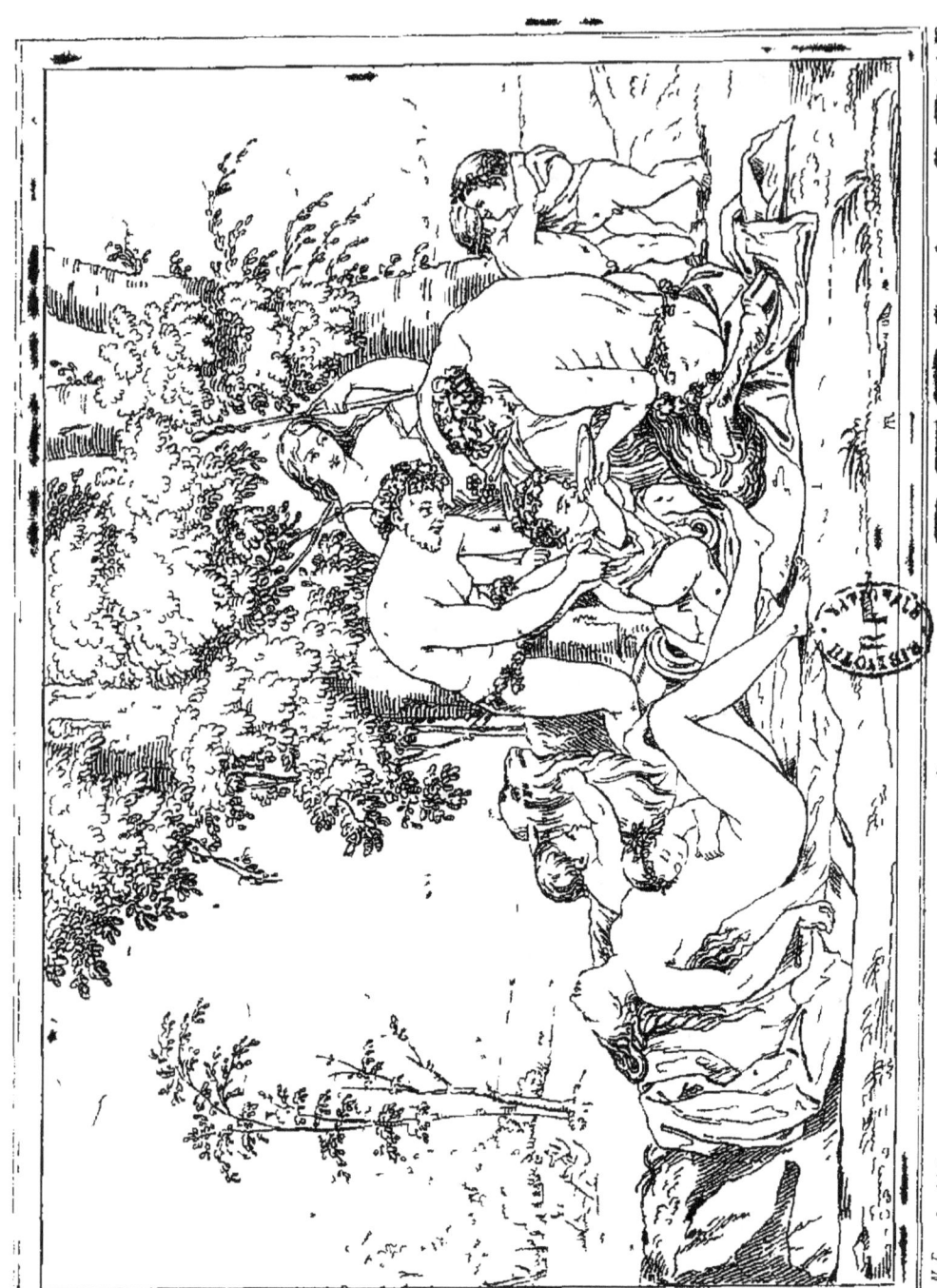

ÉDUCATION DE BACCHUS.

Sémélé, mère de Bacchus, ayant péri par suite du désir imprudent qu'elle eut de vouloir voir le maître des dieux dans toute sa splendeur, Jupiter prit soin de retirer Bacchus du sein de sa mère, et, après l'avoir conservé lui-même pendant quelque temps, il confia aux nymphes l'éducation du dieu.

Le groupe principal de ce tableau représente un faune soutenant le jeune Bacchus à qui un satyre fait boire le suc du raisin qu'il exprime dans une jatte. Sur le devant, on voit une bacchante entièrement nue et profondément endormie, ainsi que l'enfant qu'elle tenait sur son sein. Le paysage est très agreste.

On croit que cette composition est une des quatre bacchanales que Poussin fit pour le duc de Richelieu. Elle se trouve maintenant au Musée du Louvre. Mathieu Pool en a fait une gravure qui n'a pas été terminée. Elle a été gravée depuis par M. Pigeot, pour le Musée publié par M. Filhol.

Larg., 6 pieds 8 pouces ; haut., 3 pieds 8 pouces.

364.

THE EDUCATION OF BACCHUS.

Semele, the mother of Bacchus, having perished through her imprudent wish to see the master of the Gods, in all his glory; Jupiter withdrew Bacchus from his mother's womb, and having himself kept him, for some time, he entrusted the nymphs with the education of the young god.

The principal group of this picture represents a faun holding young Bacchus, to whom a satyr is giving to drink the juice of the grape, which at the same time he his crushing in a bowl. In the fore-ground is seen a bacchante, entirely naked, and in a deep sleep, as also the child which she held on her breast. The landscape is very rural.

This composition is thought to be one of the four Bacchanalia, that Poussin did for the duke de Richelieu : it is now in the Museum at the Louvre. Matthew Pool did an engraving of it, which was not finished. It has since been engraved by M. Pigeot for the Museum published by M. Filhol.

Width, 7 feet 1 inch; height, 3 feet 10 $\frac{2}{3}$ inches.

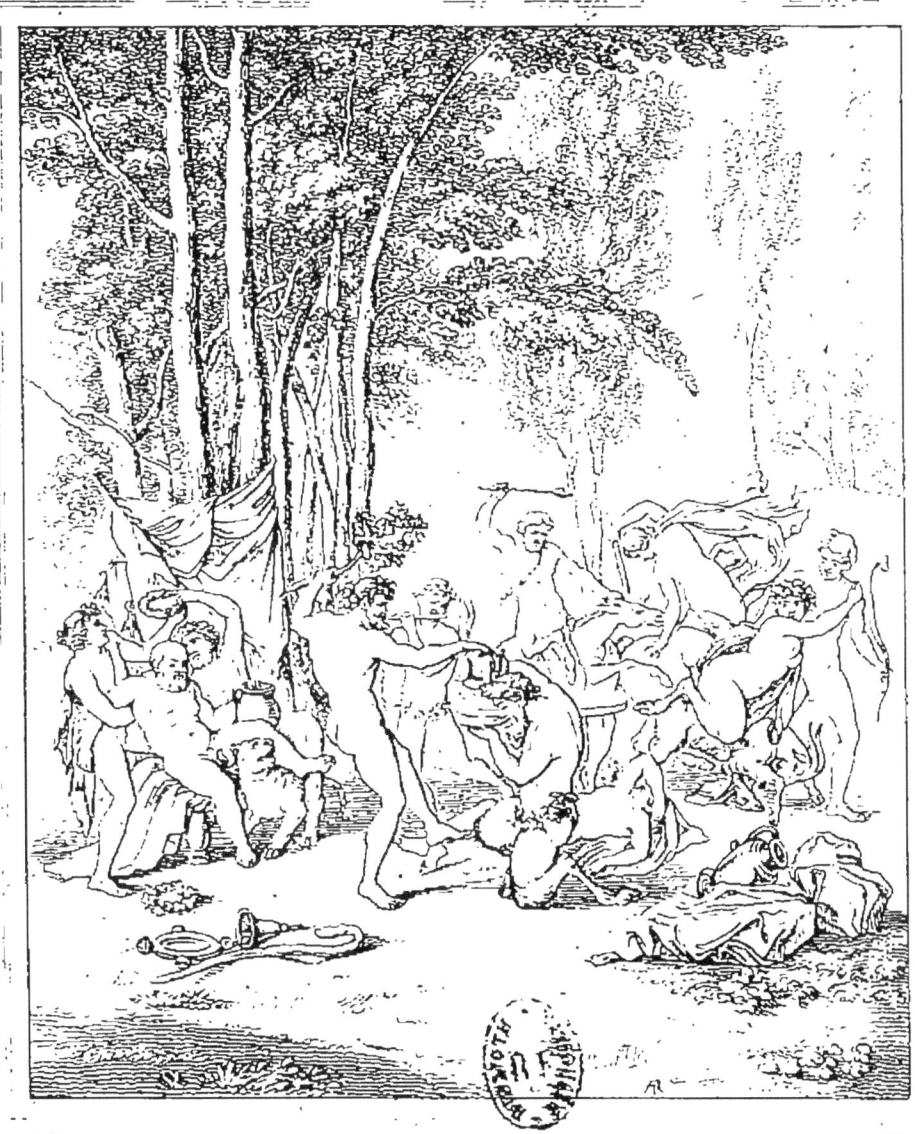

387

BACCHANALE

BACCHANALE

Les fêtes célèbres à l'honneur de _____ _____ _____ _____ incroyables lettrées par _____ _____ _____ _____ _____ de mortes _____ _____ _____ _____ admis à célébrer le _____ _____ _____ Poussin a peu _____ _____ célébrent des _____ _____ _____ _____ _____ _____ _____ _____ comme Bacchus, père de _____ _____ _____ _____ _____ la licence qui _____ _____ _____ _____ _____ _____ libération _____ _____ _____ _____ _____ désaccords, et les bacchanales _____ célébrées _____ _____ _____ _____ avec plus de licence peut-être qu'elles ne l'avaient été _____ _____ _____ dans la _____

Le tableau du Poussin n'a rien d'la licence, mais _____ _____ contre des préceptes _____ _____ _____ _____ Comme _____ _____ _____ en grand _____ _____ _____ _____ _____ _____ _____ _____ personne _____ _____ _____ _____ _____ _____ _____ _____ Juste de Roberton, _____ _____ _____ _____ _____ _____ le cabinet de _____ _____ _____ _____ _____ _____ du Musée _____

Sans, après _____ _____ _____ _____ _____ _____ église

BACCHANALE.

Les fêtes célébrées en l'honneur de Bacchus furent, dit-on, introduites à Rome par un Grec d'une naissance obscure, et de mœurs très corrompues. Les femmes seules étaient d'abord admises à célébrer les mystères de Bacchus. Peu à peu elles y admirent des hommes, et les fêtes eurent lieu dans un bois consacré à la déesse *Simula,* que plusieurs auteurs ont regardée comme Sémélé, mère de Bacchus. Le sénat voulant réprimer la licence qui régnait dans les bacchanales, en défendit la célébration l'an de Rome 568. Mais cette loi tomba bientôt en désuétude, et les bacchanales furent célébrées sous les empereurs avec plus de licence peut-être qu'elles ne l'avaient été anciennement dans la Grèce.

Le tableau du Poussin n'offre rien d'indécent, mais on y rencontre des preuves multipliées d'ivresse et de gaieté. Composé avec élégance, on y trouve l'esprit et le goût de l'antique, que le peintre avait étudié avec tant de soin. Il fut fait pour le cardinal de Richelieu. Porté depuis en Angleterre, il passa dans le cabinet de Jean-Jules Angerstein, et fait maintenant partie du Musée Britannique.

Haut., 4 pieds 8 pouces; larg., 3 pieds 11 pouces, mesure anglaise.

A BACCHANAL.

The festivals held in honour of Bacchus were, it is said, introduced at Rome by a Greek of an obscure birth, and of very corrupt morals. At first, women only were admitted to celebrate the mysteries of Bacchus. By degrees they admitted men, and the festivals were held in a wood consecrated to the goddess *Simula,* whom several authors have thought to be Semele, Bacchus' mother. In the year of Rome 548, the senate, wishing to repress the licentiousness that reigned in the Bacchanalia, forbid their celebration. But this law soon became obsolete, and the Bacchanalia were celebrated under the Emperors, with, perhaps, more licentiousness, than they had formerly been in Greece.

Poussin's picture offers nothing indecent; but, repeated marks of drunkenness and gaiety are displayed in it. Composed with elegance, the spirit and taste of the antique, which the artist had so carefully studied, are seen in it. It was executed for the cardinal de Richelieu. Subsequently carried to England, it belonged to John Julius Angerstein, and now forms part of the British National Gallery.

Height, 4 feet 8 inches; width, 3 feet 11 inches.

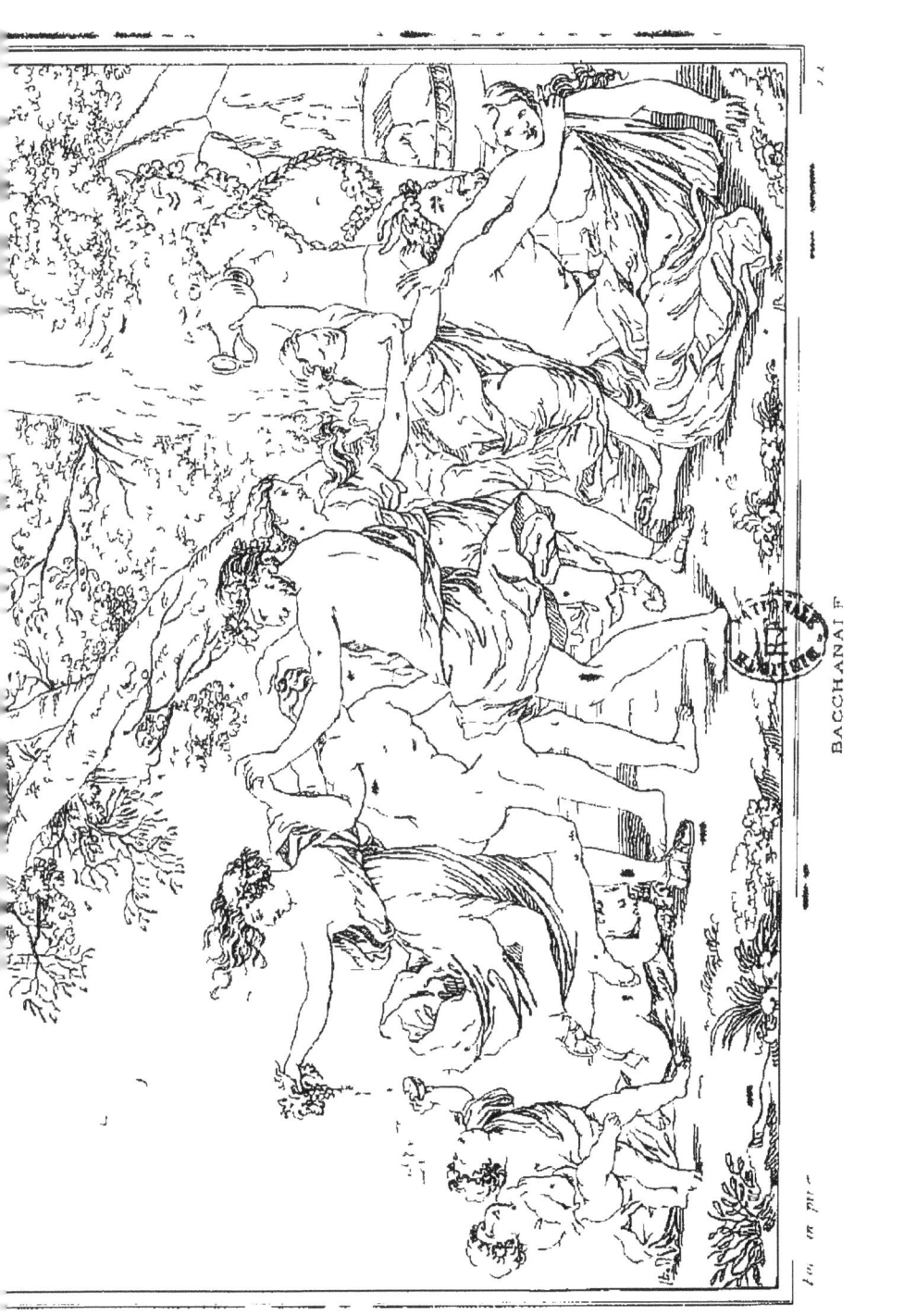

BACCHANAL.

BACCHANALE.

Des faunes et des bacchantes dansent ensemble, mais ces jeux sont interrompus par la brutalité d'un satyre qui vient de renverser une bacchante au pied de la statue de Priape, et cherche à l'embrasser malgré elle. Une de ses compagnes vient à son secours, et, saisissant le satyre par les cheveux, elle s'apprête à le frapper rudement avec un vase de métal qu'elle tient de la main gauche. Une autre bacchante paraît au contraire protéger le satyre et semble vouloir retenir celle de ses compagnes qui veut lui porter de si rudes coups.

Ce tableau est bien conservé, mais la toile sur laquelle il est peint est malheureusement d'un tissu très-grossier. En 1827 il appartenait à M. Sivri de Venise, qui l'avait alors apporté à Vienne. Il cherchait à s'en défaire et en demandait 6000 francs.

Larg., 5 pieds ? haut., 4 pieds ?

A BACCHANAL.

Fauns and Bacchant Nymphs dance together, but their sports are interrupted by the brutal attack of a Satyr who has thrown down a Bacchante at the foot of the statue of Priapus, and is seeking to embrace her by force. One of her companions runs to her assistance, and, catching the Satyr by the hair, is on the point of striking him rather severely, with a metal vase, which she has in her left hand. Another Bacchante on the contrary appears to protect the Satyr and seems to wish to prevent the other from employing such rough means.

This picture is in good preservation ; but, unfortunately, the canvass, on which it is painted, is very coarse. It belonged, in 1827, to M. Sivri of Venice, who had taken it to Vienna for the purpose of selling it : the price he then required was 6000 franks, or L. 240.

Width 5 feet 4 inches? height 4 feet 3 inches?

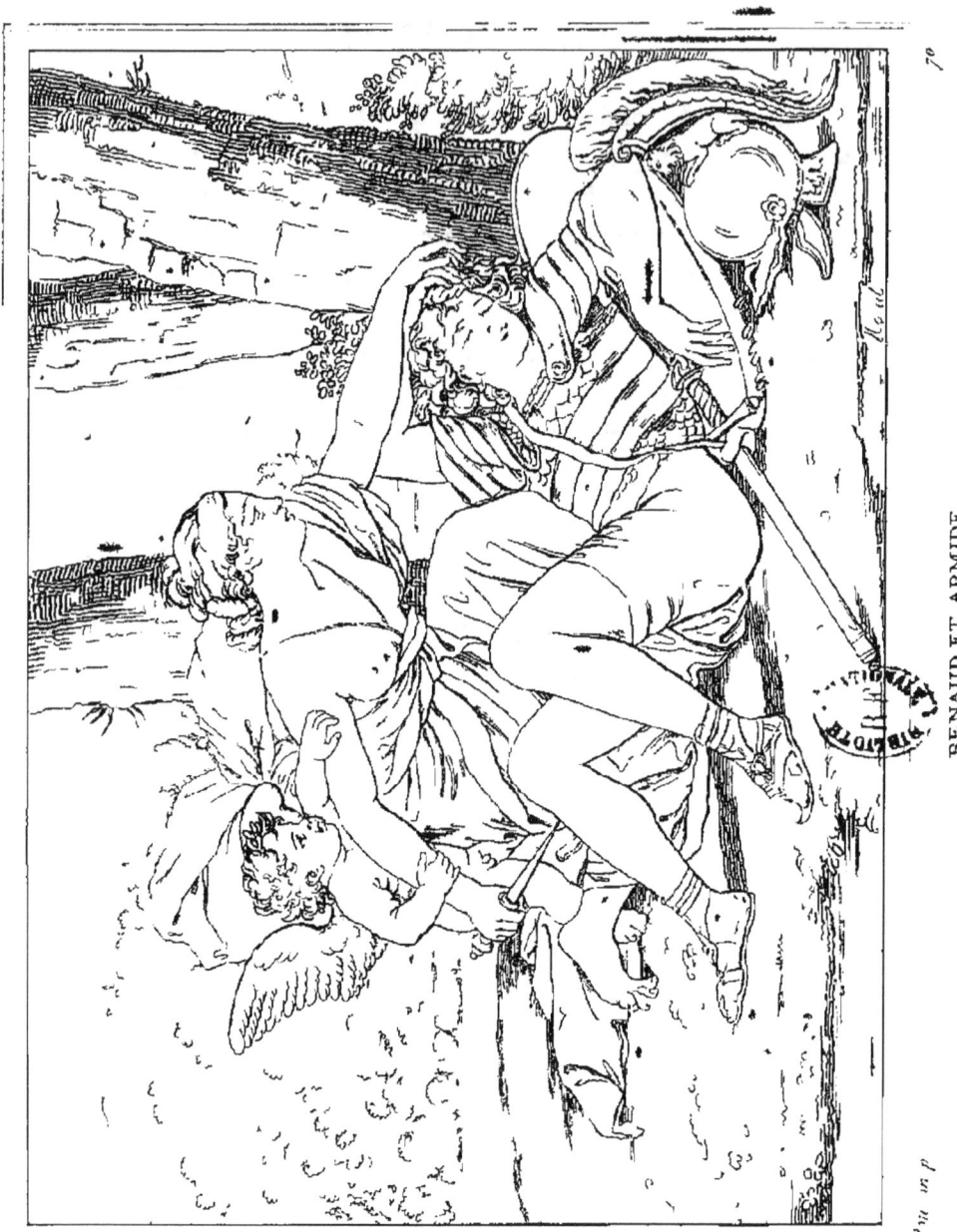

RENAUD ET ARMIDE

RENAUD ET ARMIDE.

L'intrépide Renaud ayant délivré les guerriers qu'Armide retenait captifs, la belle enchanteresse entra en fureur, et s'écria aussitôt : « Il ne sera pas dit que celui qui m'a fait un tel outrage ose jamais s'en vanter ; il a tiré les autres d'esclavage, mais il y tombera lui-même, et il souffrira seul tous les maux que devaient endurer ses compagnons. Que dis-je ! ce n'est point assez pour ma vengeance ; je veux qu'il périsse, et que sa mort cause la perte de son parti. »

Après avoir décrit la fureur d'Armide, le Tasse raconte les moyens qu'elle employa pour faire tomber Renaud en sa puissance. Il le montre abordant une petite île de l'Oronte, dans laquelle il fut attiré par une fausse inscription qui lui fit croire qu'il trouverait dans cette île quelque gloire à acquérir. Le Tasse fait sortir des eaux une sirène qui, par des sons enchanteurs, engage Renaud à quitter la carrière meurtrière des armes dans laquelle il s'est signalé, pour se livrer aux plaisirs de l'amour. Par ses chants harmonieux, elle parvient à répandre d'assoupissans pavots sur les yeux de l'imprudent guerrier. « Dès qu'Armide qui l'observait vit son ennemi entre les bras du sommeil, impatiente de satisfaire sa vengeance, elle courut à lui ; mais elle n'eut pas plutôt jeté les yeux sur cet aimable ennemi, qu'elle sentit à l'instant sa fureur s'évanouir. Surprise, elle s'arrête ; elle regarde ce jeune héros, qui, dans un sommeil tranquille, semblait gracieusement lui sourire. »

Tel est l'instant que Poussin a su rendre de manière à faire sentir également les passions qui conduisaient Armide, et celles qui la forcent à s'arrêter au moment où elle croyait satisfaire sa vengeance.

Ce tableau a été gravé par G. Audran.

70.

RINALDO AND ARMIDA.

The intrepid Rinaldo having delivered the warriors whom Armida held captive, the fair enchanteress grew furious, and immediately exclaimed : « It shall not be said that he who offered me such an affront ever dares to boast of it; he has delivered others from slavery, but shall become a captive himself, and he alone shall suffer all the ills that his companions were to have endured. What do I say! I would that he should perish, and his death bring ruin on his followers. »

After having described the fury of Armida, Tasso relates the means she employed to cause Rinaldo to fall into her power. He presents him landing on a small island of the Orontes, whither he was attracted by a false inscription which led him to believe that he might there acquire glory. Tasso makes a syren issue from the water, who, by her enchanting strains, induces Rinaldo to forsake the murderous career of arms in which he had become distinguished, and give himself up to the pleasures of love. By her harmonious songs she succeeds in spreading soporific poppies over the eyes of the heedless warrior. « As soon as Armida, who was on the watch, saw her enemy locked in the arms of sleep, eager to satiate her vengeance, she ran to him with hasty steps; but no sooner had she cast her eyes upon this lovely enemy than she felt her fury instantly subside. In surprize she stops, and gazes on the young hero, who, in a tranquil sleep, seemed to smile on her kindly. »

This is the moment which Poussin has pourtrayed in such a manner as to express the passions which hurried on Armida, and those which force her to stop at the moment when she thought of satiating her vengeance.

An engraving has been taken from this picture by G. Audran.

70.

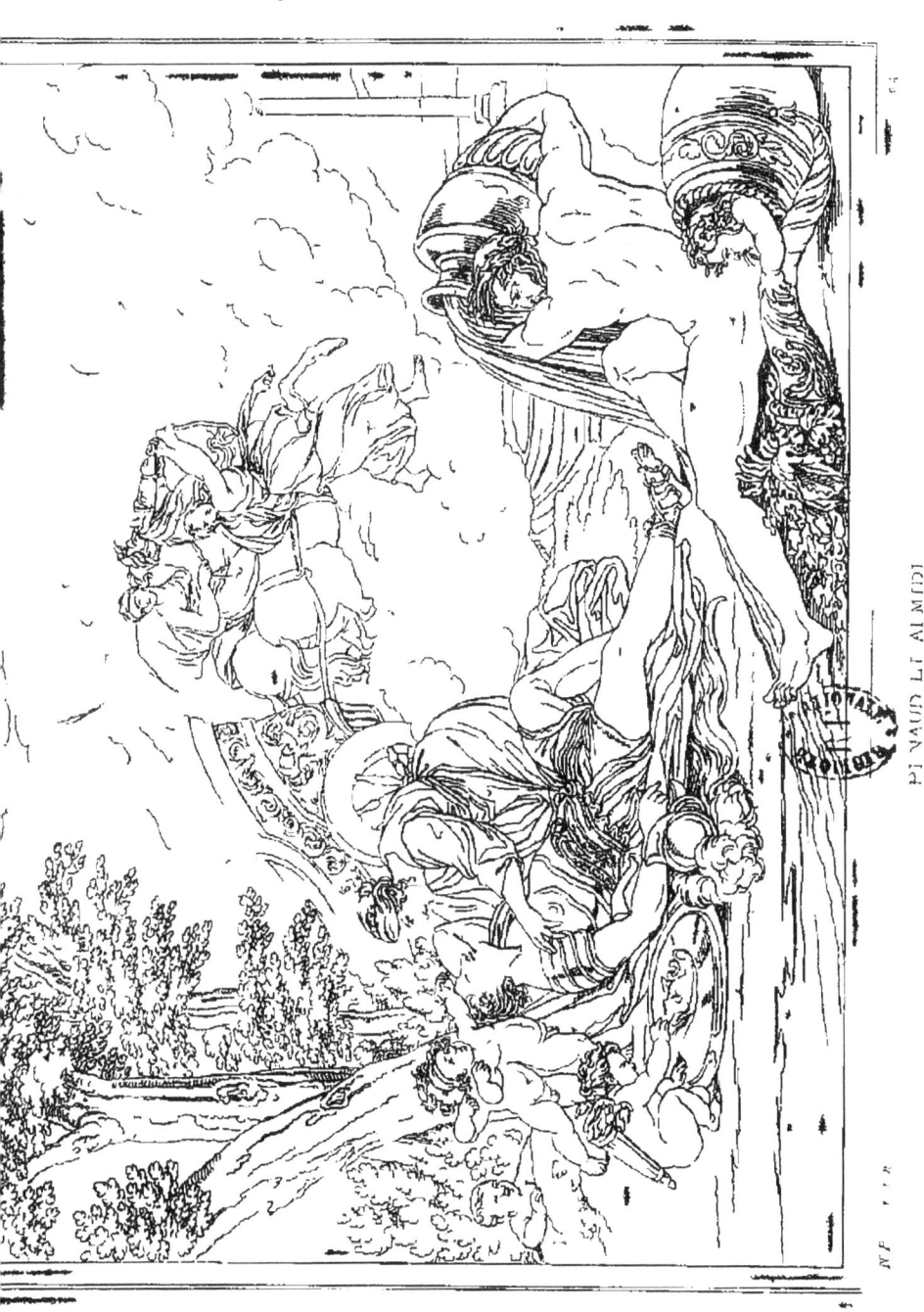

·RENAUD ET ARMIDE.

Ce sujet est un de ceux que Poussin s'est plu à répéter, en changeant la composition et l'agencement de ses figures. Déja, sous le n° 70, nous avons parlé de cette scène de fureur et d'amour de l'enchanteresse Armide, et nous ne répéterons pas ce que nous avons cru nécessaire de dire alors, pour faire connaître la situation des personnages. Dans le premier tableau, Poussin a représenté Armide un poignard à la main, et voulant faire périr Renaud; ici elle a cédé au pouvoir de l'Amour, tout souvenir de vengeance est oublié, la tendresse a remplacé la haine. Sur le devant, à droite, est une figure qui désigne le fleuve Oronte; dans le fond, du même côté, on aperçoit la colonne sur laquelle est l'inscription fallacieuse qui a engagé Renaud à aborder dans l'île d'Armide.

Le coloris de ce tableau est très brillant, et l'expression fort remarquable. La figure de Renaud explique facilement le changement subit des sentimens d'Armide ; elle contemple avec délices ce visage si gracieux qu'un songe flatteur paraît animer, cette chevelure ondoyante qui n'est plus enfermée sous le casque, et ces formes si nobles que l'abandon du sommeil rend plus agréables encore. Quelques personnes ont critiqué la figure d'Armide, qui, suivant elles, devrait être plus svelte, pour se conformer aux intentions du Tasse.

Ce tableau fait maintenant partie de la galerie de l'Ermitage à Saint-Pétersbourg.

Larg., 4 pieds 6 pouces; haut., 3 pieds 1 pouce.

333.

RINALDO AND ARMIDA.

This is one of those subjects which Poussin delighted in repeating, varying, the composition and arrangement of his figures. Already in n° 70, we have spoken of that scene of anger and love of the enchantress Armida, and we shall not now repeat what we then thought necessary to say, to explain the situation of the personages. In the first picture, Poussin represents Armida with a dagger in her hand, determined to destroy Rinaldo: here, she yields to the power of Love; all remembrance of revenge is forgotten; affection takes the place of hatred. On the right, in the fore-ground, is a figure, which indicates the river Orontes: in the back-ground, on the same side, is seen the column upon which is the delusive inscription that induced Rinaldo to land in Armida's Island.

The colouring of this picture is very brilliant, and the expression most remarkable. The figure of Rinaldo readily explains the sudden change of Armida's sentiments : she contemplates with delight his graceful countenance, seemingly flushed by a pleasing dream; his flowing locks, no longer confined under a helmet; and his fine limbs, rendered still more pleasing by the forgetfulness of sleep. Some persons have found fault with the figure of Armida, which, according to them, ought to be more airy, to answer Tasso's description.

This picture now forms part of the Hermitage Gallery, at St. Petersburg.

Width, 4 feet 9 $\frac{1}{3}$ inches; height, 3 feet 3 $\frac{1}{3}$ inches.

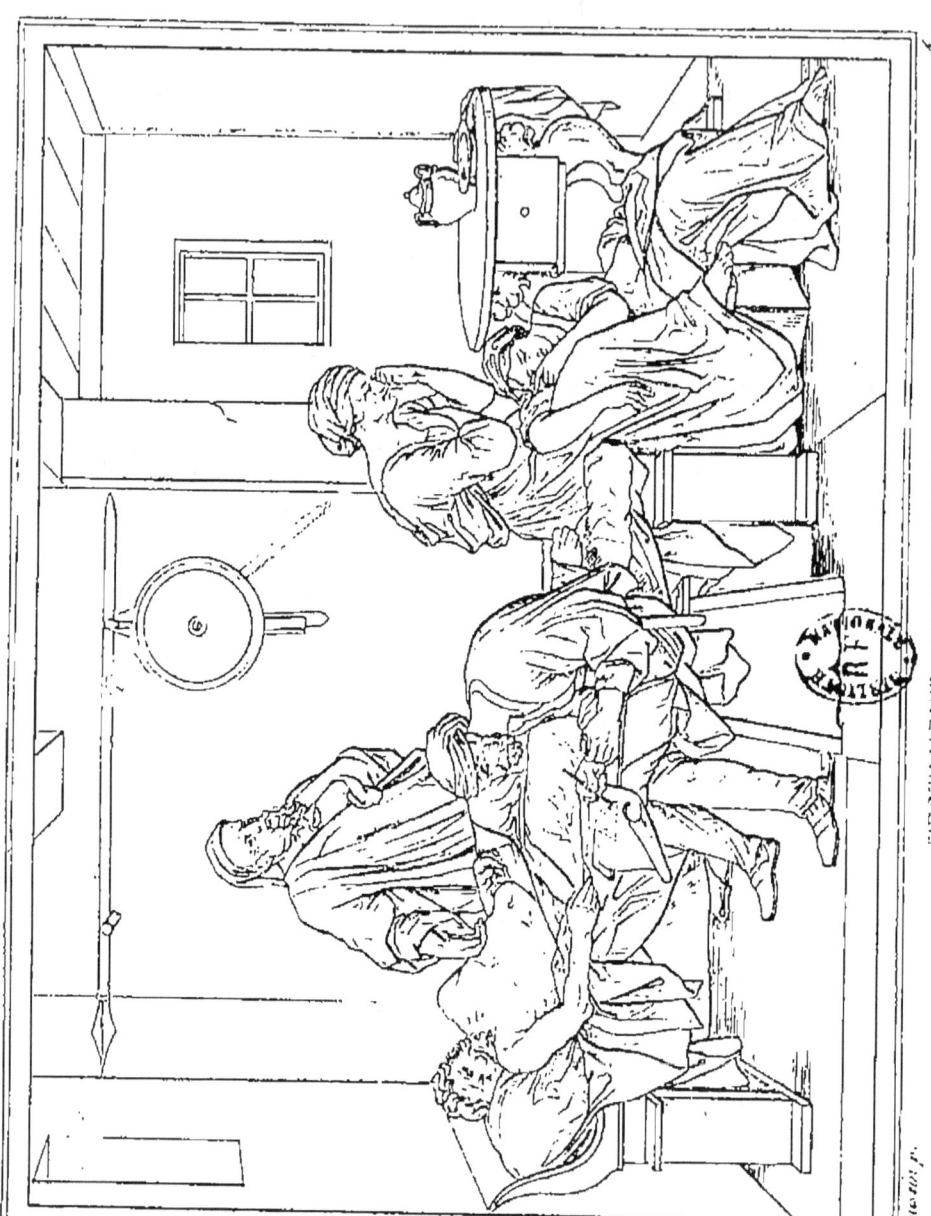

TESTAMENT D'EUDAMIDAS.

Si Raphaël est le prince de la peinture, si Corrége est le peintre des Graces, Poussin peut être regardé comme le peintre des philosophes. Toutes ses compositions sont empreintes d'un sentiment parfait de la morale la plus noble et la plus pure.

Eudamidas, de la ville de Corinthe, attaqué d'une maladie mortelle, et dans un âge avancé, va terminer sa carrière. Le médecin, ayant placé une de ses mains sur la poitrine du moribond, consulte les battemens de son cœur, et posant l'autre main sur son propre sein, semble conjecturer, par comparaison, qu'il n'y a plus d'espoir pour la vie d'Eudamidas. Celui-ci profite du peu de forces qui lui reste pour dicter ses dernières volontés. « Je laisse ma mère à Arétée, afin qu'il la nourrisse ; à Charixène ma fille, afin qu'il la marie et la dote autant qu'il le pourra ; et si l'un des deux vient à mourir, j'entends que le legs que je lui ai fait revienne au survivant. »

Ce trait est un des plus beaux que l'on puisse citer. Eudamidas était assuré du cœur de ses amis, et ce legs est le plus bel éloge que l'on puisse faire de leur vertu. Au pied du lit d'Eudamidas, sa mère et sa fille donnent les marques d'une douleur profonde. Rien n'égale la beauté de cette scène pathétique, sinon l'unité et l'austère simplicité qui en a banni tous les accessoires inutiles. Une lance et un bouclier seulement, suspendus à la muraille, annoncent que la profession des armes fut celle d'Eudamidas.

Pesne a gravé ce tableau dans une manière qu'il serait difficile de suivre, et qui pourtant semble la meilleure et la mieux adaptée aux peintures de Poussin.

Larg., 5 pieds ; haut., 3 pieds.

THE WILL OF' EUDAMIDAS.

If Raphael is the prince of painting, and Corregio the painter of the Graces, Poussin ought to be considered as the painter of philosophy. All his compositions are impressed with a perfect feeling of a noble and pure moral.

Eudamidas, of the city of Corinth, attacked by a mortal malady and at an advanced age, is on the point of finishing his career. The physician having placed one of his hands upon the bosom of the dying man, counts the beatings of his heart and putting the other hand upon his own breast, appears to infer by the comparison, that no hope remains for the life of Eudamidas. The latter availing himself of the little strength left him dictates his last will : « I leave my mother to Areteous, that he may support her ; to Charixenes I leave my daughter that he may see her married and give her as large a portion as he can ; and if one of my two friends should die, I expect that the legacy I bequeath him shall fall to the survivor. » This trait of character is one of the finest that can be cited. Eudamidas relies upon the fidelity of his friends, and such a legacy is the highest eulogium of their virtue. At the foot of Eudamidas's bed, his mother and daughter evince symptoms of the deepest grief : nothing can equal the beauty of this pathetic scene, but the keeping and the severe simplicity which banish all useless accessories. A spear and a shield, hung on the wall, infer that Eudamidas had been a soldier.

Pesne has engraved this picture in a manner which would be difficult to follow ; it however appears to be the best and only style which suits the pictures of Poussin.

Height, 5 feet 4 inches ; breadth, 3 feet 2 inches.

4.

ENLÈVEMENT DES SABINES

ENLÈVEMENT DES SABINES.

Ce fait historique, dont nous avons eu occasion de parler sous le n°. 136, était bien digne d'exercer les talens du Poussin, et son talent s'y fait remarquer par les deux qualités dans lesquelles il excellait, l'*ordonnance* et l'*expression*.

L'ordonnance est le résultat de la disposition des objets représentés, lorsque le sujet exige un grand nombre de figures disposées de manière à ce que le champ n'offre point de vide qui puisse choquer l'œil. Poussin, en arrangeant les groupes de ses premiers plans, les a disposés de manière à ce que l'espace qui se trouve entre eux laisse voir avec facilité les figures des plans plus éloignés. La scène est dans une place publique, et quoique le nombre des figures ne soit pas aussi considérable que le sujet paraissait le comporter, l'art avec lequel il a su les disposer, et les groupes, semble les multiplier et donne à sa composition tout le mouvement nécessaire pour rendre le désordre sans confusion.

Quant à l'expression, elle est variée et juste. Les Romains montrent de l'audace et de la violence; les Sabins paraissent remplis de terreur et d'épouvante; les femmes témoignent beaucoup de crainte. L'air imposant de Romulus qui commande l'enlèvement, la dignité des sénateurs qui l'accompagnent, la gravité des licteurs, contrastent à merveille avec l'ardeur menaçante des soldats, les supplications et les alarmes des Sabines.

Ce tableau fait partie du Musée français; il a été gravé par Abraham Girardet.

Larg., 6 pieds; haut., 5 pieds.

THE RAPE OF. THE SABINES.

This historical fact of which we had occasion to speak, n°. 136, was well worthy of exercising the powers of Poussin, and his talent is discernible in it from the two qualities in which he excelled, *Ordonnance* and *Expression.*

Ordonnance is the result of the arrangement of the objects represented, when the subject requires a great number of figures, so disposed, that the field offers no empty space that can displease the eye. Poussin in arranging the groups of his fore-ground, has so disposed them, that the space intervening allows the figures in the distances to be easily seen. The scene lies in a public place, and although the number of figures is not so considerable as the subject appears to require, the art with which he has known how to dispose and group them, seems to multiply them, and gives to his composition all the life requisite to express disorder without confusion.

As to the Expression, it is varied and correct. The Romans display boldness and violence, the Sabines appear overwhelmed with terror and dread : the women show much fear. The dignified air of Romulus, who orders this violent measure, the dignity of the senators accompanying him; and the gravity of the lictors, contrast wonderfully with the threatening ardour of the soldiers, the prayers, and alarm of the Sabine women.

This Picture forms part of the French Museum : it has been engraved by Abraham Girardet.

Width 6 feet 4 inches; height 5 feet 4 inches.

581.

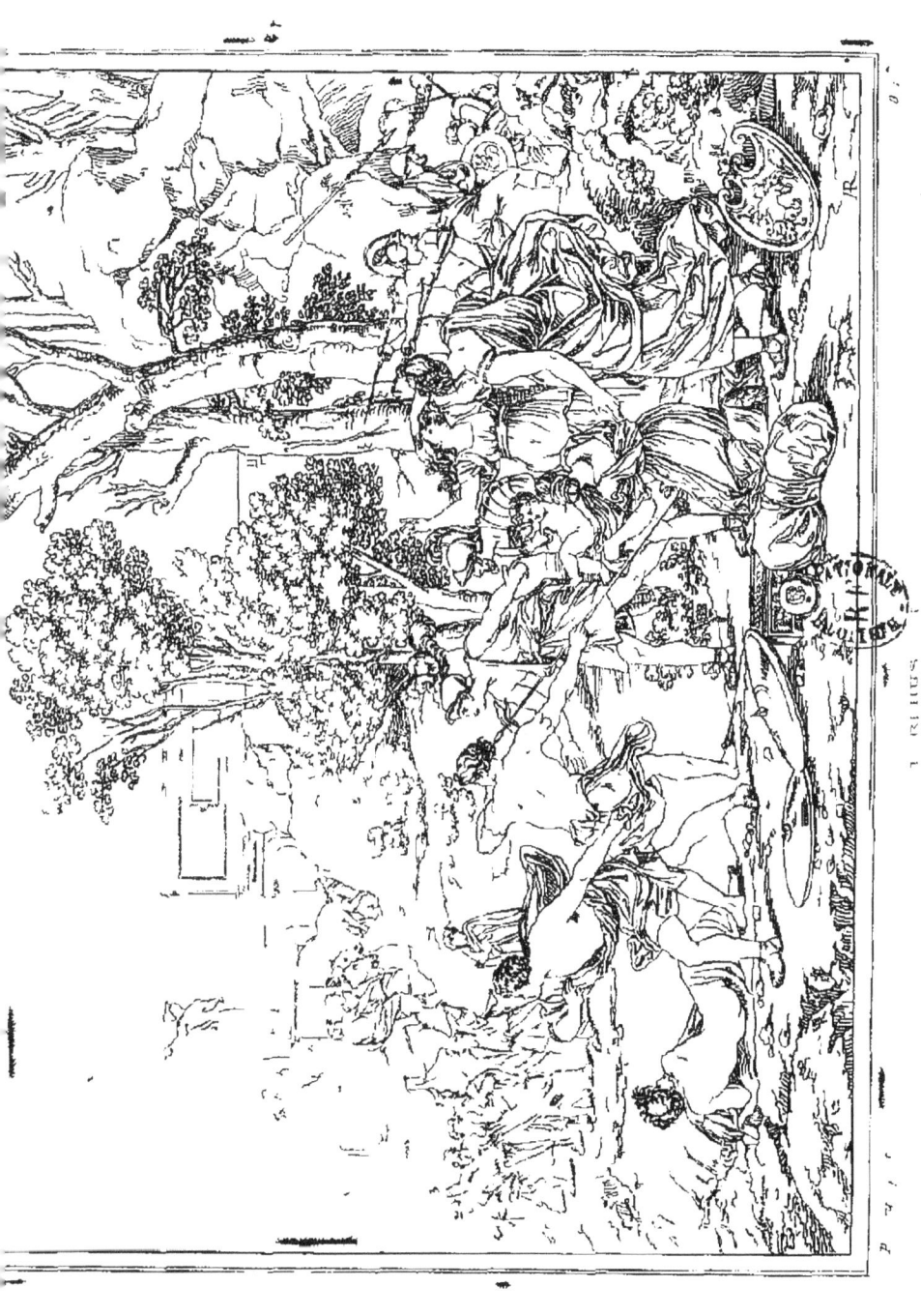

PYRRHUS SAUVÉ.

Éacide, roi d'Épire, vivait des ans avant Jésus-Christ. Il eu fils nommé Pyrrhus qui descendait dit-on, d'Hercule et d'Achille. Les Molossiens s'étant révoltés contre leur roi, ils proscrivirent plusieurs de sa parenté et en massacrèrent plusieurs. Cependant, des amis parvinrent à sauver Pyrrhus encore enfant à la mamelle, et le confièrent à Androclion, Hippias et Népadès, hommes sûrs et fidèles, qui le sauvèrent ..... et les femmes nécessaires pour le soigner ..... commencèrent à ..... re, puis les conduisirent vers Mégare, ville de Macédoine. Mais, en arrivant au but de leur voyage, ils furent arrêtés par ..... rivière.

..... voyant qu'ils ne pouvaient être entendus des personnes qu'on voit de l'autre côté de la rivière, ils s'avisèrent d'écrire sur une écorce, le nom de celui dont ils défendaient l'existence et qu'ils cherchaient à sauver. L'un perça son écorce avec un javelot, l'autre l'enveloppa avec pierre et tous deux trouvèrent ainsi le moyen de faire parvenir leur message ..... rive. Les habitans de Mégare ..... et à ..... l'agent ..... de ..... brave homme ..... ju .... quel de ..... du ..... jeune Pyrrhus .....

Avec quel talent Poussin a su ..... cette ..... et noble composition. Les figures ..... la p ..... de .... l'épre .... beau- ..... p .... et ....

..... tableau de l'ancienne collection du roi ..... originaux ..... galerie du Louvre ? .....

..... ; pieds, 10 pouces; haut 6 pieds, 4 p .....

PYRRHUS SAUVÉ.

Æacide, roi d'Épire, vivait 300 ans avant Jésus-Christ. Il eut un fils nommé Pyrrhus qui descendait, dit-on, d'Hercule et d'Achille. Les Molossiens s'étant révoltés contre leur roi, ils firent mourir plusieurs de ses partisans et chassèrent les autres. Cependant, des amis parvinrent à dérober Pyrrhus, encore enfant à la mamelle, et le confièrent à Androclion, Phippias et Néander, hommes forts et dispos, qui le sauvèrent avec les femmes nécessaires pour le soigner et lui donner à téter, puis les conduisirent vers Mégare, ville de Macédoine. Mais, en arrivant au but de leur voyage, ils furent arrêtés par la rivière.

S'apercevant qu'ils ne pouvaient être entendus des personnes que l'on voit de l'autre côté de la rivière, ils s'avisèrent d'écrire sur une écorce, le nom de celui dont ils défendaient l'existence et qu'ils cherchaient à sauver. L'un perça son écorce avec un javelot, l'autre en enveloppa une pierre et tous deux trouvèrent ainsi le moyen de faire parvenir leur messsage sur l'autre rive. Les habitans de Mégare, avertis par cet ingénieux procédé, firent promptement un radeau avec lequel ils allèrent chercher le jeune Pyrrhus et sa suite.

Avec quel talent Poussin a su tracer cette grande et noble composition. Les figures présentent la plus grande pureté de dessin, l'expression est sublime, mais la couleur laisse beaucoup à désirer et est généralement trop noir.

Ce tableau, de l'ancienne collection du roi, est maintenant dans la galerie du Louvre. Il a été gravé en grand par Gérard Audran.

Larg., 4 pieds, 10 pouces; haut., 3 pieds, 6 pouces.

PYRRHUS SAVED.

Æacides, king of Epirus, lived 300 years before Christ. He had a son named Pyrrhus, who was said to be descended from Hercules and Achilles. The Molossians, having revolted from the king, put some of his adherents to death, and banished others; but his friends concealed Pyrrhus, still an infant at the breast, and confided him and his nurses to three brave and active men, Androcleon, Phippias et Neander, who escorted them to Megara, in Macedonia.

On approaching their journey's end, they were stopped by the river. Perceiving the impossibility of making themselves heard on the other side, they inscribed the royal infant's name on two pieces of bark, one of which they stuck on a spear, and wrapped the other round a stone; and thus conveyed their message to the opposite bank. The Megareans, informed of the quality of the fugitives, constructed a raft, and went in quest of the young Pyrrhus and his suite.

This noble composition of Poussin is designed with admirable talent, and exhibits the most perfect purity of outline, and a sublime expression; but the colouring is defective, and is in general too black.

This picture belonged to the ancient collection of the King, and is now in the gallery of the Louvre : it has been engraved, on a large scale, by Gerard Audran.

Width, 5 feet 1 inch ; heigth, 3 feet 9 inches.

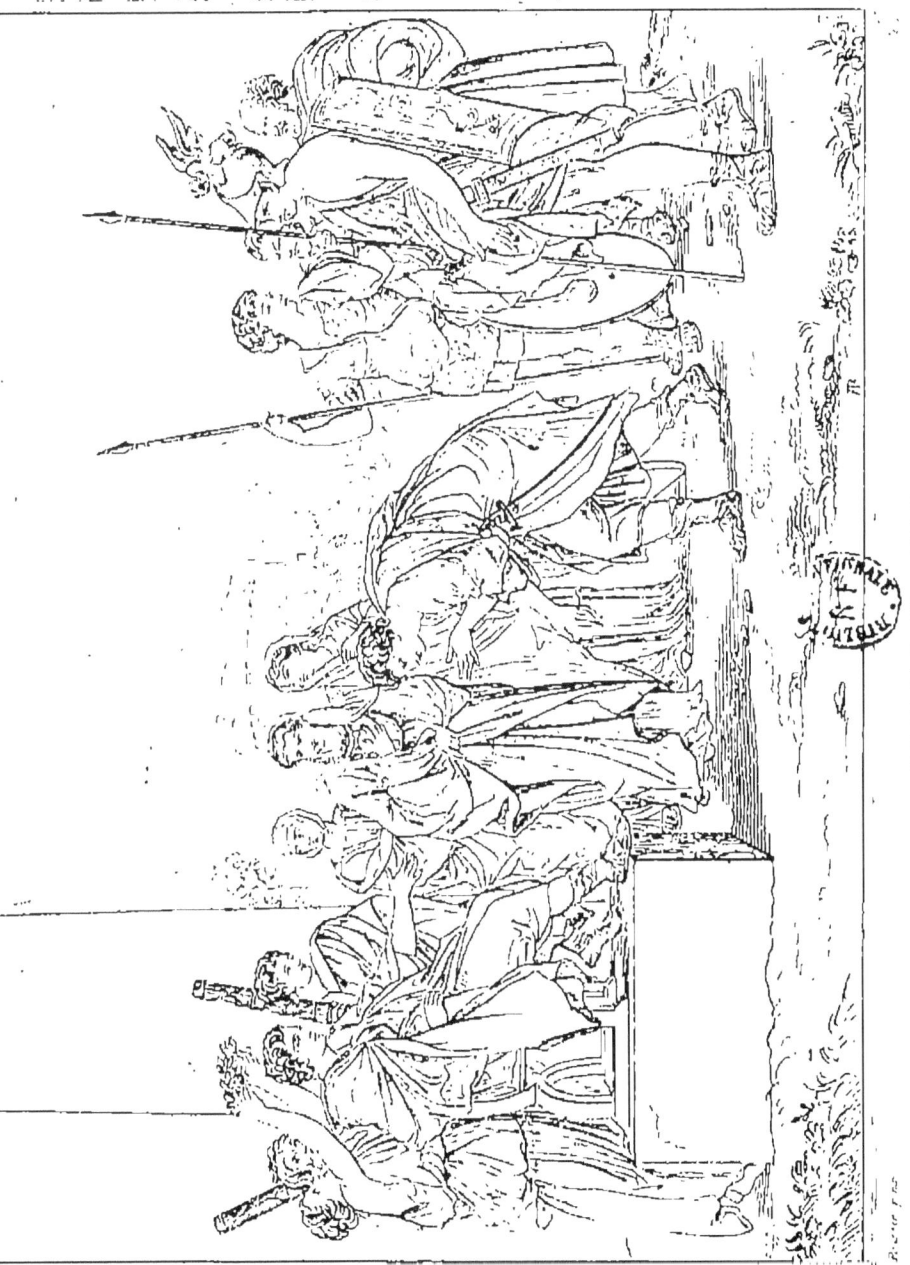

CONTINENCE DE SCIPION.

Publius Cornelius Scipion, souvent désigné sous le nom de Scipion l'Africain, eut la gloire de soumettre Carthage aux Romains, par la défaite complète de l'armée d'Annibal, en l'an 202 avant Jésus-Christ.

Cet illustre capitaine avait été envoyé en Espagne dès l'âge de vingt-quatre ans. Il en fit la conquête en moins de quatre années, et prit Carthagène en un seul jour. Parmi les prisonniers qui lui furent amenés, il se trouvait une jeune dame d'une grande beauté. Ayant su qu'elle était fiancée à Allutius, prince des Celtibériens, il le fit appeler, et la lui rendit intacte ; il voulut encore que le prix de sa rançon servît à augmenter sa dot. Cet acte de vertu et de magnanimité gagna le cœur du prince, qui fit bientôt sentir à ses sujets, qu'ils ne pouvaient refuser de se soumettre à un capitaine en qui se trouvait une telle modestie et tant de libéralité.

Ce tableau du Poussin est certainement un ouvrage du temps où il arrivait à Rome. Les figures manquent généralement de cette justesse d'expression que l'on remarque ordinairement dans les tableaux de ce maître. La pose d'Allutius n'a pas la noblesse que l'on pourrait désirer ; et sa fiancée ne semble pas prendre assez de part à une action dont elle devrait être si satisfaite.

Ce tableau appartint autrefois à M. de Merville ; il passa depuis à Houghton-House, chez Robert Walpole. A sa mort il fut acquis trente mille francs par l'impératrice de Russie, et se trouve maintenant au palais de l'Hermitage, à Saint-Pétersbourg.

Il a été gravé en 1784 par Légat.

Largeur, 4 pieds 10 pouces ; hauteur, 3 pieds 7 pouces.

864.

THE CONTINENCE OF SCIPIO.

Publius Cornelius Scipio, commonly called Scipio Africanus, had the glory of reducing Carthage under the Roman power, by the defeat of Hannibal, in the year 202 before Christ.

This illustrious Captain was sent, at the age of twenty four, to command in Spain; of which he completed the conquest in less than four years, and took Carthagena in a single day. Among the prisoners brought before him on that occasion, was a young lady of extraordinary beauty. On learning that she was affianced to Allutius, Prince of the Celtiberians, he sent for her betrothed husband, and restored her untouched, adding her ransom to her dowry. This generosity won the heart of the Spanish Prince; who soon convinced his subjects of the expediency of submitting to a conqueror, who united such singular modesty with so great liberality.

This piece must have been composed soon after Poussin's arrival in Rome, as the figures are destitute of the just expression, commonly observed in his works. The attitude of Allutius, particularly, is wanting in nobleness; and his bride appears to take too little interest in a scene, which must naturally have excited in her breast the liveliest transports of gratitude and admiration.

This picture formerly belonged to M. de Merville, and was afterwards in Sir Robert Walpole's collection, at Houghton-House. At his death, it was purchased for 1200 pounds (30,000 francs), by the Emperess of Russia, and is now in the Hermitage, at St. Petersburg. It was engraved by Legat, in 1784.

Width, 5 feet 1 inch; height, 3 feet 9 inches.

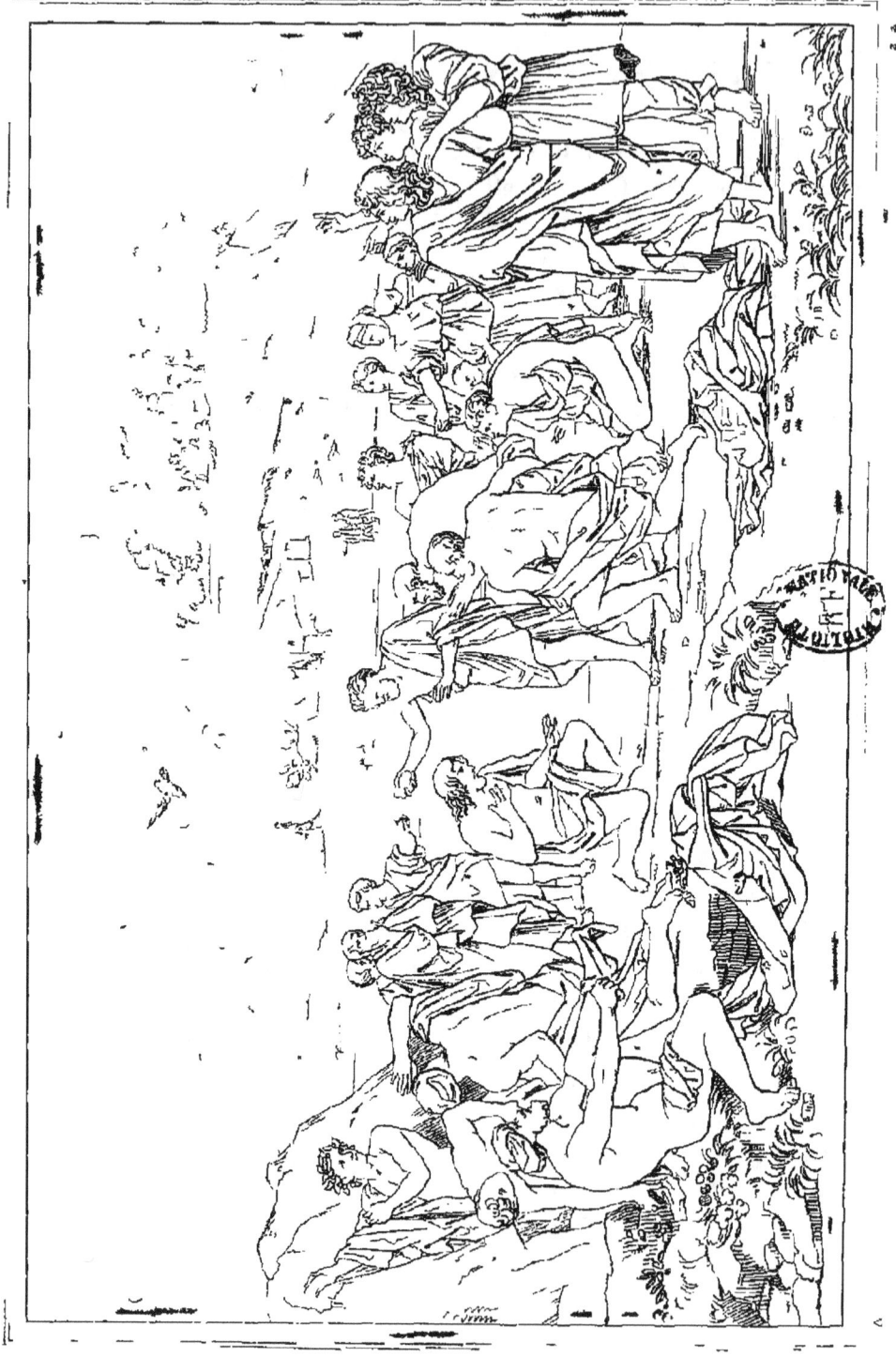

LE BAPTÊME.

Il existe deux suites des Sept Sacremens : Poussin fit la première pour le chevalier del Pozzo, son protecteur et son ami à Rome. Fréart de Chantelou, qui aimait également ce peintre et ses ouvrages, chargea Poussin, lors de son retour à Rome, de lui faire faire des copies de ses sacremens. Mais après avoir fait d'inutiles efforts pendant deux années pour trouver quelque artiste qui voulut les faire, il écrivit à M. de Chantelou, le 12 janvier 1644 : « J'ai cru faire bien, pour mon honneur et pour votre contentement, de vous prévenir que demeurant ici, je souhaiterais être moi-même le copiste des tableaux qui sont chez M. le chevalier del Pozzo, soit de tous les sept, soit d'une partie, ou bien encore d'en faire de nouveaux d'une autre disposition. Je vous assure, monsieur, qu'ils vaudront mieux que des copies, ne coûteront guère plus, et ne tarderont pas plus à être faits. »

C'est à cette détermination que Poussin s'arrêta, et il mit la main à l'œuvre : le Baptême fut celui dont il s'occupa le quatrième, mais il le finit assez promptement; de sorte qu'il fut envoyé le troisième à Paris, dans le mois de janvier 1647. Le courrier qui en était chargé ayant été tué en route, M. de Chantelou et Poussin eurent tous deux la crainte que le tableau fût perdu.

Quelques personnes ayant reproché à ce tableau d'être composé d'une manière trop douce, et qui n'était pas d'accord avec les autres sujets précédemment envoyés, Poussin répondit : « Je ne suis point de ceux qui en chantant prennent toujours le même ton, et je sais varier le mien quand je veux. »

Larg., 5 pieds 2 pouces; haut., 3 pieds 7 pouces.

BAPTISM:

There are two series of the Seven Sacraments : Poussin did
the first for the cavaliere del Pozzo, his patron and friend at
Rome. Fréart de Chantelou, who was equally partial to the
painter and his works, requested Poussin, after his return from
Rome, to get him some copies made of those compositions; but
after two years uselessly trying to find artists, who would under-
take them, he wrote to M. de Chantelou, January 12, 1644 :
« I have thought it right, for my own credit and for your satis-
faction, to inform you; that living here, I should wish myself, to
copy, either all the seven or a part, of the pictures which are at
the cavaliere del Pozzo's; or else to make some new ones diffe-
rently cast. I assure you, sir, they will be better than copies,
will cost but little more, and will not be longer in hand. »

This determination being taken, Poussin got to work.
Baptism was the fourth he set about, but he finished it pretty
quickly, so that it was the third sent to Paris, in January 1647.
The courrier, entrusted with it, having been killed on the
road. M. de Chantelou and Poussin were both sadly afraid, for
some time, lest this picture should have been lost.

Some persons having made the observation that this picture
was composed in too tame a style, and that it did not correspond to the other subjects, previously sent; Poussin replied :
« I do not belong to the class of those, who, when they sing,
keep always the same tone : I can vary mine, when I please. »

Width, 5 feet 7 ½ inches; height, 3 feet 9 inches.

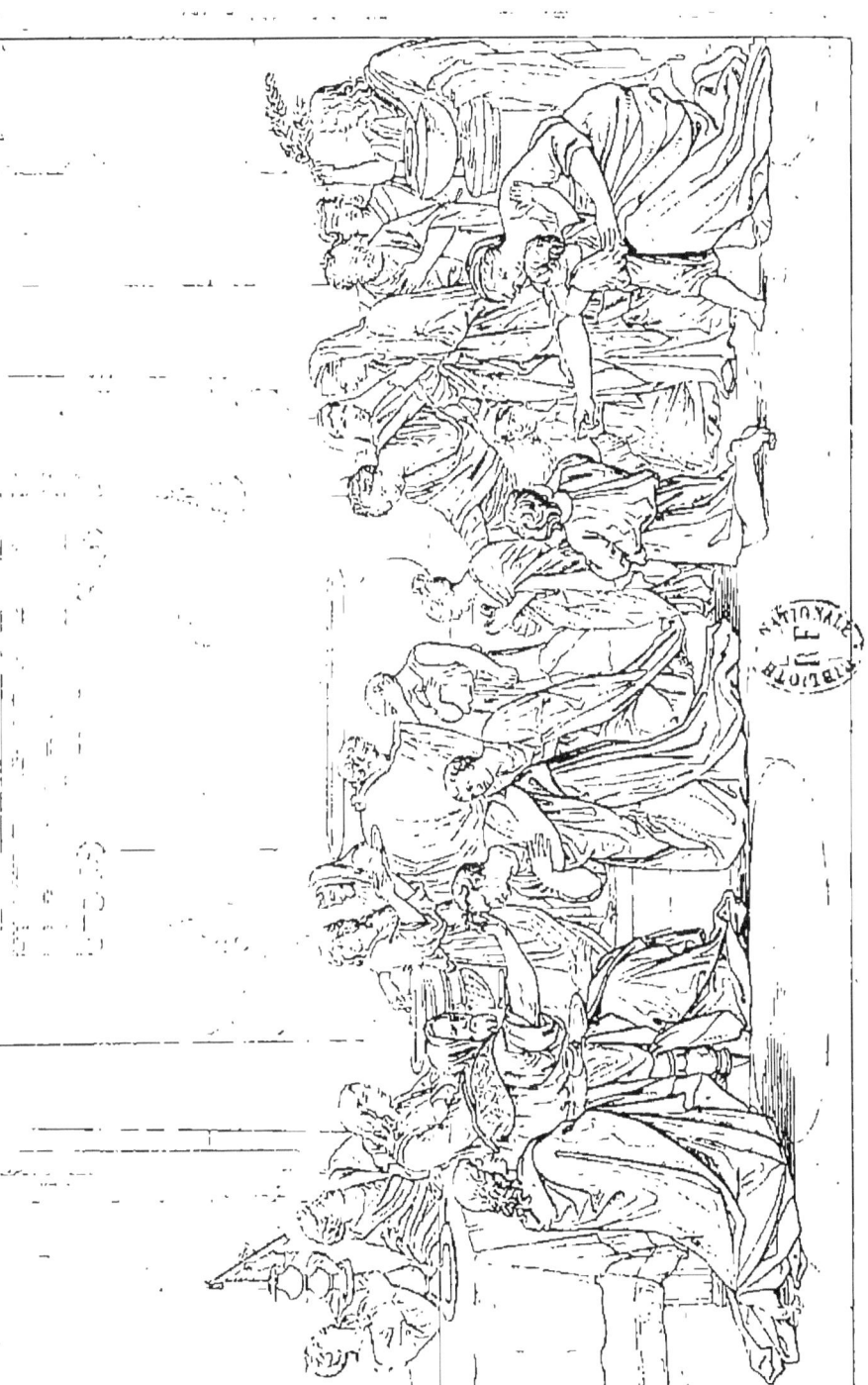

·LA CONFIRMATION.

Remarquable par la sagesse et la grandeur de sa composition, le tableau de la Confirmation était estimé par Poussin
lui-même. Dans une de ses lettres à M. de Chantelou il disait :
« Elle sera plus riche en figures que l'Extrême-Onction, et je
crois qu'elle la pourra bien accompagner. » Dans une autre,
s'excusant sur le temps qu'il mettait à terminer ce tableau, il
dit : « Considérez bien, monsieur, que ce ne sont pas des
choses qu'on peut faire en sifflant, comme vos peintres de Paris qui, en se jouant, font des tableaux en vingt-quatre heures.
Il me semble que j'ai fait beaucoup quand j'ai terminé une
tête en un jour, pourvu qu'elle fasse son effet. Je vous supplie
donc de mettre l'impatience française à part; car si j'avais autant de hâte que ceux qui me pressent, je ne ferais rien de
bien. »

Lorsque Poussin fit la suite des Sept Sacremens, c'est celui
de la Confirmation dont il s'occupa le second. Le prix qu'il
reçut pour ce tableau, ainsi que pour chacun des autres, fut
de 250 écus, un peu plus de 800 francs. Il l'envoya à Paris au
mois de février 1646.

Larg., 5 pieds 4 pouces; haut., 3 pieds 7 pouces.

CONFIRMATION.

Remarkable for the keeping and grandeur of its composition, this picture of Confirmation was esteemed by Poussin himself. In one of his letters to M. de Chantelou he says : « It will be richer in figures than that of Extreme-Unction, and I think they can very well go together. » In an another letter, apologizing for the length of time he was about this picture, he says : Remember, sir, that these are not works that may be done whistling; like your Paris painters who, while they play, produce pictures in twenty four hours. I always think, I have done much, when I can finish a head in a day, provided it produces the effect required. I therefore beg of you to lay aside your french impatience, for if I went on, as fast as those who hurry me; I should produce nothing worth.

When Poussin did the series of the Seven Sacraments, this, of Confirmation, was the second he finished. The price he received for this picture, as also for each of the others, was 250 crowns, a little more than 800 francs, or L 35. He sent it to Paris in February 1646.

Width, 5 feet 8 inches; height, 3 feet 9 inches.

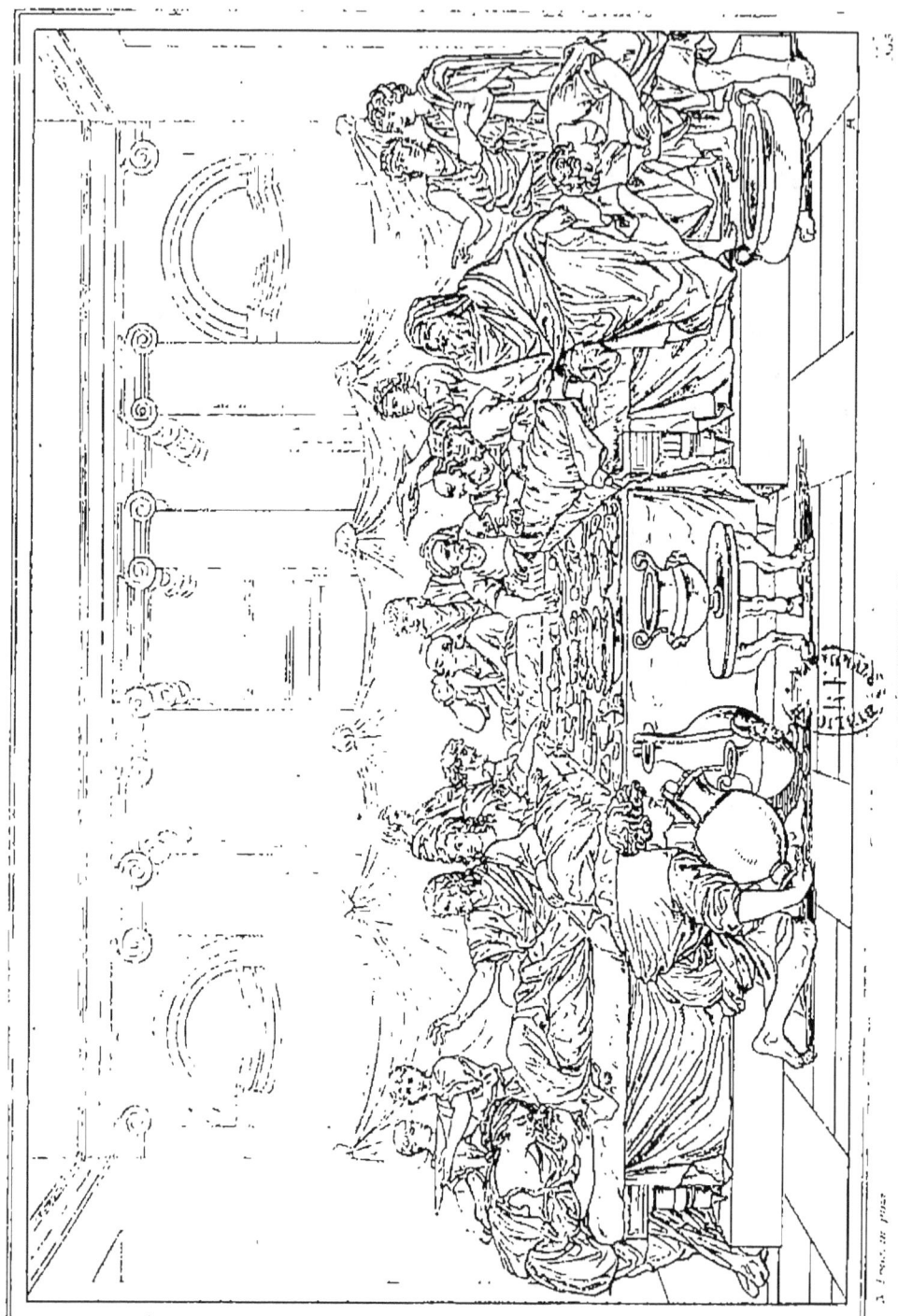

LA PÉNITENCE

LA PÉNITENCE

Poussin, pour [...] que [...] a repré[...] Jésus-Christ, étant [...] l'Évangile [...] sous le nom, vint près de lui, et arrosant [...] larmes les pieds du Sauveur, elle les essuyait avec ses che[...] les baisait et [...] répandait du parfum. [...] Jésus-Christ ignorant que c'[...] pr[...] se laisait inté[...] rieurement de se laisser approcher par u[...] telle femme [...] le Sauveur, connaissant sa pensée, lui dit : « Je vous déclare que beaucoup de péchés lui sont pardonnés, parce qu'elle a beaucoup aimé. » Puis, parlant à cette femme, il ajouta : « Vos péchés vous sont pardonnés, votre foi vous a sauvée, allez en paix. »

C'est [...] tableau que Poussin [...] après celui de la Confirmation, [...] Chan[...] telou, il lui écrivit [...] nant à un [...] après cela [...] [...] que Poussin [...] ment de Baptême, puisqu'il [...] sième, au mois de février [...] que [...] la Pénitence ne partit de Rome qu'au mois de [...]. C'est alors qu'il écrivit « Je vous envoie maintenant la Pénitence que j'ai ter[...] je ne sais si elle suffira pour effacer la coulpe [...] fautes passées [...] Je ne vous ferai sur mon tableau [...] prologue, car le sujet y est représenté de manière qu'il ne semble qu'il n'[...] soin d'interprète, pourvu seulement que l'on ait lu l'Évangile [...]

Larg., 5 pieds 4 pouces; haut., 3 pieds 3 pouces.

LA PÉNITENCE.

Poussin, pour donner une idée du sacrement de la pénitence, a représenté le moment de son institution. Jésus-Christ,
étant à table chez Simon le pharisien, une femme, dont l'É-
vangile ne dit point le nom, vint près de lui, et arrosant de ses
larmes les pieds du Sauveur, elle les essuyait avec ses cheveux,
les baisait et y répandait du parfum. Simon, pensant que Jésus-Christ ignorait que c'était une pécheresse, le blâmait inté-
rieurement de se laisser approcher par une telle femme; mais
le Sauveur, connaissant sa pensée, lui dit : « Je vous déclare
que beaucoup de péchés lui sont pardonnés, parce qu'elle a
beaucoup aimé. » Puis, parlant à cette femme, il ajouta : « Vos
péchés vous sont pardonnés, votre foi vous a sauvée : allez en
paix. »

C'est ce tableau que Poussin commença immédiatement
après celui de la Confirmation; en l'envoyant à M. de Chantelou, il lui écrivait, le 4 février 1646 : « Je travaille maintenant à un *Triclinium*, qui, je crois, vous donnera du plaisir;
après celui-là je ferai le Baptême de Jésus-Christ. » Mais il paraît que Poussin interrompit son travail pour s'occuper du sacrement de Baptême, puisque c'est celui qu'il envoya le troisième, au mois de février 1647, tandis que celui de la Pénitence
ne partit de Rome qu'au mois de juin. C'est alors qu'il écrivit :
« Je vous envoie maintenant la Pénitence que j'ai terminée; je
ne sais si elle suffira pour effacer la coulpe des fautes passées.
Je ne vous ferai sur mon tableau aucun prologue, car le sujet
y est représenté de manière qu'il me semble qu'il n'a pas besoin d'interprète, pourvu seulement que l'on ait lu l'Évangile. »

Larg., 5 pieds 4 pouces; haut., 3 pieds 4 pouces.

ᗡ·◦◖

·PENITENCE.

For the purpose of giving an idea of the sacrament of Penitence, Poussin has represented the moment of its institution.
Christ being at table in the house of Simon the pharisee; a woman, whose name the Gospel does not mention, came and stood
at Jesus' feet, and bathing them with tears, she wiped them with
the hairs of her head; she kissed and anointed them with oint-
ment. Simon, thinking that Jesus was not aware she was a sin-
ner, blamed him inwardly for letting himself be approached by
such a woman; but the Saviour knowing his thoughts, said to
him : « I say unto thee, her sins, which are many, are forgiven
for she loved much. » And to the woman : « Thy sins are forgiven; thy faith hath saved thee : go in peace. »

It is this picture, which Poussin began immediately after
that of Confirmation. When he sent it to M. de Chantelou, he
wrote to the latter, February 4, 1646 : «I am now working at a
Triclinium, which, I think, will give you pleasure, after that,
I shall do the Baptism of Christ. » But it appears that Poussin
interrupted his work, to set about the Sacrament of Baptism, as
it is that, which he sent, the third, in February, 1646; whilst that
of Penitence did not leave Rome before the month of June. It
was then he wrote : « I now send you, Penitence, which I have
finished : I know not if it will suffice to obliterate the trespass
of former faults. I shall give you no prologue to my picture,
for the subject is so represented, that to me, it appears to need
no interpreter, provided only the Scriptures have been read.

Width, 5 feet 8 ½ inches; height, 3 feet 10 inches.

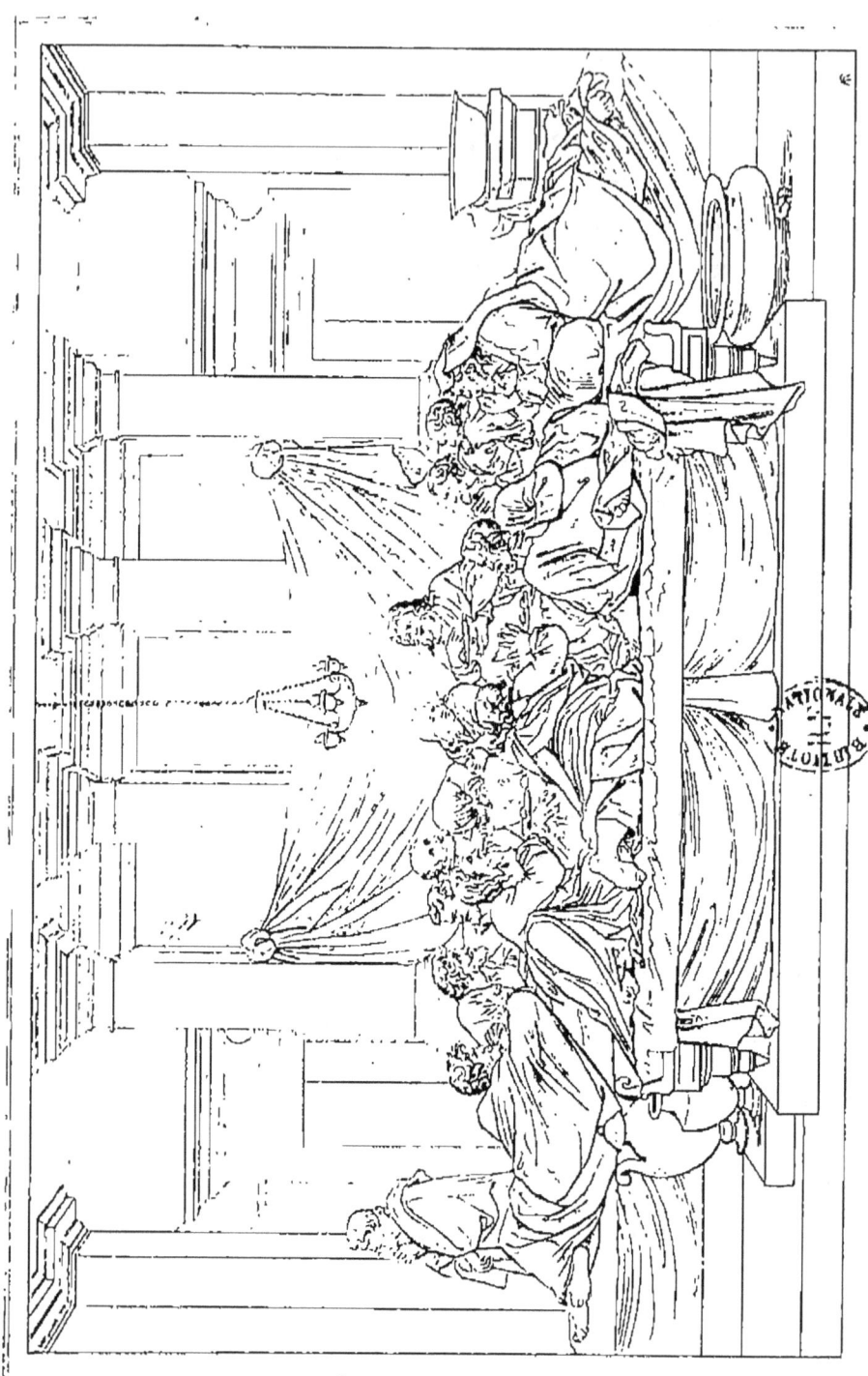

L'EUCHARISTIE.

Comme pour le sacrement de la Pénitence, c'est le moment de son institution que Poussin a voulu représenter, et de même que dans ce dernier, il a placé Jésus-Christ et les apôtres sur un *triclinium*, suivant l'usage des anciens. Le Sauveur tient à la main une coupe, et prononce les paroles qui depuis sont répétées par le prêtre au moment de la consécration : « Ceci est le calice de mon sang, du nouveau et éternel testament qui sera répandu pour vous et pour plusieurs pour la rémission des péchés. Toutes les fois que vous ferez ces choses, faites-les en mémoire de moi. »

La scène est éclairée par une lampe à trois becs suspendue au milieu de la salle : par ce moyen le tableau présente un effet de lumière ; mais la couleur n'étant pas la partie dans laquelle Poussin se soit distingué, il en résulte qu'il ne peut être classé parmi les ouvrages les plus remarquables du peintre.

Ce tableau fut le sixième de la suite dont Poussin s'occupa ; il l'envoya à M. de Chantelou à la fin de l'année 1647.

Larg., 5 pieds 4 pouces ; haut., 3 pieds 7 pouces.

THE LORD'S SUPPER.

As in the Sacrament of Penitence, it is the moment of its institution, that is represented; and similarly to the latter, Jesus Christ and the Apostles are placed on a *Triclinium*, according to the custom of the ancients. Our Saviour is holding a cup in his hand, and is pronouncing the words which are repeated by the priest at the moment of consecration : « This is my blood of the New Testament, which is shed for many for the remission of sins. This do in remembrance of me. »

The scene is illuminated by a lamp, with three burners, suspended in the middle of the room : by this means the picture presents an effect of light; but, as colouring, was not the part in which Poussin distinguished himself, there results, that it cannot be classed among the most remarkable works of that painter.

This picture was the sixth, in the series, at which Poussin worked : he sent it to M. Chantelou at the end of the year 1647.

Width, 5 feet 8 inches; height, 3 feet 9 ¼ inches.

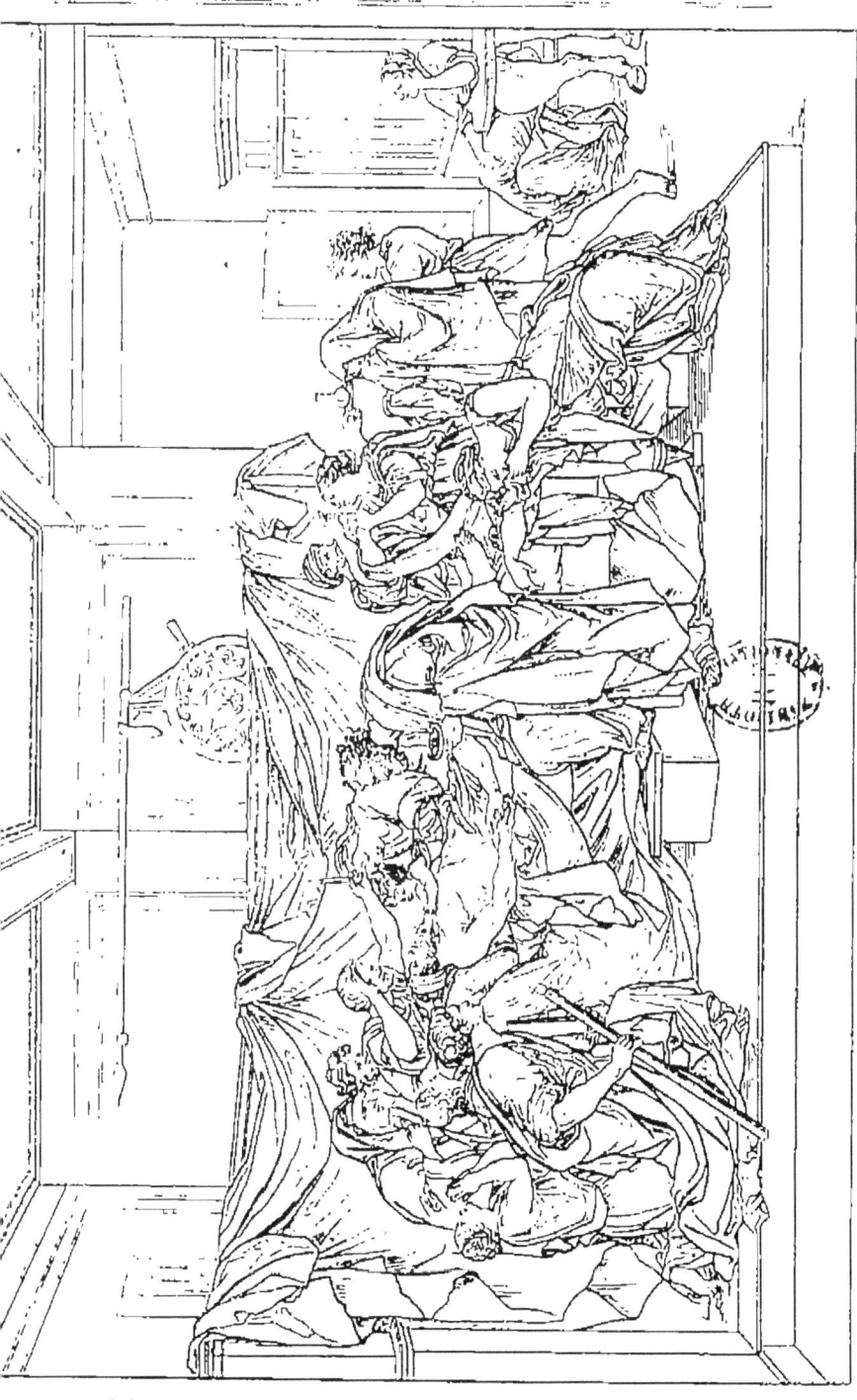

L'EXTRÊME-ONCTION.

Poussin dans ce tableau a représenté la cérémonie qui souvent est la dernière de la vie, puisque ce sacrement ne se donne que dans l'état de maladie, et quelquefois lorsque le malade ne laisse aucun espoir de guérison ; c'est de là que lui vient le nom d'Extrême-Onction.

C'est par ce tableau que le peintre commença la seconde suite des Sacremens, dans les premiers mois de l'année 1644 ; le 21 avril il écrivait à M. de Chantelou : « Je travaille gaillardement à l'Extrême-Onction, qui est en vérité un sujet digne d'Apelles, car il se plaisait fort à représenter des mourans. Je ne quitterai point ce tableau, pendant que je me trouve bien disposé, que je ne l'aie mis en bon terme pour une ébauche. Il contiendra dix-sept figures d'hommes, de femmes et d'enfans, dont une partie se consument en pleurs, tandis que les autres prient pour le moribond. Je ne veux pas vous le décrire avec plus de détails, car ce serait l'office non d'une plume mal taillée comme la mienne, mais d'un pinceau doré et bien emmanché. » On aime à voir tant de modestie jointe à tant de talent. Poussin était instruit ; il pensait bien et écrivait sinon avec élégance, au moins avec précision : ses pensées, toujours justes, étaient exprimées avec un sentiment parfait. Dans une autre lettre, où il parle aussi de l'ébauche de son tableau, il dit : « M. le chevalier del Pozzo est venu le voir, et, quoiqu'il fasse bonne mine, on s'aperçoit bien qu'il lui déplairait que les susdits tableaux demeurassent à Rome ; mais comme ils vont entre vos mains et bien loin d'ici, il boit le calice avec moins de répugnance. »

Larg., 5 pieds 4 pouces ; haut., 3 pieds 7 pouces.

316.

≫·◦≪

EXTREME-UNCTION.

Poussin, in this picture, has represented a ceremony which is often the last of this life, since that Sacrament is given in illness, and frequently when the patient leaves no hope of a recovery : thence comes its name of Extreme-Unction.

It was with this picture, in the early part of the year 1644, that the artist began the second series of the Sacraments. He wrote to M. de Chantelou, April 21 : « I am working briskly at Extreme-Unction : which is a subject, truly worthy of Apelles, for he delighted much in representing the dying. I will not leave this picture, while I feel myself well disposed, till it is far advanced for a sketch. It is to contain seventeen figures of men, women, and children, part of whom are melting in tears, whilst the others are praying for the dying individual. I will not describe it to you with any more details, for it should be the work, not of a bad pen like mine, but of a golden pencil set in a nice handle. » It is pleasing to see such modesty joined to so much talent. Poussin was instructed; he thought correctly, and wrote, if not with elegance, at least with perspicuity: his thoughts, ever just, were expressed with perfect propriety. In another letter, when speaking of the sketch of his picture, he says : « The cavaliere del Pozzo has been to see it, and although he puts on a good countenance, it is easy to perceive that he would be sorry for the above pictures to remain in Rome : but as they are going into your hands, and far from hence; he swallows the draught with the less repugnance. »

Width, 5 feet 8 inches; height, 3 feet 9 $\frac{3}{4}$ inches.

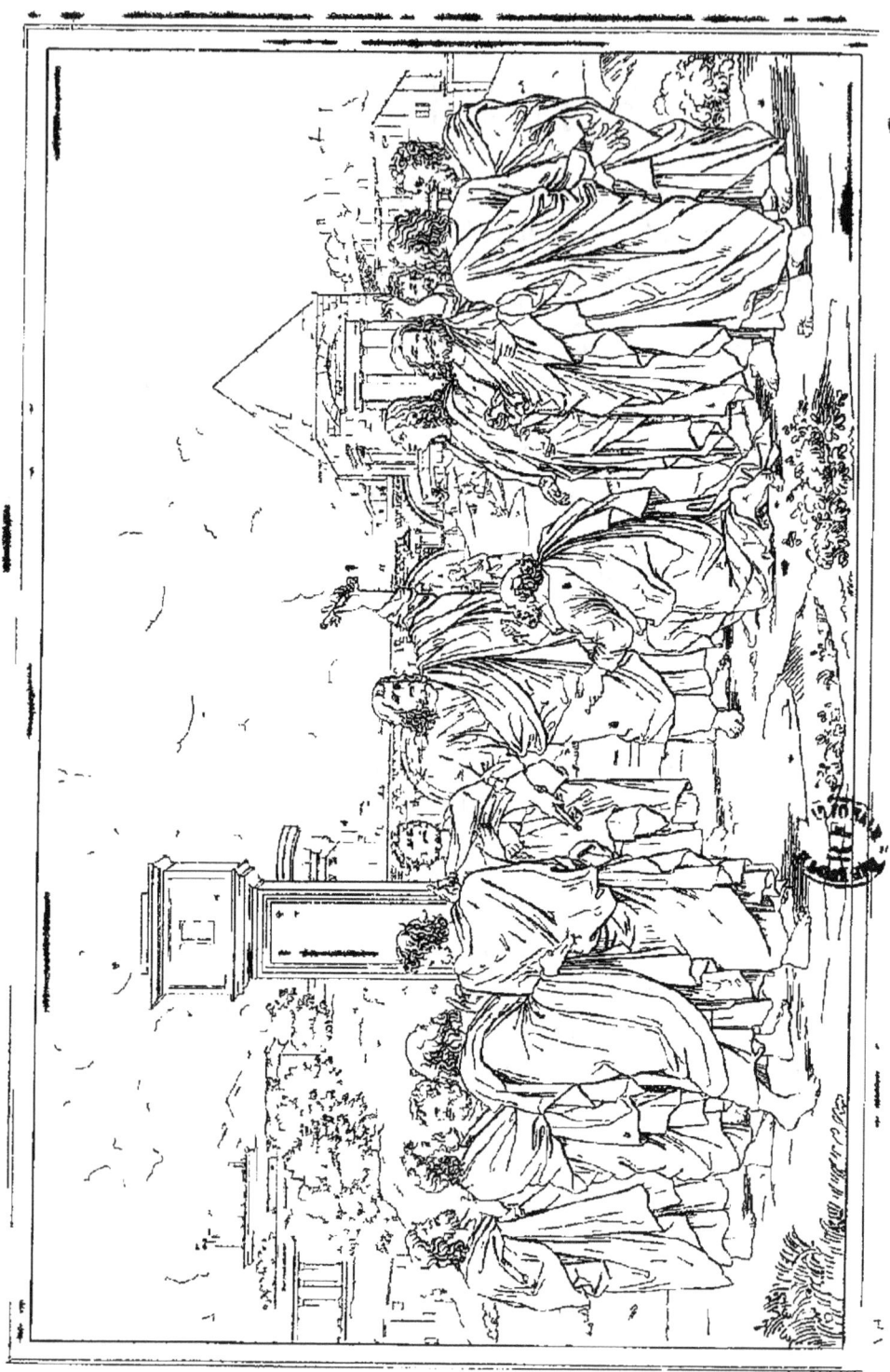

L'ORDRE.

Ce sacrement est celui que reçoivent les ecclésiastiques lorsqu'ils sont élevés à la prêtrise, et par lequel on leur confère le pouvoir de donner tous les autres sacremens; celui-ci ne pouvait être administré que par les évêques seulement. Le sacrement de l'Ordre fut institué par Jésus-Christ au moment où il dit à saint Pierre : « Je vous donnerai les clefs du royaume du ciel; et tout ce que vous lierez sur la terre sera lié dans le ciel, et tout ce que vous délierez sur la terre sera délié dans le ciel. »

Le fond du tableau représente de grandes et nobles fabriques, qui sans doute offrent une vue plus belle que ne devait l'être celle de la ville de Césarée. En plaçant Jésus-Christ près d'un grand pilier, sur lequel est tracée la lettre E, initiale du mot *église*, Poussin a voulu rappeler cette parole de l'Évangile : « Vous êtes Pierre, et sur cette pierre j'édifierai mon église. »

Dans sa lettre du 3 juin 1647, Poussin écrivit à M. de Chantelou : « J'ai commencé le cinquième tableau qui représentera l'Ordre; si la trop grande chaleur ne m'en empêche, et si Dieu me conserve la santé, dans un an je me promets d'avoir fini vos sept tableaux. »

Dans la même lettre, il annonce qu'il a reçu la somme de deux cent cinquante écus, monnaie de Rome, pour le paiement du tableau de la Pénitence qu'il venait d'envoyer.

Larg., 5 pieds 4 pouces; haut., 3 pieds 7 pouces.

ORDINATION.

This is the Sacrament which ecclesiastics receive when they are raised to the priesthood, and by which, is conferred on them, the power of administering all the others : it can be administered by the bishops only. The Sacrament of Ordination was instituted by Jesus Christ at the moment when he said to St. Peter : « I will give unto thee the keys of the kingdom of heaven : and whatsoever thou shalt bind on earth shall be bound in heaven; and whatsoever thou shalt loose on earth shall be loosed in heaven. » In the background of the picture, there are great and noble buildings, which no doubt present a nobler view than the city of Cesarea must have offered. By placing Jesus Christ near a high pillar on which is traced the letter E, the initial of the word *Ecclesia*, Poussin has intended to recal the words of the Gospel : « Thou art Peter, and upon this rock I will build my church. »

Poussin, in a letter, dated June 3, 1647, wrote to M. de Chantelou : « I have begun my fifth picture, which is to represent Ordination ; if the great heat should not prevent me, and God preserves my health, I flatter myself to have finished your seven pictures, within a year. »

In the same letter, he acknowledges the receipt of the sum of 250 roman scudi, in payment for the picture of Penitence which he had just sent.

Width, 5 feet 8 inches; height, 3 feet 9 ¾ inches.

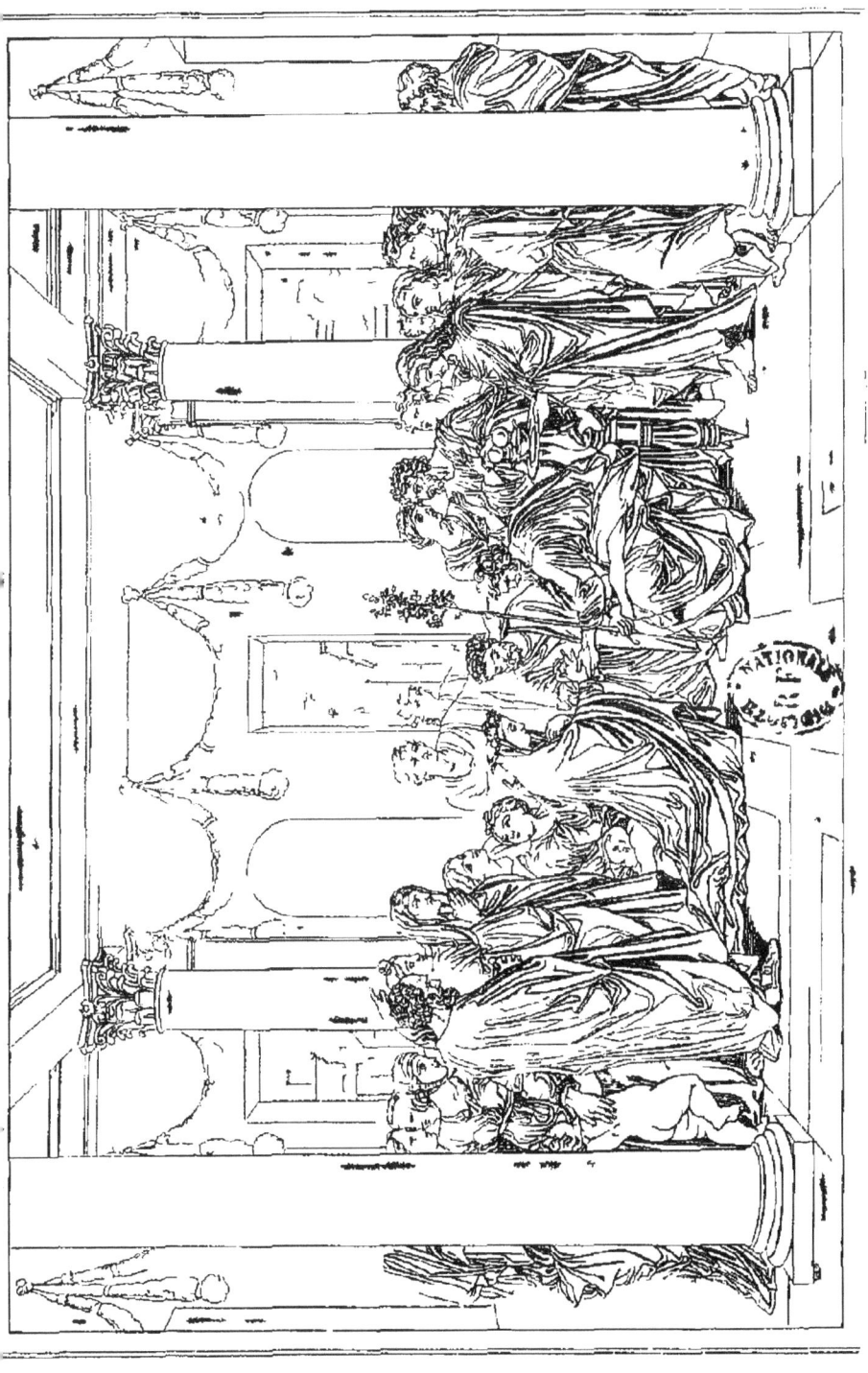

LE MARIAGE

LE MARIAGE.

Ce sujet, le dernier des sacremens, est aussi celui par lequel Poussin termina cette suite de tableaux. Pour le plaisir de faire une épigramme plus mordante que juste, des personnes, cherchant à diminuer la réputation du peintre, prétendirent qu'un bon mariage est une chose si extraordinaire, que Poussin n'avait pu parvenir à en faire un bon, même en peinture.

Cette plaisanterie n'empêchera pas d'admirer ce tableau, où le peintre a représenté saint Joseph épousant la Vierge. Là scène est noble et simple, les expressions douces et pieuses, les draperies toujours élégantes et simples, suivant la manière adoptée par Poussin, et qui a tant de rapport avec celle des anciens statuaires.

En envoyant son tableau de Rome, au mois de mars 1648, Poussin, dont la modestie égalait le talent, écrivait à M. de Chantelou : « Je vous supplie de le recevoir avec une disposition favorable, comme vous avez reçu les autres. J'y ai fait mon possible, et l'ai enrichi de beaucoup de figures, comme vous le verrez; aussi ai-je été plus de quatre mois à les faire; n'ayant toujours rien de plus en recommandation que de chercher les moyens de vous satisfaire; que si j'ai réussi selon mes intentions, je serai le plus content homme du monde. J'espère que vous me ferez la faveur de m'en écrire votre sentiment avec liberté et sans déguisement, comme vous avez accoutumé de le faire. »

Cette suite a été gravée par J. Pesne, Gantrel, Drevet et Benoit Audran.

Larg., 5 pieds 4 pouces; haut., 3 pieds 7 pouces.

MARRIAGE.

This subject, the last of the Sacraments, is also that by which Poussin finished his series of the Sacraments. For the pleasure of making an epigram, more caustic than true, some persons, seeking to undervalue the artist's reputation, said, that a good marriage is so extraordinary a thing, that Poussin had[1] not succeeded, even in painting a good one.

The jest will not prevent this picture being admired; in which the artist has represented St. Joseph marrying the Virgin. The scene is noble and simple, the expression mild and pious, the drapery always elegant and simple, according to the manner adopted by Poussin, and which has so much resemblance to that followed by the ancient sculptors.

When this picture was sent from Rome, in the month of march 1648, Poussin, whose modesty was equal to his talent, wrote thus to M. Chantelou : «I beg of you to receive it as favourably as you did the others. I have done my utmost, and have enriched it with many figures, as you will perceive : thus, I have been more than four months in doing them, not having, at any time, a more anxious wish than to seek the means of pleasing you : should I have succeeded, according to my intentions, I shall be the most contented of men. I hope you will do me the favour to write to me your opinion of it, freely and without disguise, as you are accustomed to do. »

[1] This series has been engraved by J. Pesne, Gautrel, Drevet, and Benoit Audran.

Width, 5 feet 8 inches; Height, 3 feet 9 $\frac{2}{3}$ inches.

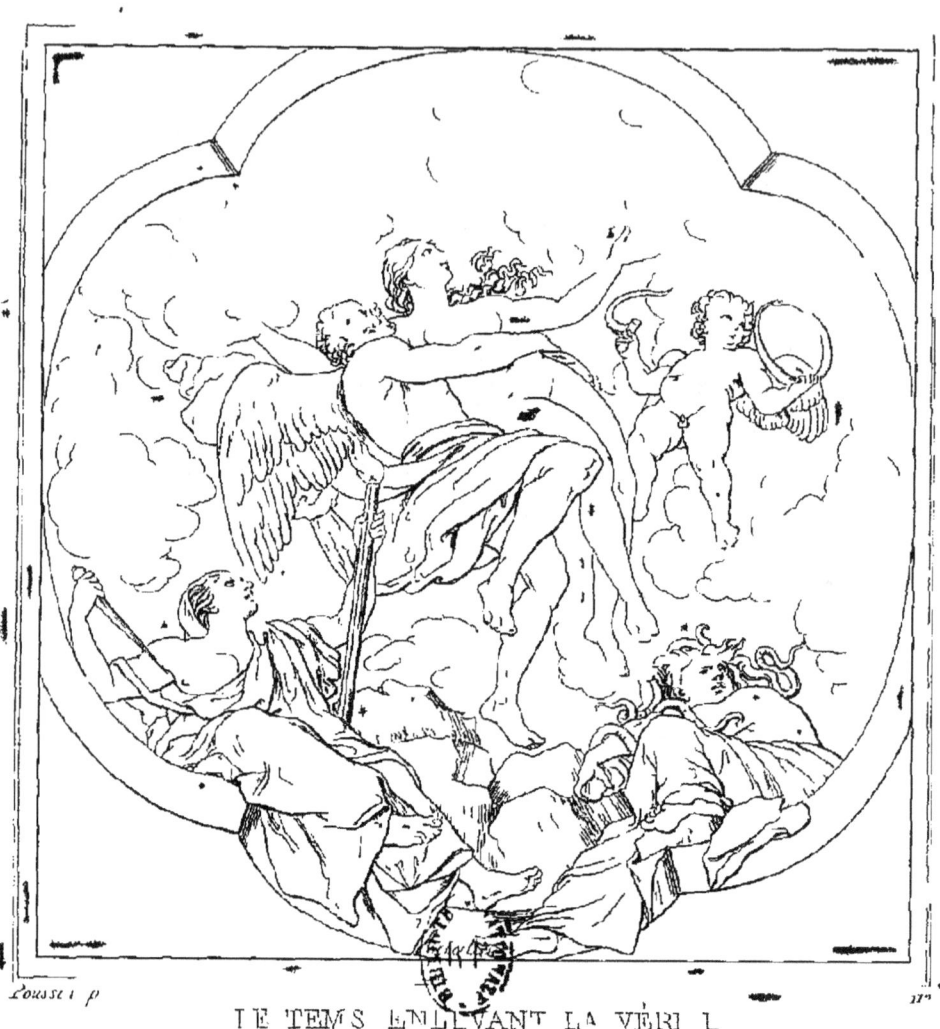

LE TEMS ENLEVANT LA VÉRI L

LE TEMPS
ENLEVANT LA VÉRITÉ.

Les allégories ont l'inconvénient de présenter souvent quelque obscurité, de manière que chacun les expliquant à sa fantaisie, les uns croient y apercevoir ce qui était resté inconnu jusque là ; d'autres, allumant le flambeau de la critique, retrouvent, à ce qu'ils pensent, l'idée primitive du peintre.

C'est ainsi que, abandonnant les explications données par d'autres auteurs, nous nous permettrons de dire que dans ce tableau Poussin sans doute a voulu faire voir que la vérité, souvent enveloppée par l'envie et par la calomnie, devient toujours victorieuse avec le temps. Quant au génie qui tient d'une main l'emblême du temps et de l'autre celle de l'éternité, le peintre a voulu, je crois, faire connaître que la vérité ne sera réellement connue que lorsque nous aurons quitté cette terre. S'il était permis d'adresser un reproche à un peintre tel que Poussin, on dirait qu'en négligeant de donner à sa figure principale un miroir ou quelque autre attribut semblable, il a pu laisser de l'incertitude sur le caractère de ce personage; mais la nudité de la figure est suffisante pour faire reconnaître la Vérité.

Ce tableau fut exécuté en 1641 pour le cardinal de Richelieu; depuis il a décoré le plafond d'une des salles de l'Académie de peinture, à l'endroit où est maintenant le grand escalier du Musée. Quelques restaurations étant devenues nécessaires, ce tableau fut retiré vers le milieu du siècle dernier, et il est maintenant dans la grande galerie du Louvre.

Il a été gravé par Gérard Audran.

Diamètre, 8 pieds 9 pouces.

TIME

CARRYING OFF TRUTH.

Allegories have this inconvenience, that they often present some obscurity, which all explain according to their respective fancies. Some imagine they perceive something hitherto undiscovered; others brightening the torch of criticism, find, as they believe, the painter's primitive idea.

It is thus that, abandoning the explanations given by other authors, we venture to say, that in this picture, Poussin, no doubt, wished to show, that truth, often misrepresented by envy and calumny, always becomes triumphant with time. As to the genius, holding in one hand the emblem of time, and in the other, that of eternity; we think the painter meant to express, that truth will be really known to us, only when we have quitted this earthly abode.

If a reproach were allowable, against a painter like Poussin, it might be said, that, in neglecting to give to his principal figure an hour-glass or some such attribute, he has cast a sort of uncertainty upon the character of his chief personage; the figure of Truth, however, is sufficiently indicated by its nudity.

This picture was executed in 1641, for the cardinal de Richelieu; it afterwards decorated the ceiling of one of the halls of the Academy of painting, on the spot where now is the grand staircase of the Museum. Some alterations, becoming necessary, the picture was withdrawn towards the end of the last century, and is now in the gallery of the Louvre.

It has been engraved by Gérard Audran.

Diameter, 9 feet 3 ½ inches.

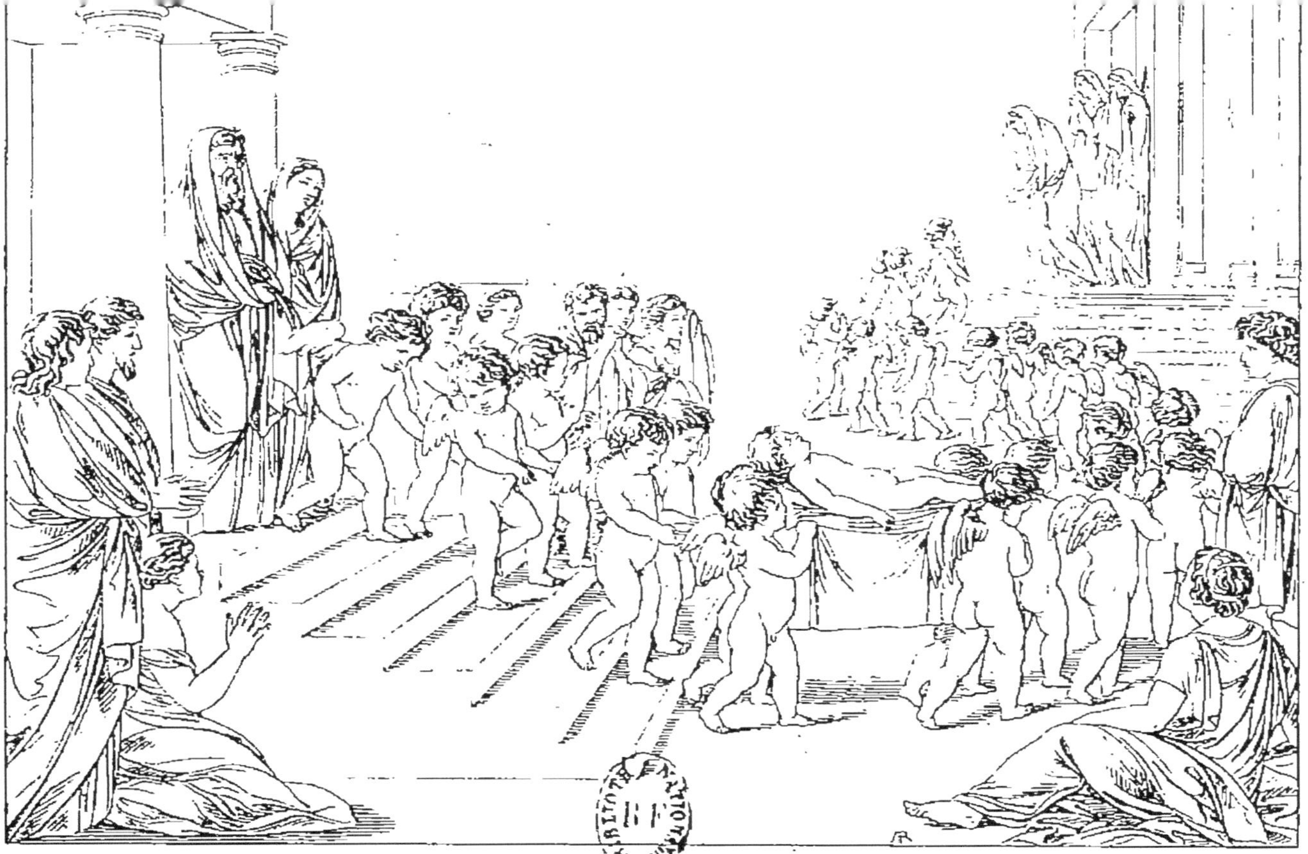

FUNÉRAILLES D'UN GÉNIE

FUNÉRAILLES D'UN GÉNIE.

[texte illisible] nous avons laissé à ce tableau [illisible] funérailles d'un [illisible] sous [illisible] vu à Vienne, nous n'en croyons [illisible] que [illisible] l'artiste de représenter les [illisible] [illisible] que [illisible] [illisible] des [illisible] que [illisible] [illisible]

[illisible] est [illisible] porté par plu[illisible] [illisible] précède et [illisible] d'un grand nombre [illisible]. Ce triste et malheureux convoi vient de quitter les [illisible] de la maison paternelle ; le père et la mère [illisible] sont encore sur le seuil de la porte. La mère, [illisible] de tendresse, ne peut détourner ses regards de dessus [illisible] qui lui doit la vie, et que la mort vient de lui enle[illisible]. Le père, avec une douleur plus calme, mais tout aussi [illisible], ressent combien il est affligé d'avoir perdu celui qui [illisible] être la consolation et le soutien de sa vieillesse.

Quelques [illisible] témoignent aussi leur [illisible] [illisible] dans le [illisible] [illisible] [illisible] [illisible] un emplacement [illisible] l'Espérance et l'Action, à [illisible] [illisible] dans une telle affliction.

La manière dont sont [illisible] les figures a fait penser, à quelques personnes que ce tableau pourrait bien être de Le Sueur. Cependant il a été acquis nouvellement pour la galerie de Vienne, comme une production de Poussin. Il a été gravé par C. Agricola.

Larg., [illisible] pieds; haut., 1 pied 6 pouces.

FUNÉRAILLES D'UN GÉNIE.

Si nous avons laissé à ce tableau le titre de Funérailles d'un Génie, sous lequel il est connu à Vienne, nous n'en croyons pas moins que le peintre a eu l'intention de représenter ici d'une manière allégorique une scène qui chaque jour s'offre à nos yeux ; mais l'auteur a eu soin de faire disparaître tout ce qu'offre de pénible et de peu pittoresque un *enterrement* ordinaire.

Un enfant vient de mourir, son corps est porté par plusieurs Amours ; il est précédé et suivi d'un grand nombre d'autres. Ce triste et malheureux convoi vient de quitter les dernières marches de la maison paternelle : le père et la mère de l'enfant sont encore sur le seuil de la porte. La mère, pleine de tendresse, ne peut détourner ses regards de dessus l'être qui lui devait la vie, et que la mort vient de lui enlever. Le père, avec une douleur plus calme, mais tout aussi amère, montre combien il est affligé d'avoir perdu celui qui devait être la consolation et le soutien de sa vieillesse.

Quelques amis témoignent aussi leurs regrets, tandis que dans le lointain on voit la tête du cortége près d'entrer dans un temple, à la porte duquel se trouvent la Philosophie, l'Espérance et l'Amitié, seuls consolations que l'on puisse avoir dans une telle affliction.

La manière dont sont drapées les figures a fait penser, à quelques personnes ; que ce tableau pourrait bien être de Le Sueur. Cependant il a été acquis nouvellement pour la galerie de Vienne, comme une production de Poussin. Il a été gravé par C. Agricola.

Larg , 2 pieds ; haut., 1 pied 6 pouces.

870.

THE FUNERAL OF A GENIUS.'

Though we have retained the name of the Funeral' of a
Genius, by which this picture is known at Vienna, we are
convinced that the artist's intention was merely to represent
a scene of daily occurence, in an allegorical manner, and
without the painful and unpoetical details of an ordinary
interment.

The body of a dead child is borne by several Loves, pre-
ceded and followed by a great number of others. The mourn-
ful train has just left the paternal mansion; and the parents
are yet standing in the door. The tender mother, still keeps her
eyes fixed on the little being to whom she had given life, and'
whom death has ravished from her embraces. The father, with
calmer but not less bitter feelings, betrays his grief at being
thus robbed of the future prop and consolation of his age.

A number of friends are expressing their sympathy to the
bereaved parents; while, in the distance, the head of the pro-
cession is just entering a temple, at the door of which stand
Hope, Friendship and Philosophy, the only comforters in such
afflictions.

The drapery of this picture has led some connoisseurs to
attribute it to Le Sueur; but it was lately bought for the
Vienna Gallery, as the work of Poussin.

It has been engraved by C. Agricola.

With, 2 feet 1 inch; height, 1 foot 7 inches.

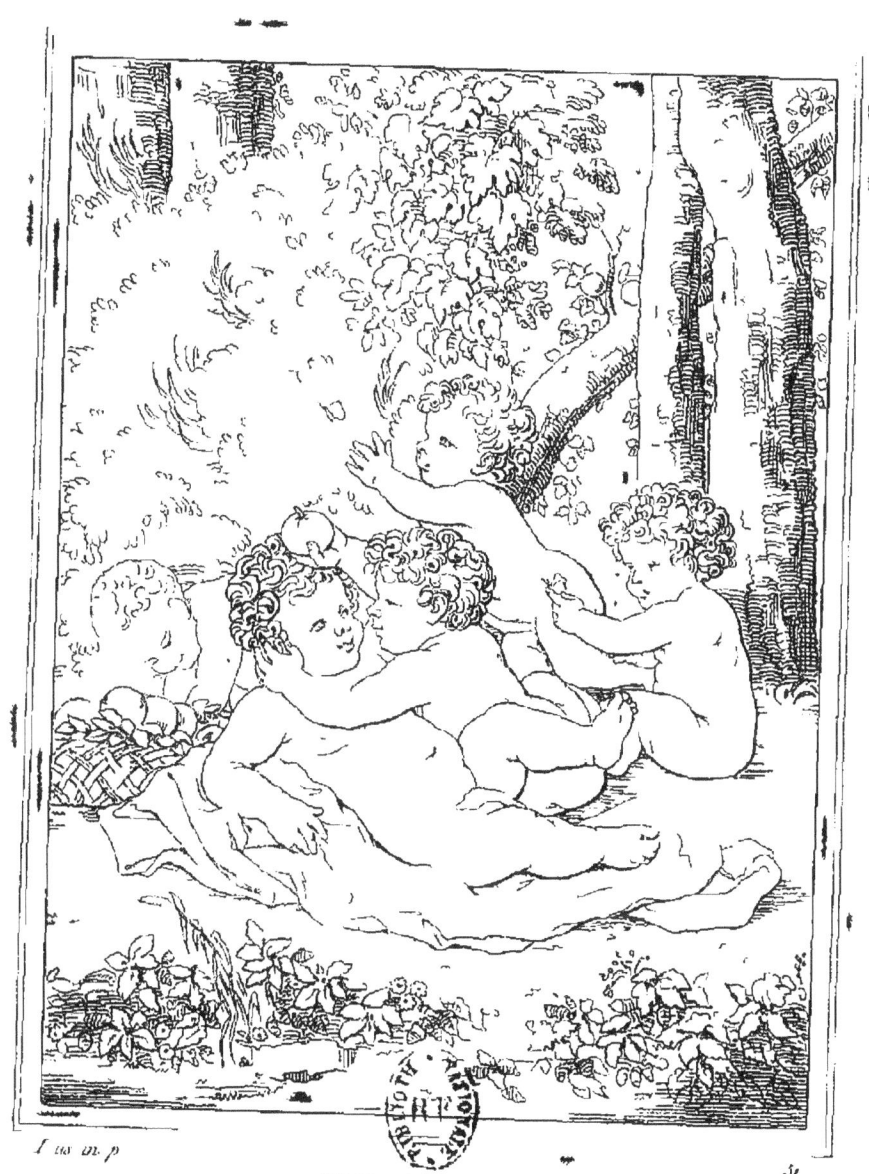

JEUX D'ENFANS

JEUX D'ENFANS.

Deux enfans paraissent lutter ensemble pour une pomme que tient l'un d'eux; un autre s'amuse avec un papillon; un quatrième cherche à attraper un de ces charmans insectes, dont la vue et la possession réjouissent tous les enfans; enfin un cinquième paraît arranger quelques fruits dans une corbeille. On doit considérer cette composition comme une étude de Poussin, plutôt que comme un tableau, car rien ne caractérise le sujet qu'il aurait voulu représenter.

Il existe deux peintures de cette jolie composition : l'une est en Angleterre, chez le comte Grosvenor; l'autre est à Vienne, dans la galerie du comte de Liechtenstein. Elle a été gravée par E. Smith en 1814.

Haut., 1 pied 9 pouces; larg., 1 pied 4 pouces.

CHILDREN AT PLAY.

Two children are struggling for an apple which one of them holds; another plays with a butterfly; a fourth tries to catch one of those beautiful insects, the sight and possession of which so much delight children; a fifth is disposing flowers in a basket. This composition ought to be regarded rather as an essay by Poussin, than as a picture, for nothing characterises the subject he would represent.

There are two paintings of this pretty work; one in England, at the earl of Grosvenor's; the other at Vienna in the prince of Liechtenstein's gallery. Engraved by E. Smith in 1814.

Height, 1 foot 10 ½ inches; breadth, 1 foot 5 inches.

LES BERGERS D'ARCADIE.

LES BERGERS D'ARCADIE.

Parmi les tableaux du Poussin, celui-ci mérite d'être distingué par la philosophie poétique dont il est empreint. Au milieu d'un paysage est un groupe de quelques arbres, près desquels a été construit un tombeau qu'examinent attentivement plusieurs personnes. Cette allégorie fait voir que le souvenir de la mort se présente toujours à nous dans toutes les circonstances et au milieu des prospérités de la vie.

L'Arcadie, contrée citée par les anciens poètes comme le pays le plus délicieux, à cause de la beauté de ses pâturages, l'abondance de ses troupeaux et la pureté des mœurs, fut regardée comme un pays chéri des dieux, et dans lequel cependant les habitans n'en étaient pas moins soumis aux lois de la nature. L'un d'eux ayant succombé, on a placé sur son tombeau une inscription remarquable par sa simplicité : *Et in Arcadia ego*. De jeunes bergers, une femme, un vieillard, viennent de la lire ; il semble que celui dont ils ont à déplorer la perte leur adresse ces paroles : *Et moi aussi j'ai vécu en Arcadie*. Cette idée de la mort affecte chacun des personnages de cette scène, et répand dans leur cœur une certaine mélancolie par la pensée si naturelle, qu'un jour aussi ils quitteront cette terre passagère pour aller au sein de l'éternité.

Ce tableau, si remarquable par la pensée, fait depuis longtemps partie de la collection royale ; il a été gravé par Maurice Blot.

Larg., 5 pieds ; haut., 2 pieds 8 pouces.

THE SHEPHERDS OF ARCADIA.

Among the pictures of Poussin, this deserves to be distinguished by the poetical philosophy it is empressed with. In the midst of a landscape is a group of some trees, near which has been constructed a tomb that several persons are attentively examining. This allegory exemplifies that the recollection of death is always present to us, in all the circumstances, and amidst all the prosperities of life.

Arcadia, cited by the ancient poets as the most delightful region in the world, for its beautiful pastures, the abundance of its flocks, and purity of its manners, was considered as the cherished country of the gods, and where, however, the inhabitants were not less governed by the laws of nature. One of them having died, they have placed upon his tomb an inscription remarkable for its simplicity : *Et in Arcadia ego.* Some young shepherds, a woman, and an old man have just read it, it seems as though him whose loss they deplore addresses to them these words : *And I also have lived in Arcadia.* This idea of death affects each of the persons present, and fills their minds with a degree of melancholy, from the very natural thought that one day they also must quit this transitory existence to enter into the bosom of eternity !

This picture, so remarkable for the sentiment, for a long time formed part of the royal collection ; it has been engraved by Maurice Blot.

Breadth, 5 feet 4 inches; height, 2 feet 10 inches.

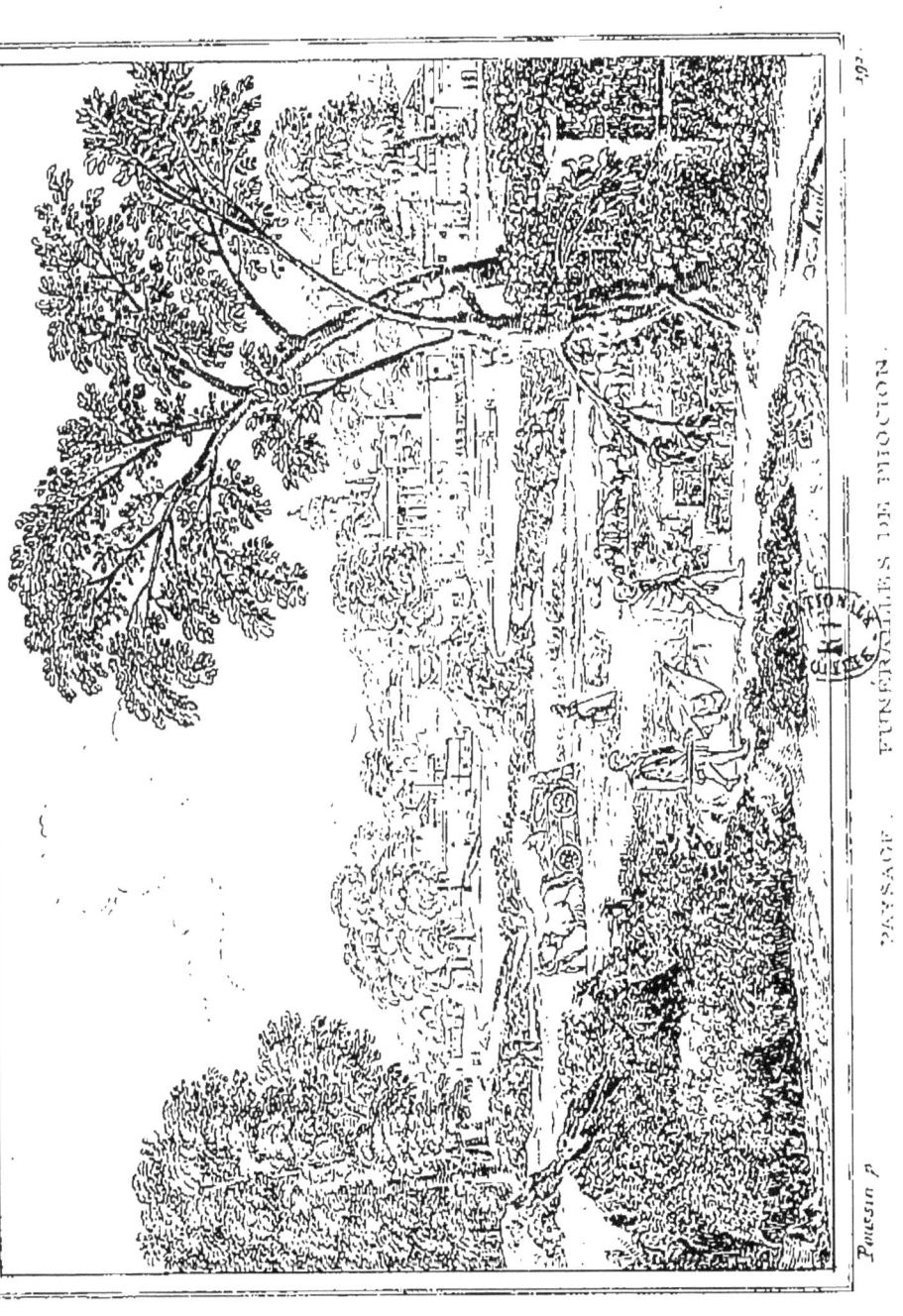

PAYSAGE:

FUNÉRAILLES DE PHOCION.

Sur le devant d'un magnifique paysage, dont le fond présente les monumens d'une grande ville, deux hommes portent en silence un corps mort, et c'est celui de Phocion, qui pendant sa vie, fut appelé quarante-cinq fois pour gouverner Athènes, et qui à l'âge de 80 ans fut condamné à boire la ciguë. Ses funérailles ont lieu sans aucun appareil; les travaux de la campagne n'en sont point interrompus; une cérémonie publique même a lieu, et une foule de citoyens d'Athènes se porte vers le temple, tandis que le corps de leur ancien général est abandonné.

Poussin dans ses tableaux offre, presque toujours, des sujets faits pour émouvoir; cependant il évite de présenter rien de hideux ni de repoussant. Ce peintre, compatriote de Corneille, comme lui se forma presque sans maître, et comme lui, il laissa des chefs-d'œuvre dont la France s'honore et que les autres nations lui envient. Savant dans l'architecture, profond dans la perspective, Poussin, après avoir étudié la belle nature d'Italie, après avoir examiné la manière dont Titien peignait le paysage, en composa plusieurs par le moyen desquels il est devenu aussi remarquable que par ses tableaux d'histoire.

C'est vers 1650 que Poussin peignit ce tableau pour M. Cerisier; il a été gravé en 1684 par Étienne Baudet.

Larg., 6 pieds 6 pouces; haut., 4 pieds 8 pouces.

A LANDSCAPE.

THE FUNERAL OF PHOCION.

In the front of a magnificent landscape, the back-ground of which represents the architecture of a great city, two men are silently carrying a dead body; it is that of Phocion, who during his life was forty-five times elected governor of Athens, and who at the age of 80 was condemned to drink hemlock. His funeral is taking place without any pomp, the cultivation of the country is not interrupted; a public ceremony is even celebrating, and a crowd' of Athenian citizens are entering a temple, while the body of the ancient general is abandoned.

Poussin, in his pictures, generally represents affecting subjects; yet always excluding those that are hideous and revolting. This painter, like the poet Corneille, formed his genius almost without a master, and, like him, has left behind him master-pieces, which France idolizes and other nations envy. Learned in architecture and master of perspective, Poussin, after having studied the beautiful scenery of Italy, and examined Titian's manner of painting landscapes, composed many landscapes himself, for which he is equally estimated as for historical subjects.

It was about the year 1650 that Poussin painted this picture for M. Cerisier; it was engraved in 1684 by Stephen Boudet.

Height, 7 feet; breadth; 5 feet 11 inches.

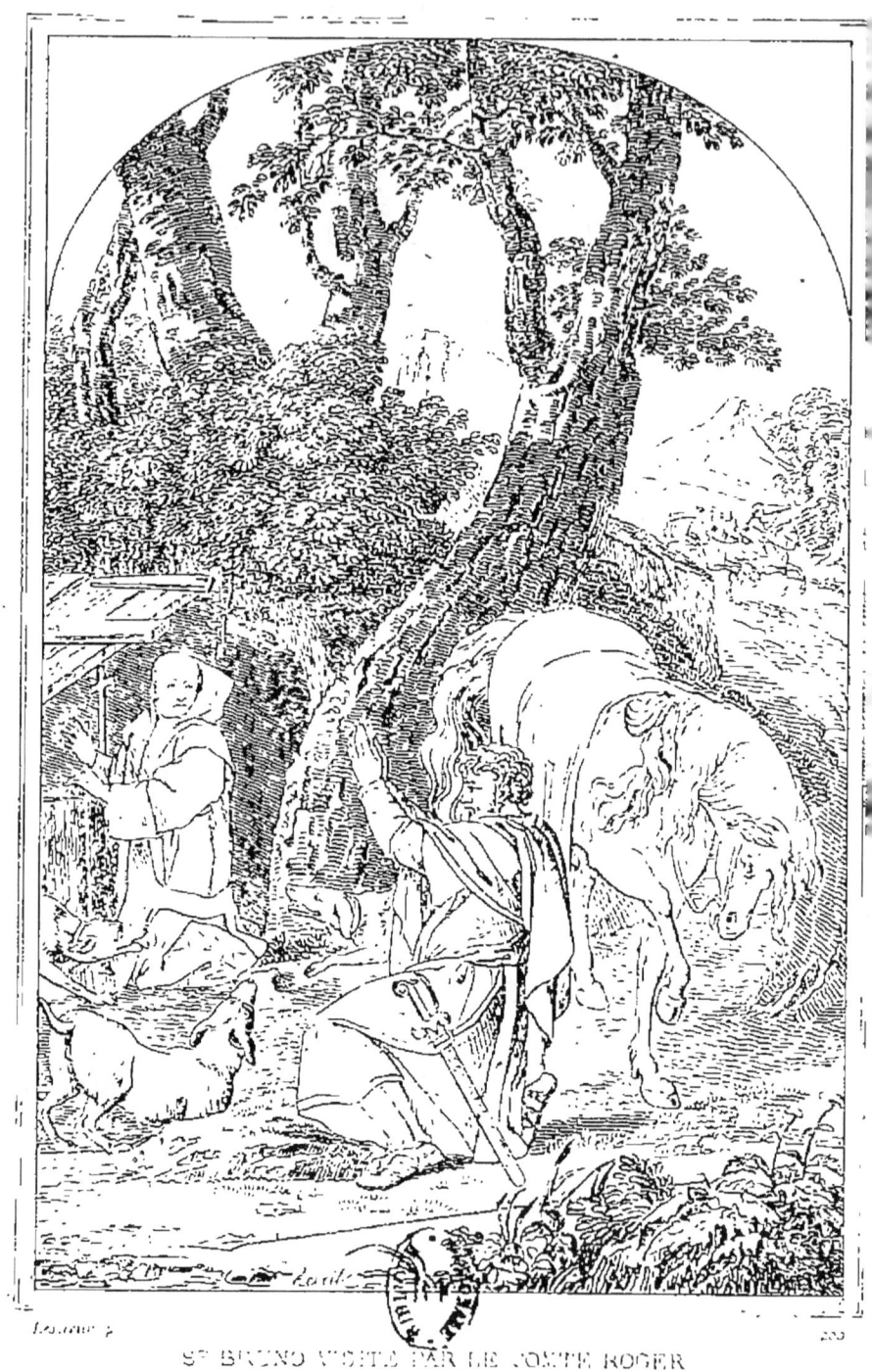

ST BRUNO VISITÉ PAR LE COMTE ROGER

PAYSAGE,

CENDRES DE PHOCION.

Quoique les paysages soient toujours une représentation de la nature, on a cru pouvoir les diviser en deux classes, style héroïque et style champêtre. Les figures qui ornent la scène peuvent souvent contribuer à cette classification, mais on ne peut disconvenir que la manière de peindre et de composer un paysage fait qu'à la première inspection d'un tableau on voit quel est le style adopté par le maître.

Ainsi, Nicolas Berghem a toujours peint dans le style cha m-pêtre, Nicolas Poussin dans le style héroïque, et Claude Gelée a fait des tableaux qui appartiennent tantôt à l'une, tantôt à l'autre de ces deux classes.

Le paysage que l'on voit ici est un de ceux qui font le mieux voir ce qu'on entend par style héroïque. Deux groupes de beaux arbres ornent les deux côtés du tableau, le fond représente la ville d'Athènes, et sur le devant on voit une pauvre femme de Mégare, petite ville à quelques lieues d'Athènes, et dont les habitans étaient ennemis des Athéniens. Le ressentiment qu'elle devait avoir contre un général ennemi fait place ici au respect qu'inspire un grand homme, et elle s'empresse de lui rendre hommage. Après l'injuste condamnation de Pho-cion, elle trouve son corps sans sépulture, le fait brûler, et recueille avec soin ses cendres, pour les rendre à sa patrie, lorsque plus tard elle aura reconnu son injustice.

Ce tableau a été peint vers 1650, pour M. Cerisier; il fait pendant aux Funérailles de Phocion, données sous le n° 191, et a aussi été gravé par Baudet, dans la suite de quatre paysages dédiée au prince de Condé, en 1684.

Larg., 6 pieds 6 pouces; haut., 4 pieds 4 pouces.

A·LANDSCAPE.

THE ASHES OF PHOCION.

Although landscapes are always representations of nature, they are supposed to allow of being divided into two classes, the heroic and the pastoral style. The figures which ornament the scene may often contribute to this classification, but it is not to be doubted that the manner of painting and composing a landscape is the cause that at the first inspection of a picture, we can see what style has been adopted by the master.

Thus, Nicolas Berghem has always painted in the pastoral style, Nicolas Poussin in the heroic style, and Claude Gelée has produced pictures that belong sometimes to this class and sometimes to the other.

The present landscape is one of those, the best calculated for showing what we understand by the heroic style. Two groups of beautiful trees ornament the two sides of the picture, in the back-ground the city of Athens is represented, and in the front is a poor woman of Megara, a small city some leagues from Athens, and whose inhabitants were enemies to the Athenians. The resentment she might naturally have felt against a general belonging to her foes, here, gives place to the respect which a great man inspires, and makes her eager to pay him homage. After the injust condemnation of Phocion, she found his body, unburied, she burnt it, and collected the ashes with care, to restore them to his country, when it should come at last to a sense of its injustice.

This picture was painted about the year 1650, for M. Cerisier; it was a companion to the Obsequies of Phocion, given at n° 191, and has also been engraved by Baudet, in a series of four landscapes dedicated to the prince de Condé, in 1684.

Width, 6 feet 11 inches; height, 4 feet 7 inches.

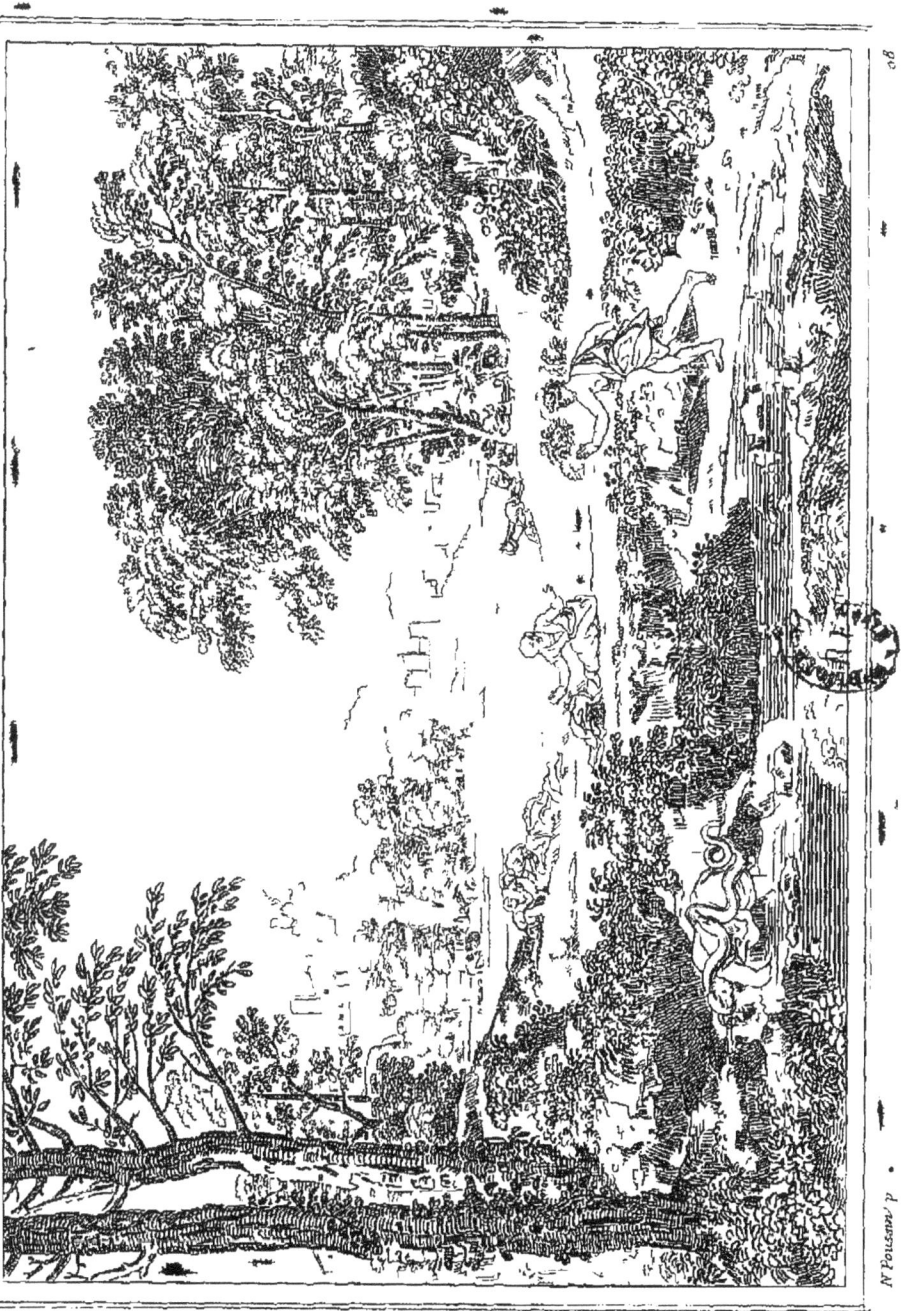

N Poussin' p .

PAYSAGE SCENE D EFFROI

PAYSAGE,

SCÈNE D'EFFROI.

Un peintre, en composant un tableau, cherche à représenter une scène qu'il a vue, ou au moins qu'il aurait pu voir, et son désir est de montrer une parfaite imitation de la nature; on ne peut cependant se dissimuler qu'excepté les panoramas et les dioramas, il est bien peu de tableaux qui puissent faire illusion, même parmi les productions des plus grands maîtres. Le mérite des paysages surtout, plus que de tous les autres tableaux, consiste dans cette parfaite imitation; cependant il en existe beaucoup qui ne sont autre chose que la réunion de souvenirs, épars en divers endroits; alors le talent du peintre consiste à mettre dans sa composition de la grace ou de la noblesse, suivant que la scène dont il veut orner son paysage doit être héroïque ou champêtre, mais on doit toujours trouver de la vérité dans ses détails.

Il semble que dans ce tableau Poussin ait voulu faire voir l'épouvante dans ses diverses modifications : sur le devant, à gauche, est une fontaine au bord de laquelle un homme a été étouffé par un grand serpent qui l'entoure encore : près de là un homme fuit en apercevant ce funeste accident : plus loin une femme est effrayée par les cris qu'elle entend, et dans l'éloignement, des hommes couchés près d'un lac, sans connaître la cause de tant d'épouvante, prêtent attention à ce qui se passe.

Ce paysage, l'un des plus beaux du Poussin, fut peint vers 1650 pour M. Pointel; à sa mort il fut acheté par M. Moreau, premier valet de garde-robe du roi. Il fait partie de la suite gravée par Baudet, et dédiée à Louis XIV en 1701.

LANDSCAPE;
A SCENE OF TERROR.

A painter, in composing a picture, endeavours to represent a view that he has seen, or at least that he wishes to see; and his desire is to give a perfect imitation of nature; but we are compelled to admit, that, excepting in panoramas and dioramas, they are very few pictures, perfectly deceptive, even among the productions of the greatest masters. The merit of landscapes above all, more than in any other kind of picture, consists in this perfect imitation; yet there are many that are nothing else than a combination of reminiscences scattered in different directions; the talent of the painter then consists in putting grace or sublimity, into his composition, according as the scene with which he ornaments his landscape is to be heroical or pastoral, but at any rate truth should always be found in the details.

It is evident in this picture that Poussin has been desirous of illustrating the terrible: in front, to the left, is a fountain, on the border of which a man has been stifled by an immense serpent that is still twisted round him; and, hard by, a man perceiving the terrible occurence, is escaping; farther off a woman is terrified by the cries that she hears, and in the distance, men lying near a lake, without knowing the cause of so much agitation, are attentive to what is passing before them.

This landscape, one of Poussin's finest, was painted about 1650 for M. Pointel; at his death, it was bought by M. Moreau, first valet of the king's ward-robe. It formed part of the collection engraved by Baudet, and dedicated to Louis XIV in 1701.

N 1 om un p

PAYSAGE   REPOS DU VOYAGEUR

PAYSAGE,

REPOS DES VOYAGEURS.

Félibien raconte que Poussin, pendant son séjour à Rome, évitait la société, et se dérobait même à ses amis, pour se retirer seul dans les lieux les plus écartés, où il pouvait observer les plus beaux effets de la nature. C'était dans ces retraites et ces promenades solitaires qu'il faisait de légères esquisses des choses qu'il rencontrait propres pour le paysage, comme des terrasses, des arbres, ou quelques beaux accidens de lumière.

Le paysage que nous voyons ici est probablement le résultat de quelques unes de ces études : le groupe d'arbres du milieu est d'une vérité parfaite; sur le devant, à gauche, est une fontaine très simple, et au bord de laquelle un voyageur assis lave ses pieds. Poussin, cherchant toujours à nous reporter vers les anciens, a placé sur le tronc de l'arbre du milieu une figure de Diane avec des flèches et un carquois en sautoir.

C'est en 1650 que Poussin peignit ce tableau, pour M. Passart, maître des comptes; il a été gravé par Baudet, et fait partie de la suite de quatre paysages dédiée au prince de Condé en 1684.

Larg., 6 pieds 6 pouces? haut, 4 pieds 8 pouces?

A LANDSCAPE,

TRAVELLERS REPOSING.

Félibien relates that Poussin, during his stay at Rome, avoided society, and stole away even from his friends, for the purpose of retiring to sequestered places, where he could study the most beautiful effects of nature. It was in these retreats, and during his solitary rambles that he made slight sketches of objects which he discovered proper for landscape painting, such as terraces, trees, or beautiful effects of light.

The landscape we here see is probably the result of some of these studies : the group of trees in the middle is perfectly natural; in front, to the left, is an unadorned fountain, on the edge of which a traveller is washing his feet. Poussin, who is always anxious to carry us back to the ancients, has placed on the trunk of the centre tree, a figure of Diana, with arrows and a quiver slung upon her shoulder.

It was in 1650 that Poussin painted this picture, for M. Passart, secretary of state; it has been engraved by Baudet, and is one of a series of four landscapes dedicated to the prince de Condé in 1684.

Height, 7 feet; breadth, 5 feet.

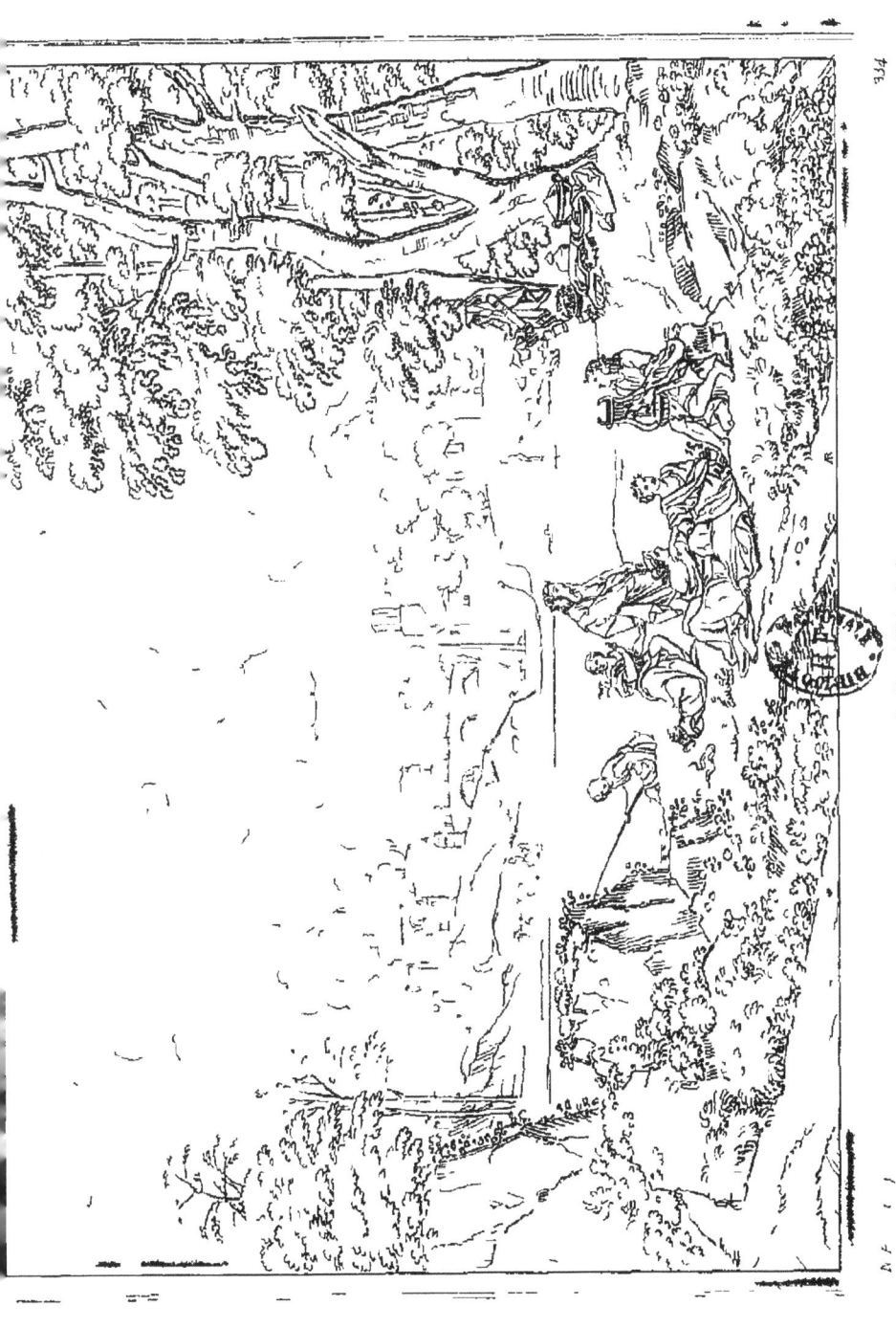

PAYSAGE.

MORT D'EURIDICE.

Fils d'OEagre, roi de Thrace, et de la Muse Calliope, Orphée comme sa mère, fut célèbre par la beauté de sa voix. C'est lui, dit-on, qui introduisit en Grèce l'usage de la poésie et de la musique. Il épousa Eurydice, l'une des dryades; mais peu de jours après son mariage, cette jeune épouse étant à cueillir des fleurs avec quelques compagnes, fut piquée au talon par un serpent caché dans l'herbe, et périt peu de jours après. Le peintre a représenté cette scène dans le premier moment où la nymphe vient d'être piquée. On voit son effroi; une de ses compagnes, occupée à pêcher, a seule entendu ses cris. Les autres personnes, préoccupées, charmées par les sons harmonieux de la lyre d'Orphée, n'ont pas encore connaissance de l'accident. Le poëte lui-même n'a pas suspendu ses chants, parce que la figure de l'un des personnages, debout devant lui, l'empêche de voir sa malheureuse épouse.

Les figures de ce tableau ont sept ou huit pouces de hauteur. Le paysage est noble; mais, s'il était permis de faire un reproche à Poussin, on le blâmerait d'avoir placé dans le fond de son tableau une forteresse, qui a plus de rapport avec le château Saint-Ange qu'avec les constructions qui, dans l'âge d'or, pouvaient se trouver dans la Thrace, et d'où sort une épaisse fumée qui ne peut être produite que par l'explosion du canon.

On doit croire que ce paysage est celui que Poussin fit en 1659 pour le peintre Le Brun; il a été gravé par Étienne Baudet, et fait partie d'une suite de quatre paysages dédiée à Louis XIV.

Larg., 6 pieds; haut., 3 pieds 6 pieds.

A LANDSCAPE:

THE DEATH OF EURYDICE.

Orpheus, the son of OEager, king of Thracia, and of the muse Calliope, was, like his mother, famous for the beauty of his voice. It was he, it is said, who introduced, into Greece, poetry and music. He married Eurydice, one of the Dryades. A few days after their nuptials, the young bride, while with her companions, gathering flowers, was stung in the heel, by a serpent lurking in the grass; and she died shortly afterwards. The painter has represented the scene at the moment when the nymph is wounded. Her consternation is visible : one of her companions, whilst occupied in angling, has alone heard her shrieks. The other individuals, delighted with, and attentive only to the harmonious sounds of Orpheus' lyre, have yet no knowledge of the accident. Even the poet has not interrupted his song, because the figure of one of the personages, standing before him, prevents his seeing his unfortunate bride.

The figures, in this painting, are from seven to eight inches in height. The landscape is grand; yet, if it were allowable to blame Poussin, he would be found fault with, for having placed, in his back-ground, a fortress, which bears more resemblance to the castle of St. Angelo, than to the buildings, which, in the golden age might have been found in Thrace; and whence, also, appears a thick smoke, that could only be produced by the firing of canons.

It is presumable that this is the landscape, which Poussin did in 1659, for the painter Le Brun : it has been engraved by Stephen Baudet, and forms part of a series of four landscapes, dedicated to Lewis XIV.

Width, 6 feet 4 $\frac{1}{2}$ inches; height, 3 feet 8 $\frac{1}{2}$ inches.

334.

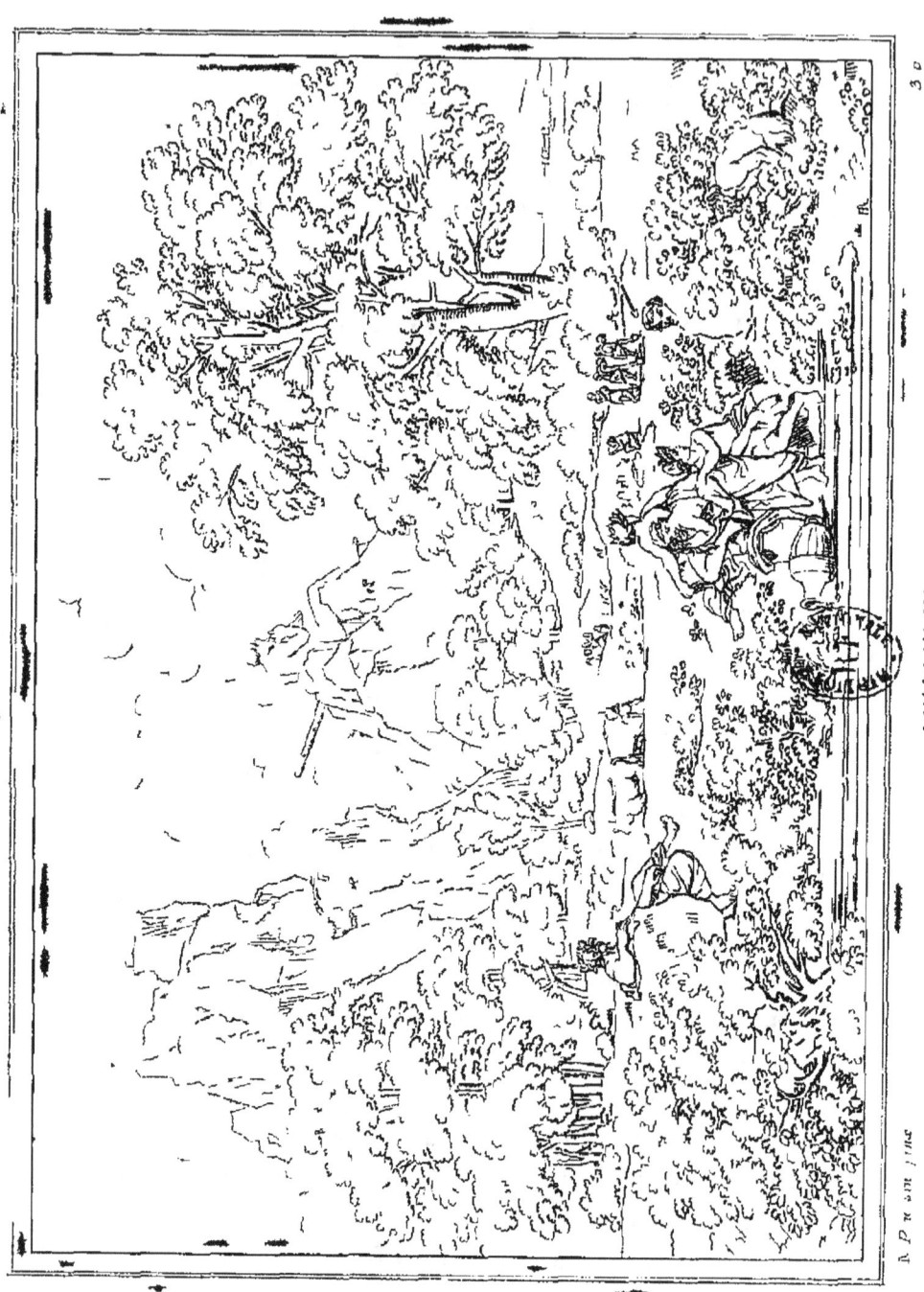

PAYSAGE.

POLYPHÈME EN REPOS.

Fils de Neptune, Polyphème, le plus fort de tous les Cyclopes, habitait la Sicile; c'était, suivant Homère, un monstre affreux, d'une taille si élevée qu'il ne ressemblait pas à un homme, mais plutôt à une haute montagne. Il devint amoureux de Galathée, l'une des Néréides, et la poursuivait continuellement, sans pouvoir obtenir ses faveurs. Ovide raconte que « sur le rivage s'élève un rocher qui vient fort avant dans la mer, et qui est sans cesse battu des flots qui l'environnent. Polyphème, sans songer à son troupeau, qu'il laissait paître dans les campagnes voisines, monta un jour sur ce rocher, s'y assit, et après avoir quitté sa houlette, dont le manche était un pin dont on aurait pu faire le mât d'un vaisseau, il prit sa flûte composée de cent tuyaux, et se mit à en jouer. »

Poussin a suivi soigneusement le récit d'Ovide; il a eu soin de placer Polyphème dans l'éloignement pour ne point être embarrassé de l'énormité de sa stature, et il l'a fait voir par derrière pour éviter la difformité d'un visage avec un seul œil au milieu. Sur le devant, on voit réunies quelques nymphes surprises par des satyres; dans l'éloignement on aperçoit la mer.

Poussin peignit ce tableau en 1649, pour M. Pointel; il est maintenant au Musée de Madrid. Il a été gravé par Et. Baudet, et fait partie de la suite dédiée à Louis XIV.

Larg.; 6 pieds; haut., 3 pieds.

A LANDSCAPE.

POLYPHEMUS REPOSING.

Polyphemus, a son of Neptune and the strongest of all the Cyclops, inhabited the coast of Sicily : according to Homer, he was a frightful monster of so tall a stature, that he resembled not a man, but rather a high mountain. He became enamoured of Galatæa, one of the Nereides, and pursued her continually, yet she disregard his addresses. Ovid relates that, « on the shore, rose a rock, jutting far into the sea, and continually beaten by the waves around it. Polyphemus, one day forgetting his flock, which was grazing in the neighbouring meadows, climbed this rock, sat on it, and putting aside his crook, the handle of which was a pine-tree that might have served for a ship-mast, he took out his flute, composed of a hundred pipes, and began to play. »

Poussin has carefully followed Ovid's description : he has had the precaution to place Polyphemus in the back-ground, not to be encumbered with his enormous stature; and to avoid the ugliness of a countenance with one eye only, in the middle of the forehead, he has shewn him with his face turned away. In the fore-ground several nymphs are seen together, surprised by some satyrs. The sea is seen in the distance.

Poussin painted this picture, in 1649, for M. Pointel : it is now in the Madrid-Museum. It has been engraved by Stephen Baudet, and forms part of the series dedicated to Lewis XIV.

Width, 6 feet 4 ½ inches; height, 3 feet 2 ⅓ inches.

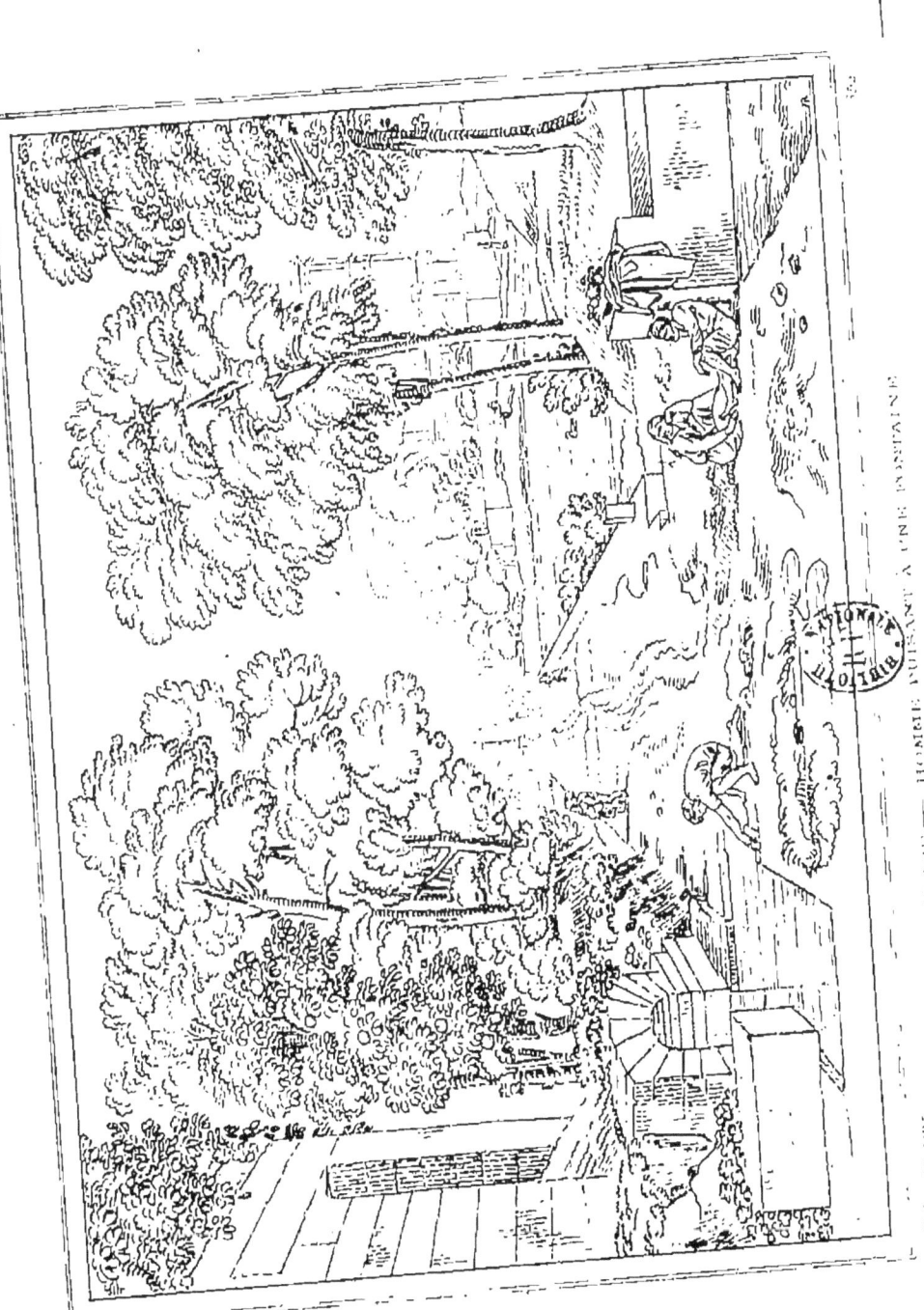

PAYSAGE. — HOMME PUISANT À UNE FONTAINE

PAYSAGE.

HOMME PUISANT A UNE FONTAINE.

Dans ce paysage, comme dans celui que nous avons donné sous le n° 214, et dont il fait le pendant, on voit un homme et une femme assis près d'une fontaine, au bord d'une route, mais la composition n'en est pas moins très variée. Dans l'autre un voyageur se lavait les pieds, dans celui-ci un jeune homme vient puiser de l'eau; l'autre présentait un pays plat avec une route tortueuse, ici nous voyons une route droite conduisant à la ville, et dans le fond des montagnes assez élevées.

Ce paysage se voit au Musée de Madrid; il est le dernier de deux suites également belles, gravées toutes deux par Étienne Baudet, et de la même grandeur.

L'une, publiée en 1684, fut dédiée au prince de Condé. Elle se compose des numéros

191. FUNÉRAILLES DE PHOCION.
202. CENDRES DE PHOCION.
214. REPOS DES VOYAGEURS.
352. HOMME PUISANT A UNE FONTAINE.

L'autre, gravée en 1701, fut dédiée à Louis XIV. Elle est formée des numéros

208. SCÈNE D'EFFROI.
334. ORPHÉE ET EURYDICE.
340. POLYPHÈME ET GALATÉE.
358. DIOGÈNE.

Les n°s 334 et 358 font partie du Musée français; les n°s 340 et 352 sont au Musée de Madrid; les autres sont dans divers cabinets particuliers.

Larg., 6 pieds; haut., 4 pieds.

A LANDSCAPE,,

A MAN DRAWING WATER AT A FOUNTAIN.

In this landscape, as in that which we have already given (nᵒ 214), forming the companion to it, a man and a woman are seen seated, near a fountain, by the side of a road; but its composition is not the less varied. In the former a traveller is washing his feet, in the latter a youth is drawing water : the other presented a flat country with a winding road; here we see a strait road leading to the town, and in the back-ground, some rather high hills.

This landscape is in the Museum of Madrid : it is the last of two series, equally beautiful, both engraved by Stephen Baudet, and of the same size.

The first, published in 1684, was dedicated to the prince of Condé : it is composed of Nᵒˢ

191. THE FUNERAL OF PHOCION.
202. THE ASHES OF PHOCION.
214. TRAVELLERS REPOSING.
352. A MAN DRAWING WATER AT A FOUNTAIN.

The second, engraved in 1701, was dedicated to Lewis XIV. It is formed of Nᵒˢ

208. A SCENE OF TERROR.
334. ORPHEUS AND EURYDICE.
340. POLYPHEMUS AND GALATÆA.
358. DIOGENES.

Nᵒˢ 334 and 358 are in the French Museum; Nᵒˢ 340 and 358' are in the Museum of Madrid; the others are in various collections.

Width, 6 feet 4 ½ inches; height, 4 feet 3 inches.

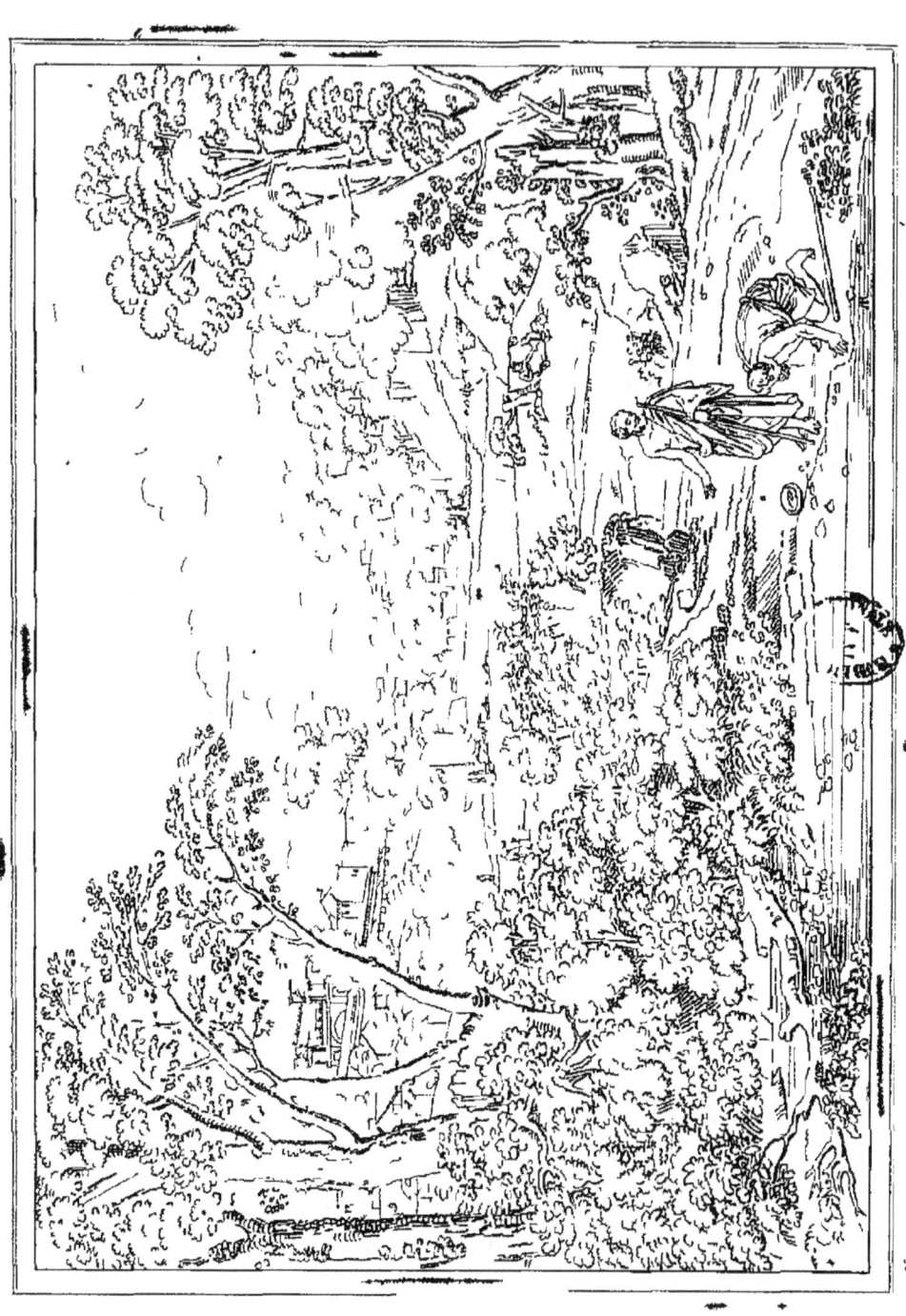

PAYSAGE. — DIOGÈNE JETTANT SA COUPE

PAYSAGE.

DIOGÈNE JETANT SA COUPE.

Avant d'admirer la beauté de ce paysage, on peut trouver dans le tableau un bon sujet d'étude par l'examen des figures, dont la pose et l'expression sont véritablement sublimes. Le cynique Diogène, qui méprisait toutes les commodités de la vie, et qui ne voulait se soumettre en rien aux usages, avait pour habitude de satisfaire à tous ses besoins à l'instant même où il les ressentait, et sans vouloir attendre aucun préparatif. Il avait conservé et portait avec lui une coupe pour boire; mais apercevant un jour un jeune enfant qui, pour étancher sa soif, s'agenouilla au bord de la rivière et puisait de l'eau dans le creux de sa main, Diogène, voyant l'inutilité de sa coupe, la jeta par terre.

Ce tableau est du plus bel effet pour le choix du site; on voit dans le fond la ville d'Athènes; son temple de Minerve domine toutes les habitations. Sur la rive opposée on distingue quelques maisons qui jettent de la variété dans cette partie. Tout le feuillé de la gauche est très vrai et très agréable.

C'est en 1648 que Poussin fit ce tableau pour M. Lumagne, célèbre amateur. Il a été gravé par Et. Baudet, et fait partie de la suite dédiée au roi.

Larg., 6 pieds 8 pouces; haut., 4 pieds 9 pouces.

LANDSCAPE.

DIOGENES THROWING AWAY HIS CUP.

Previous to admiring the beauty of the landscape, an excellent subject for study may be found is this picture, by examining its figures, the attitudes and the expressions of which are truly sublime. The cynical Diogenes, who despised all the conveniences of life, and who would not, even in the least trifle, submit to established customs, used to satisfy all his wants at the very moment he felt them, without awaiting any preparation. He had, however preserved a drinking cup, that he carried about him; but, one day observing a boy, who, to quench his thirst, knelt by the river and took up water in the palm of his hand, Diogenes, perceiving the inutility of the cup he had kept till then, cast it on the ground.

The scenery in this picture is of the finest effect; the town of Athens is seen in the back-ground whilst the temple of Minerva commands all the dwellings around. On the opposite bank, a few houses are seen, which throw a variety in that part. The foliage, on the left, is very faithful, and highly pleasing.

It was in 1648 that Poussin painted this picture for M. Lumague, a celebrated amateur. It has been engraved by Stephen Baudet, and forms part of the series dedicated to the king.

Width, 7 feet 1 inch; height, 5 feet 1 inch.

NOTICE

JACQUES STELLA.

Jacques Stella naquit à Lyon en 1596. Il perdit son père à neuf ans, et pourtant n'eut pas d'autre maître, et ne fréquenta aucune école jusqu'à l'âge de vingt ans qu'il partit pour l'Italie. Arrivé à Florence, il y fut occupé par le grand-duc, qui lui donna un traitement égal à celui que recevait Callot. Après un séjour de sept ans dans cette ville, Stella partit pour Rome où il arriva en 1623 et parut avec une grande réputation : il se lia d'amitié avec Nicolas Poussin, mais il n'avait ni l'âme, ni le sentiment qui distinguent ce peintre, l'honneur de notre école.

Revenu en France, Stella reçut du roi une pension et le collier de l'ordre de Saint-Michel; c'est lui qui le premier fit le portrait de Louis XIV, encore dauphin. Il avait une fort belle écriture chose assez rare à cette époque.

Il mourut à Paris en 1657, âgé de 61 ans, et fut enterré dans l'église de Saint-Germain-l'Auxerrois.

NOTICE

OF

JACQUES STELLA.

Jacques Stella was born at Lyon in 1596. At nine years old he lost his father, and had no other master, nor frequented any school whatever till the age of twenty, when he set out for Italy. Arrived at Florence, the grand Duke employed him, allowing the same emolument to him as to Callot. After having lived 7 years in that town, Stella went to Rome, where he arrived in 1623 appearing there with a great reputation : he got intimately acquainted with Nicolas Poussin, but he had neither the soul nor the sentiment which distinguish this painter, the honor of his school.

Being come back to France, Stella received a pension from the King with the order of Saint Michel; he was the first who drew the portrait of Louis XIV at that time Dauphin.

He died at Paris in 1657, aged 61, and was buried in the church of Saint Germain l'Auxerrois.

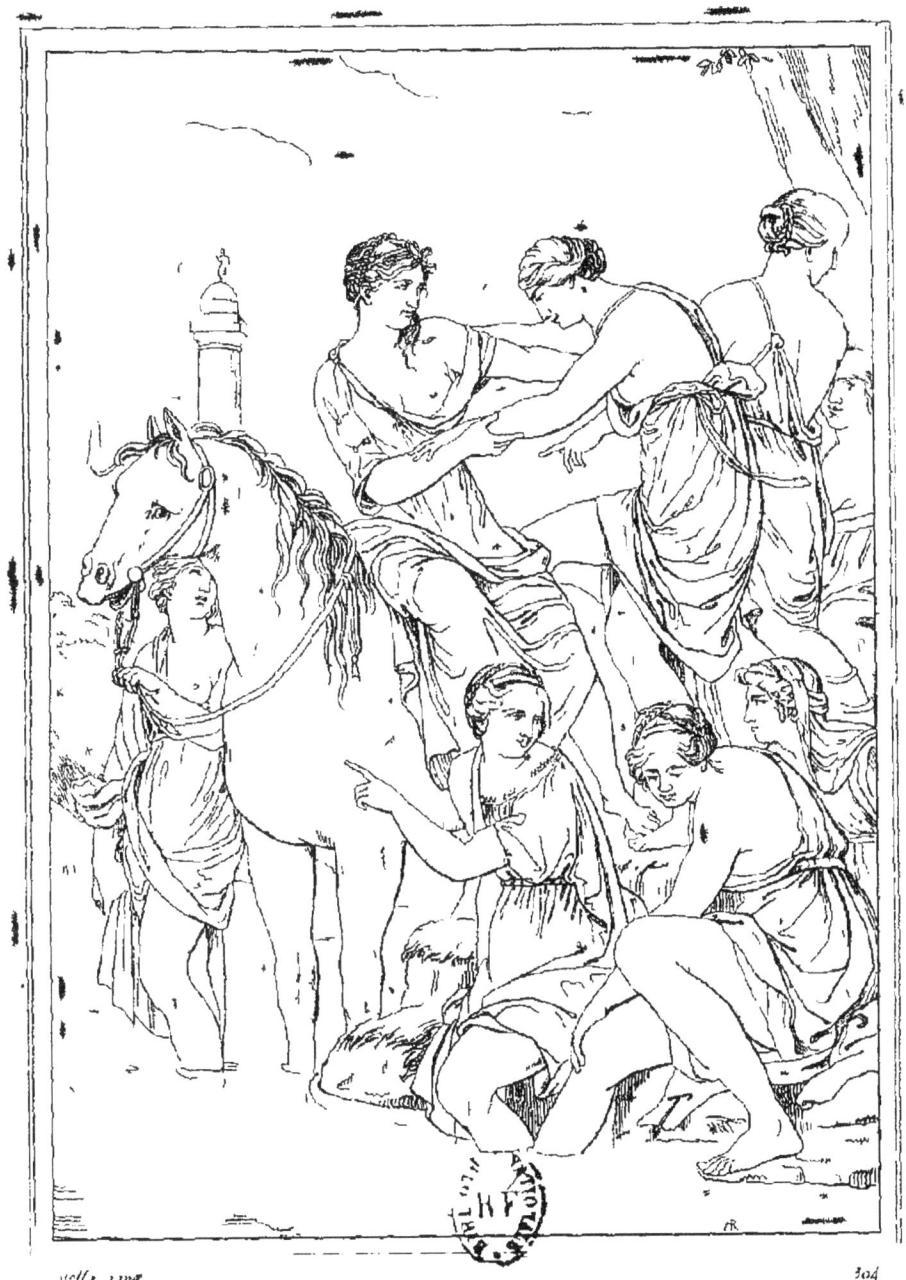

304

CLELIE

CLÉLIE.

Il est à présumer que c'est le célèbre roman de *Clélie*, par mademoiselle de Scudéri, qui engagea Stella à représenter ce sujet, où Clélie, fille d'un consul, et l'une des dix données en ôtage à Porsenna, traverse le Tibre en présence de l'armée ennemie, pour retourner à Rome.

La composition de ce sujet est insignifiante ; il est difficile de voir si ces jeunes Romaines s'enfuient du camp de Porsenna, ou si elles vont librement à Rome. Si elles fuient, où est la précipitation qui devrait caractériser leur fuite ? si elles sont en liberté, qui les oblige à traverser le Tibre à la nage. La figure de Clélie et plusieurs autres paraissent imitées de Jules Romain, qui a traité le même sujet, et toutes peuvent être considérées comme des modèles de grace, de naïveté et d'élégance.

Le tableau de Clélie était autrefois à Saint-Cloud : ce palais ayant appartenu dans le temps à la maison d'Orléans, il est naturel de croire que ce tableau a été fait pour mademoiselle de Longueville, depuis duchesse de Nemours, à qui avait été dédié le roman de *Clélie*, lorsqu'il parut en 1654.

Haut., 4 pieds 3 pouces ; larg., 3 pieds.

CLELIA.

It is presumable, that it was mademoiselle de Scudéri's famous romance of Clelia, which induced Stella to represent this subject, in which, Clelia, the daughter of a consul, and one of the ten, given as hostages to Porsenna, crosses the Tiber, in presence of the hostile army, to return to Rome.

The composition is insignificant : it is difficult to determine whether these young Roman females are fleeing from Porsenna's camp; or whether they are as liberty, returning to Rome. If they are fleeing ; where is the precipitation which ought to characterize their flight? If they are at liberty; what obliges them to swim across the Tiber? The figure of Clelia and several others, appear imitated from Giulio Romano, who has treated the same subject; and the whole of them may be considered as models of grace, simplicity, and elegance.

The Clelia was formerly at St. Cloud : this palace belonging at the time to the Orleans' family, it is natural to suppose that this picture was painted for mademoiselle de Longueville, afterwards, Dutchess de Nemours, to whom, was dedicated the romance of Clelia, when it appeared, in 1654.

Height, 4 feet 9 inches; width , 3 feet 2 inches.

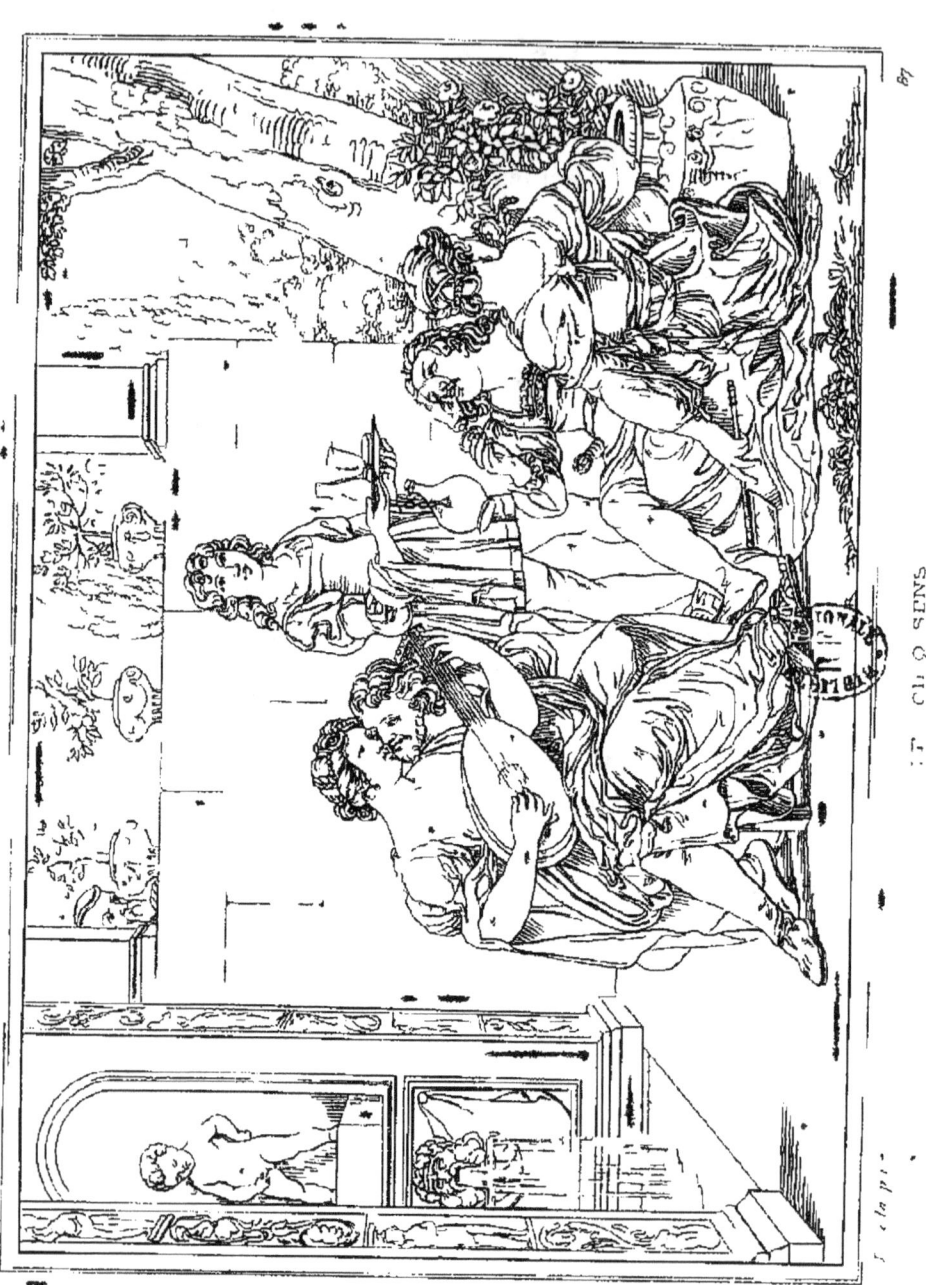

LES CINQ SENS.

Par cette dénomination des cinq sens, on entend parler des organes dont l'homme fait usage lorsqu'il exerce la vue, l'ouïe, le goût, l'odorat ou le tact. C'est donc pour rendre ces différentes sensations que le peintre Stella a réuni plusieurs personnes, dont chacune occupe plus particulièrement l'un des sens.

A droite, une femme, vue par le dos, paraît vouloir cueillir une rose qu'elle flaire avec attention. Près d'elle, un homme achève de vider un verre qui contenait une liqueur, dont il goûte le reste avec plaisir. De l'autre côté, une femme, jouant du luth, lui fait rendre des sons pleins d'harmonie et qui flattent agréablement l'ouïe de chacun ; elle est assise sur les genoux d'un homme qui la tient embrassée et désigne ainsi le tact ou toucher. Quant à la vue, elle est désignée par un vieillard dont on ne voit que la tête et qui paraît fort intéressé à toute cette scene.

Ce tableau, d'une bonne couleur, a appartenu à M. Haquin ; vendu depuis peu à M. Papin, il a été lithographié par M. Feraut.

Larg., 1 pied 8 pouces ; haut., 1 pied 2 pouces.

587.

THE FIVES SENSES.

By this denomination of the five senses, is understood the organs of which man makes use when he puts into action , either his sight , hearing, taste , smelling, or feeling, it was therefore to express these various sensations that the artist Stella put together five persons, each of whom exercises more particularly one of his senses.

On the right , a woman, whose back is turned to the spectator appears wishing to gather a rose she is smelling attentively. Near her , a man finishes emptying a glass that contained some liquor, the remains of which he is tasting with pleasure. On the other side , a woman playing on a lute, imparts to him most harmonious sounds that agreeably flatter the hearing of both : she is seated on the knees of a man who closely presses her and thus indicates feeling. As to sight , it is represented by an old man whose head only is seen and who appears very attentive at the scene.

This picture, which is well coloured, belonged to M. Haquin ; it has lately been sold to M. Papin, and has been done in Lithography by M. Feraut.

Width 1 foot 9 inches; height 1 foot 3 inches.

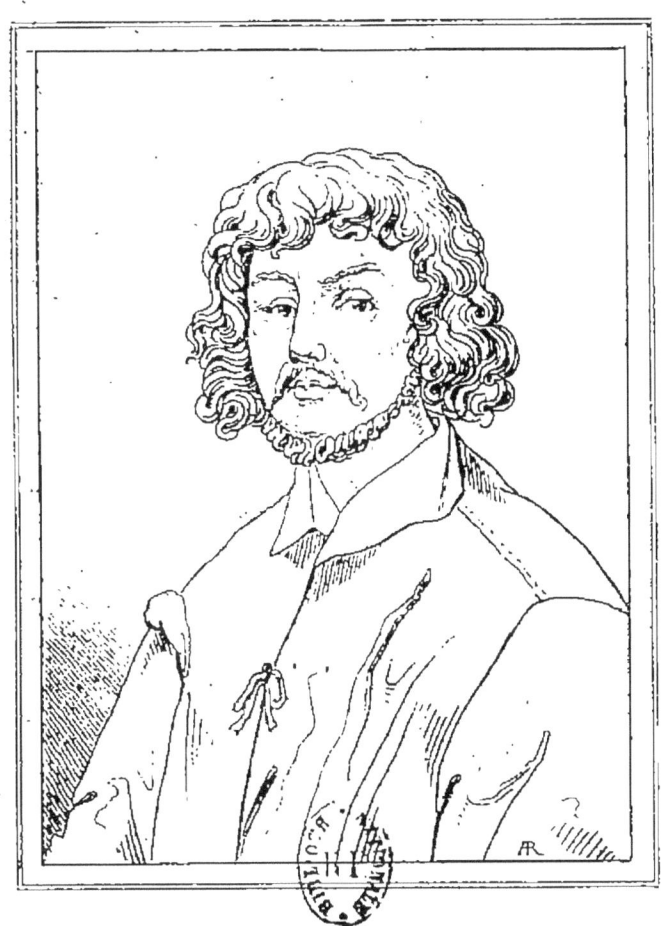

CLAUDE GELÉE DIT CLAUDE LORRAIN

XXI

NOTICE

HISTORIQUE ET CRITIQUE

SUR

CLAUDE GELÉE,

DIT *CLAUDE LORRAIN.*

Le merveilleux a généralement tant d'attraits, qu'on cherche souvent à montrer les grands génies arrivant à la perfection, malgré les circonstances malheureuses qui semblaient devoir les empêcher d'obtenir quelque succès. C'est ainsi qu'on présente l'un des plus habiles paysagistes sortant de la boutique d'un pâtissier de Nancy, pour aller à Rome devenir le valet d'un peintre, qui par hasard découvre en lui quelques talents, et le met sur la route de la fortune et de l'honneur. Cette singulière aventure, répété par plusieurs biographes n'en acquiert pas plus de vraisemblance, et doit être mise au rang des choses douteuses. On doit plutôt croire les détails donnés à Baldinucci par Joseph Gelée. neveu du peintre, et d'où il résulte que Claude Gelée naquit en 1600, au château de Chamagne en Lorraine. Il était le troisième de cinq enfans; devenu orphelin à l'âge de 12 ans, il alla à Fribourg retrouver Jean Gelée son frère aîné, graveur sur bois, qui lui donna les premières leçons de dessin, et lui fit faire des ornemens. Un de ses parens le mena ensuite à Rome, il y étudiait avec ardeur; mais la guerre l'ayant empêché de recevoir les petits secours que lui envoyait sa famille, il passa à Naples, où il étudia pendant deux ans sous Godfredi, peintre de paysages. Il revint ensuite à Rome pour profiter des leçons d'Auguste Tassi. Ce nouveau maître lui offrit les moyens de se perfectionner dans la peinture, le prit en amitié, et le chargea de tout le détail de sa maison. C'est sans doute ce motif qui a porté à croire qu'il avait été dans sa domesticité. Claude resta avec Tassi, jusqu'en 1625, puis il revint dans sa patrie, où Claude Dervet, peintre du duc de Lorraine, l'employa à peindre l'architecture de l'église des Carmélites à Nanci. Un ouvrier étant alors tombé de l'échafaud où travaillait Claude, cette chute le détermina à quitter un atelier aussi dangereux, et il retourna en Italie.

Arrivé à Rome, le Lorrain vit bientôt fréquenter son école par de nombreux élèves. Le cardinal Bentivoglio le présenta au pape Urbain VIII, qui l'accueillit avec bienveillance, lui fit faire plusieurs tableaux, et lui accorda toujours depuis sa protection et son amitié. Claude n'avait que trente ans et déjà ses ouvrages étaient si recherchés, qu'il ne pouvait suffire à toutes les demandes qui lui étaient faites. Il se lia d'amitié avec Nicolas Poussin, son compatriote, mais il ne prit rien de sa manière, ni de celle de Gaspard Dughet, qui avait l'habitude de peindre d'après nature. Claude au contraire se contentait de l'étudier. Il passait des journées entières dans la campagne, observant d'un œil attentif les effets qu'y produit le soleil depuis son lever jusqu'à son coucher, ceux que font naître les vapeurs montantes ou descendantes, les pluies, les orages, le tonnerre. Tous ces phénomènes se gravaient profondément dans sa mémoire, et il les portait au besoin sur la toile avec autant de précision que s'il les avait eus sous les yeux. Il en était de même des sites; il ne les copiait pas, il les créait en quelque sorte, et joignait à la plus grande vérité, l'idéal qui convient à ce genre. Ses paysages ne sont pas le froid portrait d'une certaine partie de la campagne, tels que ceux de la plupart des

peintres flamands et hollandais ; mais en s'élevant au dessus de
cette imitation servile, il donnait des représentations fidèles de
la nature. Ses arbres, quand ils sont d'une grande proportion,
sont distingués suivant leurs espèces : dans ses effets, l'heure
du jour est exactement distinguée. Il est impossible de mieux
rendre les dégradations des objets suivant leur distance, de
mieux faire sentir l'épaisseur vaporeuse qui sépare le specta-
teur du lointain, de mieux représenter par des couleurs l'ap-
parence de la vérité. Il n'a point de touches maniérées, et souvent même il couvrait et dissimulait ses touches par des glacis,
supérieur aux charlataneries de l'art, et ne cherchait à se
montrer que l'imitateur de la nature. Comme il devait plus
son talent à l'opiniâtreté du travail, à la justesse des observa-
tions, qu'à ses dispositions naturelles, il n'opérait point avec
facilité, et passait souvent plusieurs jours à détruire et à re-
faire ce qu'il avait commencé. » Sandrart rapporte que, se promenant dans la campagne avec le Lorrain, cet artiste lui avait
fait observer, mieux que ne l'aurait fait un physicien, comment
une même vue change d'effet et de couleur, suivant les divers
instans où elle reçoit la lumière, et suivant qu'elle est humectée
de la vapeur du soir ou de la rosée du matin.

Habile paysagiste, Claude ne put jamais parvenir à dessiner
d'une manière passable les figures qu'il plaçait dans ses tableaux ; aussi disait-il en plaisantant qu'il vendait le paysage et
donnait les figures. Cependant, voulant rendre ses tableaux
plus agréables aux amateurs qui les lui avaient demandés, il
lui est arrivé souvent de faire faire les figures par d'autres
peintres ; alors il eut recours de préférence à deux de ses
élèves, Philippe Lauri et Courtois. C'est aussi de son atelier
que sortit le célèbre Herman Swanevelt, plus connu sous le
nom de Herman d'Italie.

Quelques peintres ayant vu la réputation dont jouissait
Claude Gelée, voulurent tirer parti de son talent, soit en co-

piant ses tableaux, soit en les imitant. Plusieurs fois même on
lui en présenta pour s'assurer s'ils étaient en effet de lui.

Afin d'éviter les répétitions dans lesquelles il serait si facile
de tomber en composant des paysages, Claude Lorrain avait
l'habitude de conserver un croquis des tableaux qu'il livrait
aux amateurs, en ayant soin d'écrire derrière, le nom du pos-
sesseur, et souvent l'année où il avait été fait. Ce précieux recueil, composé de deux cents dessins au bistre, resta long-
temps entre les mains de ses neveux et nièces; puis, vers 1770,
il passa dans la possession du duc de Devonshire. Il fut alors
publié par Boydell sous le nom de *Libro di Verità*, et fut gravé
en mezzotinte par Richard Earlom.

Claude Gelée s'est aussi exercé à graver à l'eau-forte plusieurs paysages au nombre de 28 : ils sont traités avec esprit
et sentiment; mais ses gravures n'ont pas cependant le même
mérite que ses tableaux. Il a fait aussi une suite de cinq pièces
que l'on rencontre rarement, et qui représentent des décorations de feux d'artifice.

Aussi habile que Rembrandt dans l'entente du clair-obscur,
Claude Lorrain eut encore un point de ressemblance avec cet
habile peintre, comme lui il était d'une ignorance extraordinaire. Il se fit aussi remarquer par des mœurs douces, et par un
caractère tranquille; il vécut heureux jusqu'à l'âge de 82 ans,
et mourut en 1682, laissant à ses neveux une fortune considérable. Il fut enterré dans l'église de la Trinité-du-Mont à Rome.

Plusieurs de ses tableaux ont été gravés par Dominique Barrière, Morin, Moyreau, Le Bas, Major, Vivarès, Browne,
Byrne, Lerpinière, Mason et Woollett.

HISTORICAL AND CRITICAL
ÑOTICE,
OF CLAUDE GELÉE,

CALLED,

CLAUDE LORRAIN.

The marvellous has generally so much attraction, that great geniuses are often described, reaching perfection, notwith-standing the vexations and disheartening circumstances, seem-ingly combined to prevent the attaining of any success. It is thus, that one of the most skilful Landscape Painters is said to have left a Pastry Cook's shop in Nancy, to go to Rome, and there to have become the servant of a Painter, who, accidentally discovering in him some talent, put him in the way to fortune and fame. This singular adventure, though repeated by se-veral Biographers, does not for that, acquire the more pro-bability, and must be considered as very dubious; whilst the details given to Baldinucci, by Joseph Gelée, nephew to the Painter, ought preferably to be believed. From these it appears that Claude Gelée was born in the year 1600, at the Château de Chamagne in Lorraine : he was the third of five children. Becoming an orphan at the age of twelve, he went to Fri-bourg, to his eldest brother, a Wood Engraver, who gave him the first lessons in drawing, and taught him to make orna-ments. One of his relations subsequently took him to Rome, where he studied assiduously; but the war preventing his receiving the trifling remittances sent by his family, he pushed on to Naples, where, during two years, he studied under God-fredi, a Landscape Painter. He afterwards returned to Rome, to profit by the lessons of Augustus Tassi. This new master offered him the means of perfecting himself, took him into his friend-ship, and intrusted him with the management of his household affairs. This, no doubt, is the circumstance that has induced the belief of his having been in servitude. Claude remained with Tassi till 1625, when he returned to his own country, where Claude Dervet, Painter to the Duke of Lorraine, em-ployed him in painting the Architectural ornaments of the Church of the Carmelites, at Nancy. A workman falling from the scaffold upon which Claude was working, the latter was induced by this accident to leave so dangerous an *Atelier*, and to return to Italy.

When in Rome, Lorrain soon found his School attended by many pupils. Cardinal Bentivoglio presented him to Pope Ur-ban VIII, who received him kindly, commissioned him to do several pictures, and, from that time forwards, always grant-ed him his patronage and friendship. Claude was but thirty years old, and yet his works were so much sought after, that he could not meet all the demands for them. He became intimate with Nicholas Poussin, his countryman, but he borrowed nothing of his manner, nor from that of Gaspard Dughet, who was in the habit of painting from nature. Claude, on the con-trary, contented himself with studying her : « He would spend whole days, in the country, watching, with an attentive eye, the effects produced by the sun from his rising to his setting, those springing from ascending or falling vapours, rains, storms, and thunder. All these phenomena were deeply impressed on his mind, and, when wanted, were transferred to the can-vass with as much fidelity as if he had them before him. It was the same with sites; he did not copy them, he in a man-

ner created them, and added to the utmost truth, the ideal suitable to that style. His Landscapes are not a cold delineation
of some particular spot in the country, like those of the greater
part of the Flemish and Dutch Painters, but, putting himself
above that servile imitation, he gave faithful representations of
nature. His trees, when of a large size, are distinguished according to their species : the hour of the day is perfectly ascer-
tained by the effect. It is impossible to better mark the grada-
tions of the objects according to their remoteness ; to better
impart the vapourish density separating the beholder from the
distance; to better represent, with colours, the appearance of
truth. He has no affected touches, and, even he often covers
and disguises his touches, by glazing, or scumbling ; superior
to the the trickery of art, and seeking only to show himself the
imitator of nature. As he was more indebted for his talent, to
his assiduity in working, and to the correctness of his observa-
tions, than to his natural disposition, he wrought not with facility, and often spent several days in defacing and doing
afresh, what he had commenced. » Sandrart relates, that
walking in the country with Lorrain, the latter had explain-
ed to him, better than a natural philosopher could have done,
how the same view changes in effect and colour, according to
the various moments it receives the light, and according as it
is dampened by the evening vapour, or by the morning dew.

Though a skilful Landscape Painter, Claude could never
succeed in drawing passably well the figures he introduced in
his pictures : he would himself jestingly say, that he sold the
Landscape, and gave the figures. Yet, wishing to render
his pictures more pleasing to the amateurs, who purchased
them, he has often had the figures done by other painters : he
would then, in preference, have recourse to two of his own pupils, Philip Lauri, and Courtois. It, was also from his *Atelier*
that came the famous Herman Swanevelt, better known under
the name of Herman of Italy.

Some painters seeing the reputation enjoyed by Claude Gelée, wished to profit by his talent, either by copying his pictures, or by imitating them. He, several times, had some shown
him, to ascertain if, in fact, they were his.

To avoid repetitions, into which it would have been so easy
to have fallen, in the composition of Landscapes, Claude Lorrain was in the habit of preserving a sketch of each picture he
ceded to amateurs, taking care to write, at the back, the name
of the possessor, and often the year in which it had been done.
This valuable collection, composed of two hundred bistre
drawings, remained for a long time in the hands of his nephews and nieces, when, towards 1770, it came into the possession of the Duke of Devonshire. It was then engraved in
Mezzotinto, by Richard Earlom, and published, by Boydell,
under the title of *Libro di Verità.*

Claude Gelée also employed himself it etching several Landscapes, to the number of 28 : they are executed with spirit
and feeling; but his engravings have not the same merit as his
paintings. He has also done a series of five pieces, that are now
seldom met with : they represent decorations for artificial
fire works.

As skilful as Rembrandt in the management of the Chiar-
Oscuro, Claude Lorrain had another point of resemblance
with that able painter; like him he was of an extraordinary
ignorance : he was also remarkable for his mild habits, and
quiet disposition. He lived happy to the age of 82 years, dying
in 1682, and leaving his nephews a considerable fortune. He
was buried at Rome, in the Church of Santa Trinità del Monte.

Several of his pictures have been engraved by Dominique
Barrière, Morin, Moyreau, Le Bas, Major, Vivarès, Browne,
Byrne, Lepinière, Mason, and Woollett.

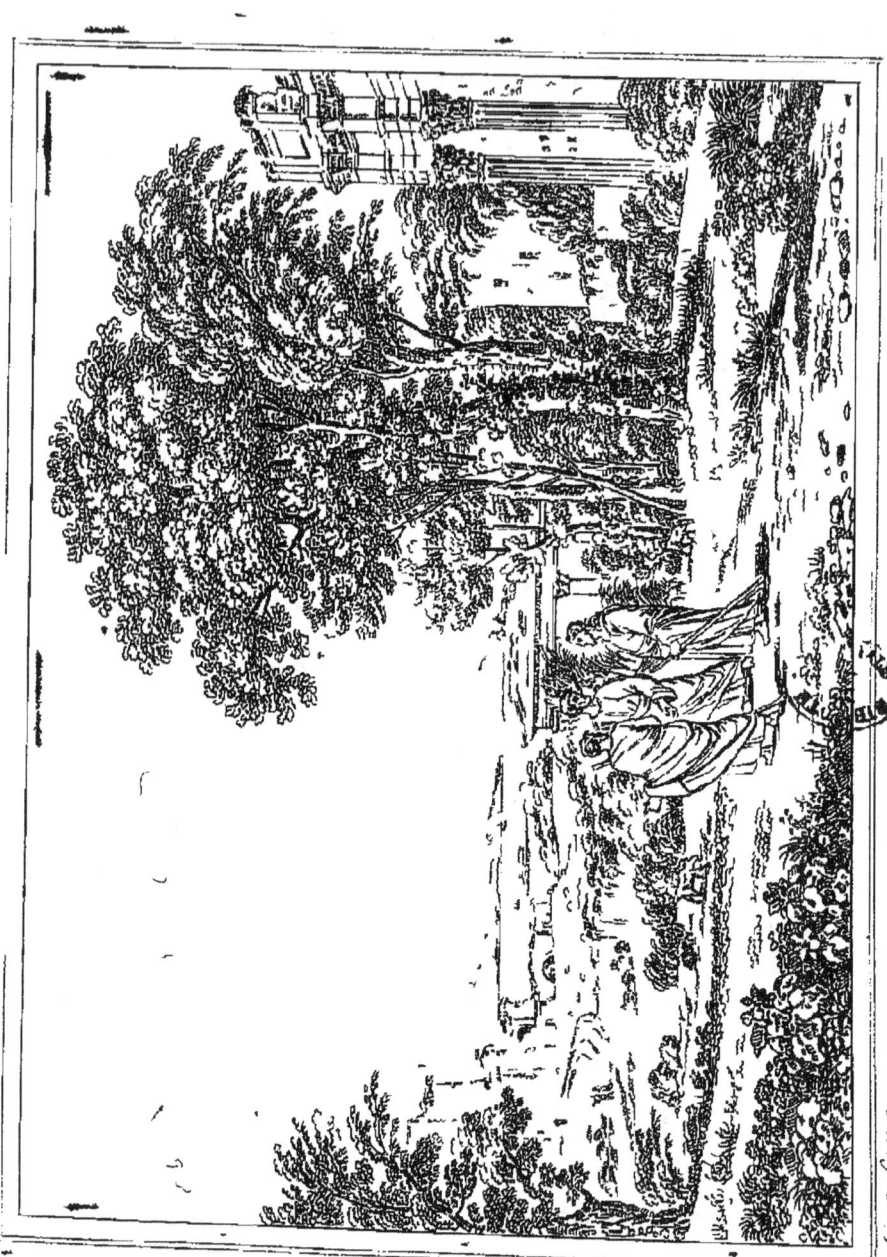

JESUS ET SES DISCIPLES D'EMMAUS

PAYSAGE,

JÉSUS ET LES DISCIPLES D'EMMAÜS.

Claude Gelée, plus ordinairement nommé Claude Lorrain, est de tous les paysagistes celui qui s'est fait remarquer le plus par le bel effet de lumière répandu dans ses tableaux, ainsi que par les tons purs et frais qui font croire que ses compositions sont de simples copies de la nature. Mais avec un talent si vrai, si varié et si naturel, il lui manquait les études préliminaires et les connaissances au moyen desquelles il aurait pu mettre dans ses compositions la poésie, qui doit toujours être l'apanage d'un peintre habile.

Claude, dans ce paysage, a représenté un riche pays qui ressemble moins à la Galilée qu'à cette brillante Italie enrichie des restes de grands monumens qui rappellent la splendeur des Romains.

La campagne est des plus fécondes; dans le fond l'on aperçoit le lac de Génésareth, dont les eaux argentines réfléchissent l'azur du ciel qui se fait remarquer par sa transparence.

Sur le devant sont trois figures, celles de Jésus-Christ et des deux disciples qu'il rencontra près d'Emmaüs. On voit l'étonnement des deux voyageurs qui, doutant de la résurrection de leur divin maître, s'attirèrent ce reproche : « O gens insensés et cœurs tardifs à croire tout ce qui a été prédit par les prophètes, n'a-t-il pas fallu que le Christ souffrît toutes ces choses et qu'il entrât ainsi dans sa gloire? »

Ce tableau est un des plus remarquables de la galerie de l'Ermitage; les figures ne sont pas de la main de Claude Lorrain, qui, comme on sait, dessinait mal, et s'abstenait d'en mettre quand il ne pouvait les faire faire par un autre.

Larg., 4 pieds 1 pouce; haut., 3 pieds.

LANDSCAPE.

JESUS AND THE DISCIPLES OF EMMAUS.

Claude Gelée, more generally called Claude Lorrain, is of all the landscape-painters the most distinguished by the fine effect of light diffused in his pictures, as well as by the pure and fresh harmony of colours, which make his compositions thought simple copies from nature. But, with so true, varied, and natural a talent, he was deficient in preliminary studies and the learning by means of which he could have thrown into his pieces, that poetry which ought always to appertain to an able painter.

In this landscape, Claude has represented a fertile country, which less resembles Galilée than that brillant Italy, enriched by the remains of noble monuments that recal the splendour of the Romans.

The open country is one of the most fruitful; in the background is seen the lake of Geneserath, whose silver waters reflect the azure of the sky which is strikingly transparent.

In the front are three figures, that of Jesus Christ and his two disciples whom he meets near Emmaus. We behold the astonishment of the two travellers who, doubting the resurrection of their divine master, draw upon themselves this reproach : « O fools and slow of heart to believe all that the prophets have spoken; ought not Christ to have suffered those things, and to enter into his glory? »

'This picture is one of the most remarkable of the *galerie de l'Ermitage;* the figures are not by Claude Lorrain, who, it is known, designed badly, and abstained from introducing any when he could not have them done by another.

Breadth, 4 feet 4 inches; height, 3 feet 2 inches.

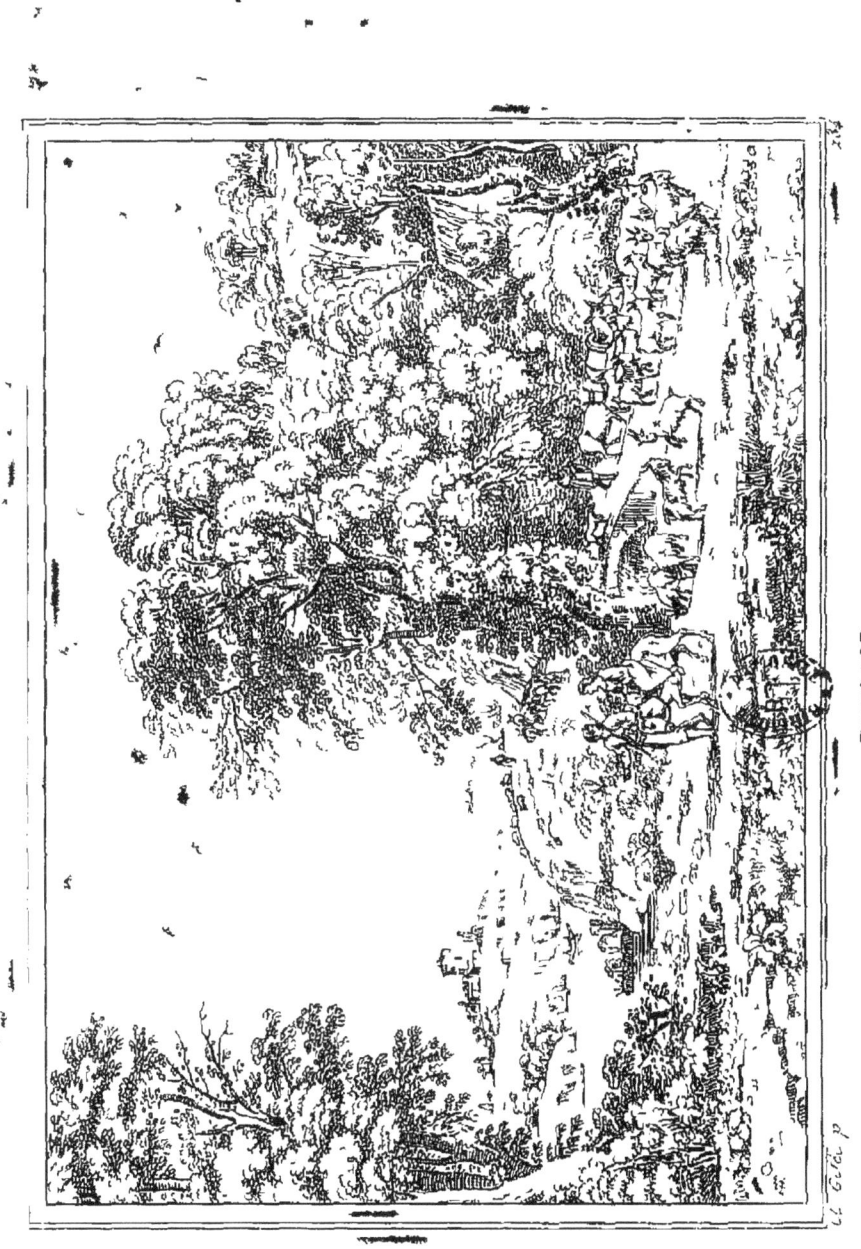

PAYSAGE,
AVEC UN TROUPEAU DE CHÈVRES.

Les tableaux de Claude Lorrain sont ordinairement une simple imitation de la nature; ou au moins un souvenir auquel le peintre n'a fait que de légers changemens; aussi est-ce la couleur qui en fait presque tout le charme. Cependant si on ne peut vanter le génie du peintre relativement à la composition de son ouvrage, on peut au moins prendre pour modèle la pureté de son goût, qui lui a fait choisir un site agréable, en l'embellissant d'une chute d'eau dont l'effet paraît d'autant plus brillant qu'elle est entourée d'arbres touffus. Le troupeau de chèvres qu'il a mis sur le devant anime la scène d'une manière très pittoresque.

Ce tableau, peint en 1641, a été gravé en 1742 par Vivarès : à cette époque il faisait partie du cabinet de lord Jacques Cavendish.

Larg., 2 pieds 7 pouces; haut., 1 pied 10 pouces.

LANDSCAPE,

WITH A HERD OF GOATS.

The pictures of Claude Lorrain are usually a simple imitation of nature, or at least a reminiscence with some slight alterations by the painter; thus almost the whole charm consists in the colouring. If, however, the painter's genius cannot be extolled as to the composition of this work, yet, at least, we may quote, as a model, the correctness of his taste, which led him tho select an agreeable prospect, embellishing it by a water-fall, the fine effect of which is heightened from being surrounded by trees with thick foliage. The herd of goats placed in the foreground gives a very pleasing animation to the scene.

The picture was painted in 1641, and engraved in 1742 by Vivarès : at which time it was in Lord James Cavendish's collection.

Width, 2 feet 9 inches; height, 1 foot 11 ½ inches.

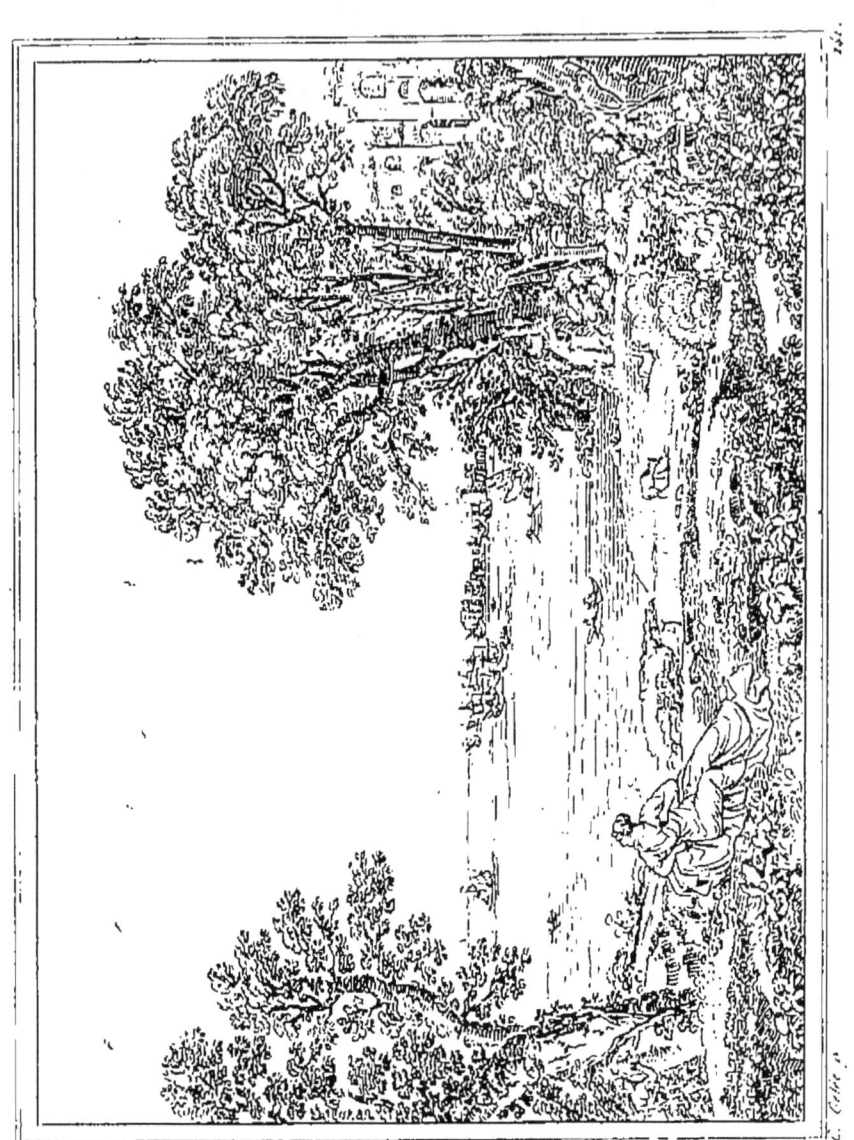

PAYSAGE.

VUE DES BORDS DE LA MER.

Il est difficile de rendre par la gravure des tableaux dont le principal mérite consiste dans la beauté et la vérité de la couleur; mais celui-ci, par l'immensité de son étendue, prête à l'imagination les idées les plus agréables. Près des bords d'une mer calme, qu'on doit croire des environs de Naples, une femme est assise et paraît émue, en entendant arriver celui qu'elle attendait impatiemment.

Ce tableau, peint eu 1658 pour François Aberici, a passé depuis dans les cabinets Furnow, Humphrey et Morrès, où il se trouvait en 1742, lorsqu'il fut gravé par Vivarès.

La gravure que nous en donnons aujourd'hui est en sens inverse du tableau.

Larg., 3 pieds 1 pouce; haut., 2 pieds 3 pouces.

LANDSCAPE.

VIEW ON THE SEA-SIDE.

It is difficult in an engraving to give the effect of pictures, whose principal merit consists in the beauty and truth of their colouring; but this one, from the vast extent it embraces, imparts to the imagination the most agreeable ideas. Near the borders of a calm sea, apparently in the vicinity of Naples, is seated a female who seems to startle at hearing some one approaching, whom she was impatiently expecting.

This picture was painted in 1658 for Francis Aberici; it has since been in the collections of Furnow, Humphrey and Morrès; in the last of which it was, when engraved by Vivarès, in 1742.

The etching we now present is reversed from the original, picture.

Width, 3 feet 8 ⅓ inches; height, 4 feet 5 ⅔ inches.

EMBARQUEMENT DE LA SUITE.

David Geie f.

EMBARQUEMENT DE SAINTE URSULE.

'On ne connaît rien' de certain sur l'histoire de sainte Ursule, que l'on dit pourtant fille d'un prince Breton du ive. siècle. 'On ajoute qu'elle quitta l'Angleterre pour aller à Cologne où elle souffrit le martyre, ainsi que ses compagnes, que l'on a porté jusqu'au nombre de onze mille. Quelques auteurs ont prétendu qu'elles étaient seulement onze vierges sous la conduite de sainte Ursule. D'autres enfin ont cru qu'elle n'avait qu'une seule compagne nommée *Undécimille*, et qu'un traducteur ignorant a rendu ce nom par *onze mille*.

Claude Lorrain, en adoptant ce dernier système, a placé dans son tableau un grand nombre de figures, mais ce n'est pas là ce qui en fait le principal mérite. Cependant on doit dire qu'elles sont bien groupées et variees dans leurs poses.

Le peintre a représenté un port orné de riches monumens dans une juste perspective. La science déployée par Claude dans cette partie est véritablement surprenante. Le degré de distance de chaque objet est exactement déterminé par le ton de la couleur aussi bien que par la correction des lignes; aussi on peut dire avec certitude qu'aucun autre peintre de paysage n'a jamais atteint cette perfection d'imitation.

L'artiste n'a pas cru devoir retracer la place même du soleil; mais sa situation exacte est bien sentie, par l'éclat de la lumière dans la partie du ciel qui forme l'horizon, ainsi que par les reflets qui se projettent sur la mer.

Ce tableau signé porte la date de 1641. Placé autrefois dans le palais Barberini, à Rome, il passa depuis dans la possession de Guillaume Lock, de Van Heythusen et de Angerstein. Il fait maintenant partie de la *British National Gallery*.

Larg., 4 pieds 7 pouces; haut., 3 pieds 5 pouces.

'THE EMBARKATION OF' Sᵗ. URSULA.

Nothing certain* is known respecting the history of Sᵗ. Ursula, who is however said to have been the daughter of a British prince : it is added that she left England to go to Cologne, where she suffered martyrdom with her female attendants, amounting to the number of eleven thousand. Some authors have imagined that they were only eleven Virgins under the guidance of Sᵗ. Ursula : others have thought that she had but one companion, named *Undecimille*, which some ignorant translator rendered by *Eleven thousand*.

Claude Lorrain, by adopting the latter version, has placed a great number of figures in his picture, but that is not what constitutes its principal merit : it must however be said that they are well grouped and varied in their attitudes.

The painter has represented a sea port adorned with rich buildings in a correct perspective. 'The knowledge displayed by Claude in this part is truly astonishing. The distance of each object being exactly determined by the tone of the colour as also by the correctness of the lines; it may be asserted that no other landscape painter ever reached that perfection in imitating.

The artist has not even deemed necessary to mark the sun's place; but the exact position is felt by the brightness of the light in that part of the sky forming the horizon, as also by the reflex cast upon the sea.

This picture which is signed bears the date of 1641 : it was formerly in the Palazzo Barbarini at Rome, and was afterwards in the possession of William Lock, of Van Huisen, and J. J. Angerstein. It now forms part of the British National Gallery.

Width 4 feet 10 ½ inches; height 3 feet 7 ½ inches.

749.

NOTICE

SUR

MOÏSE VALENTIN.

Moise Valentin naquit à Coulommiers en 1600. Étant allé fort jeune à Rome, il y reçut peut-être bien quelques conseils de Simon Vouet, et fit aussi connaissance avec Nicolas Poussin; mais il étudia surtout Michel-Ange Amerigi, dont il chercha à imiter la vigueur du ton et le chaux coloris. Comme ce maître il consultait la nature, mais pas plus que lui, il ne pensa à la choisir. Son dessin ne fut jamais élégant, quelquefois même il est incorrect.

La plupart des compositions de Valentin sont en demi-figures, et représentent des scènes de joueurs, de soldats et de Bohémiens. Ce peintre fut protégé par le cardinal Barberini, qui lui fit obtenir un tableau pour l'église de Saint-Pierre de Rome, le martyre de saint Processe, et de saint Martinien: ce tableau est son chef-d'œuvre.

Valentin, ayant chaud, crut pouvoir sans inconvénient se laver les pieds dans la fontaine *del Babocino* à Rome, mais peu de jours après il mourut d'une pleurésie, au mois d'août 1634, à l'âge de 34 ans. Il fut enterré avec solennité dans l'église de la *Madonna del Popolo*.

NOTICE

O F

MOÏSE‧VALENTIN.

Moïse Valentin was born at Coulommiers, in 1600. Having in his youth gone to Rome, he perhaps had there the counsel of Simon Vouet, and got also acquainted with Nicolas Poussin; but above all, he studied Michel-Ange Amerigi, whose vigorous tint and lively coloring he endeavoured to imitate; as this artist he consulted nature, but did not more than he think of choosing it; his drawing was never elegant, and even sometimes not correct.

Most of the compositions of Valentin are half-figures, and represent scenes of players, soldiers and gipsies. This painter was protected by Cardinal Barberini, who caused him to obtain a picture for St.-Pierre's church at Rome, the *Martyr-Dom of St.-Processe;* and *St.-Martinien :* this picture is his master-piece.

Valentin, being one day very warm, thought there was no danger in washing his feet in the fountain *del Babocino* at Rome, but he died of a pleurisy a few days after, in the month of August 1634, 34 years old. He was buried with solemnity in the church of the *Madonna del Popola.*

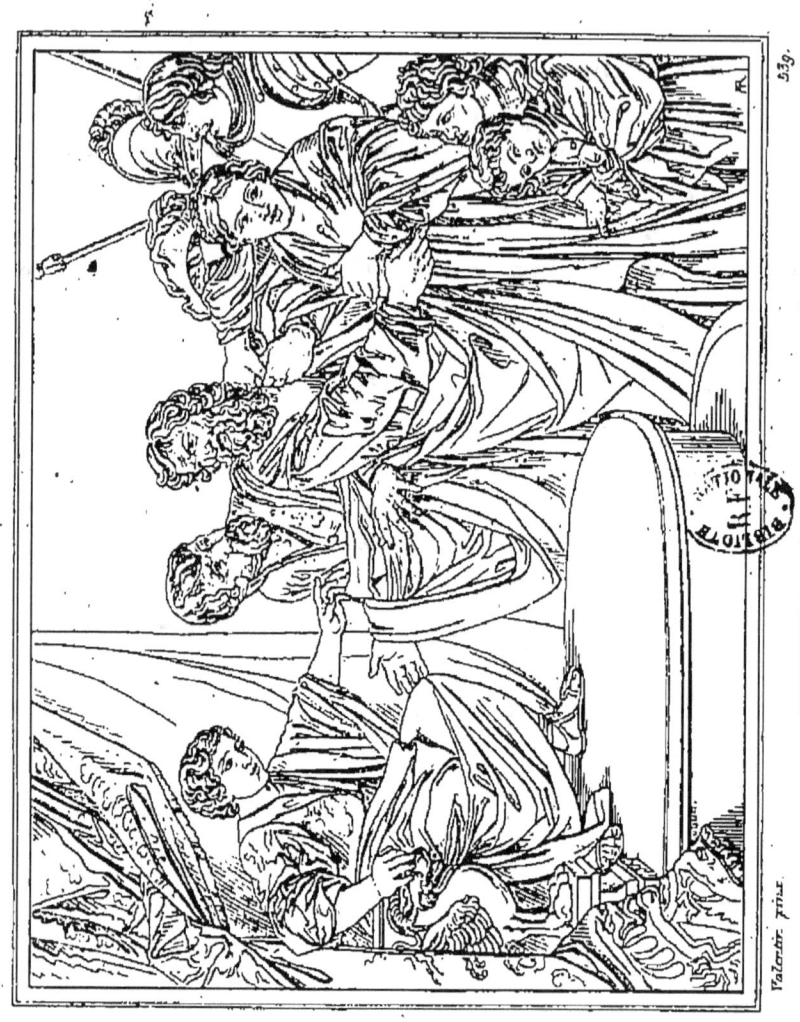

SUSANNE RECONNUE INNOCENTE.

Valentin pinx.

LA CHASTE SUZANNE.

Il eût été mieux de donner à ce tableau le nom de Jugement de Daniel, puisque l'instant choisi par Valentin est celui où le jeune prophète assis démontre que les vieillards sont d'indignes calomniateurs. Cette composition est pleine de feu ; la couleur est des plus vigoureuses, l'expression y est variée ; la figure de Suzanne n'est pas belle, il est vrai, mais elle peint bien la candeur de l'innocence, tandis que les vieillards laissent voir dans leurs yeux, la passion brutale qui les anime ; celui qui est le plus près de Daniel semble interdit de ce que la déposition de son complice, en ne s'accordant pas avec la sienne, démontre la fausseté de leur accusation.

C'est principalement sous le rapport de la couleur que les tableaux de Valentin sont remarquables ; quoique Français, il est regardé par les Italiens comme un des plus grands coloristes. Toutes les têtes sont pleines d'expression ; les mains, qui presque toutes se présentent en raccourci, n'en sont pas moins bien dessinées.

Ce tableau fait partie du Musée français ; il a été gravé par Bouillard.

Larg., 6 pieds 4 pouces ; larg., 6 pieds 4 pouces.

THE CHASTE SUSANNAH.

It would have been more appropriate to have called this picture the Judgment of Daniel, for the moment chosen by Valentin is that when the youthful Prophet, who is seated, proves that the Elders are vile calumniators. This composition is full of fire; the colouring is highly vigorous, and the expression varied : the figure of Susannah is not beautiful, but it finely depicts candour and innocence, whilst the old men display, by their looks, the brutal passion that animates them. The one nearest to Daniel seems overwhelmed by the deposition of his accomplice not agreeing with his own, and thus proving the falsehood of their accusation.

Valentin's pictures are remarkable chiefly with respect to their colouring : although a Frenchman, he is considered by the Italians as one of the greatest colourists. All the heads are highly expressive; the hands, which are almost all seen foreshortened, still are well designed.

This picture forms part of the French Museum : it has been engraved by Bouillard.

Width, 6 feet 8 inches; height, 6 feet 8 inches.

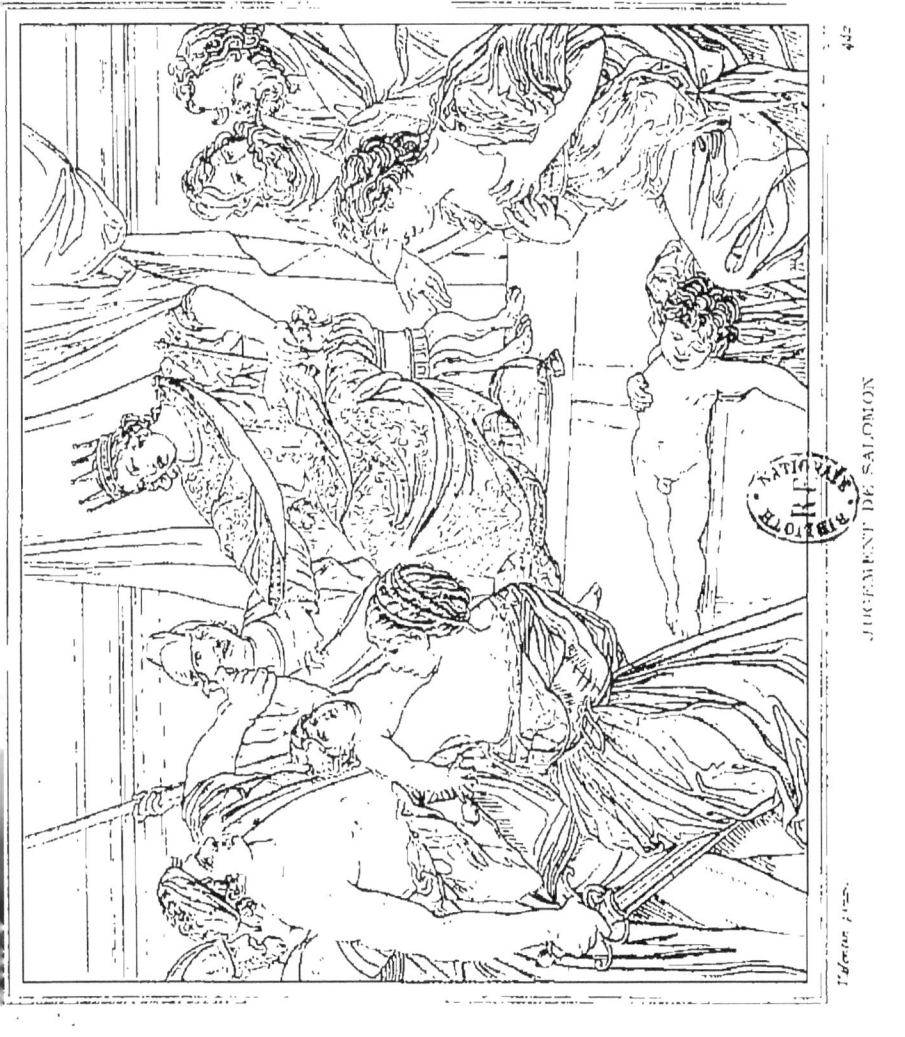

JUGEMENT DE SALOMON

LE JUGEMENT DE SALOMON.

Au moment où Valentin vint à Rome, l'école s'y trouvait divisée en deux sectes; l'une avait pour chef Joseph Césari d'Arpinas. Les peintres qui adoptaient sa manière prétendaient surpasser la nature; on leur donnait le nom d'*idéalistes*. Les *naturalistes*, au contraire, partisans de Michel-Ange Caravage, s'astreignaient à copier le modèle vivant avec une chaleur qui tenait du prodige, et ils négligeaient trop souvent de le choisir.

Valentin suivit les principes du Caravage et fut le plus sage de ses imitateurs; sa manière de peindre est savante; sa couleur est des plus vraies : mais il se laissait dominer par le désir de produire de l'effet, et souvent ses tableaux sont un peu noirs.

C'est un sujet d'étude assez curieux que de voir divers artistes, entraînés chacun par son génie, le manifester dans la manière de rendre un même sujet. Ainsi, dans son jugement de Salomon, Poussin a principalement considéré la profonde sagesse du roi; c'est ce qu'il a voulu faire apercevoir, et il a rendu la tête d'une manière sublime. Valentin, philosophe moins profond, mais fidèle observateur de la nature, cherche à faire remarquer une mère à qui l'on a ravi son fils et qui le voit près de périr. Sur le visage de cette femme sont exprimés l'amour, la terreur et l'innocence; elle regarde, non le roi, mais son enfant qu'elle demande. La fausse mère est vue par le dos, cependant on aperçoit encore assez de ses traits pour y démêler la dureté de son caractère. Le corps de l'enfant mort est d'une vérité et d'un mérite au dessus de tout éloge.

Ce tableau est au musée du Louvre; il a été gravé par Bouillard.

Larg : 6 pieds 4 pouces; haut. ; 5 pieds 3 pouces.

SOLOMON'S JUDGMENT.

When Valentin arrived in Rome, the school was divided betwen two sects, one of which had for its leader Giuseppe Cesari d'Arpinas. Those painters who adopted his manner pretended to surpass nature, and they were called *Idealists*, Whilst, on the contrary, the *Naturalists*, the followers of Michael Angelo Caravaggio, limited themselves to copying the livin g model, with a warmth that was wonderful; but, too often they were neglectful in their choice of it.

Valentin followed Caravaggio's principles and was the most moderate of his imitators : his manner of painting is scientific, his colouring is most correct, but he let himself be guided by the wish of producing effect, and his pictures are often rather black.

It is a curious matter of study to see various artists, each drawn by his own genius, and displaying it in the manner of re-presenting a similar subject. Thus, Poussin, in his Judgment of Solomon, has principally considered the deep wisdom of the king, which is what he has wished to impart, and he has delineated the head in a sublime manner. Valentin, a less profound philosopher, but a faithful observer of nature, en-deavours to draw the attention to a mother, deprived of her son and seeing him on the point of perishing. In this woman's countenance are depicted, love, fear, and innocence : she looks, not at the king, but at her child, for whom she is sup-plicating. The back of the pretended mother is presented, yet enough of her features are discernible to display the cruelty of her disposition. The body of the dead child is of a fidelity and merit beyond all praise.

This picture is in the Louvre Museum; it has been engraved by Bouillard.

Width, 6 feet 9 inches; height, 5 feet 7 inches.

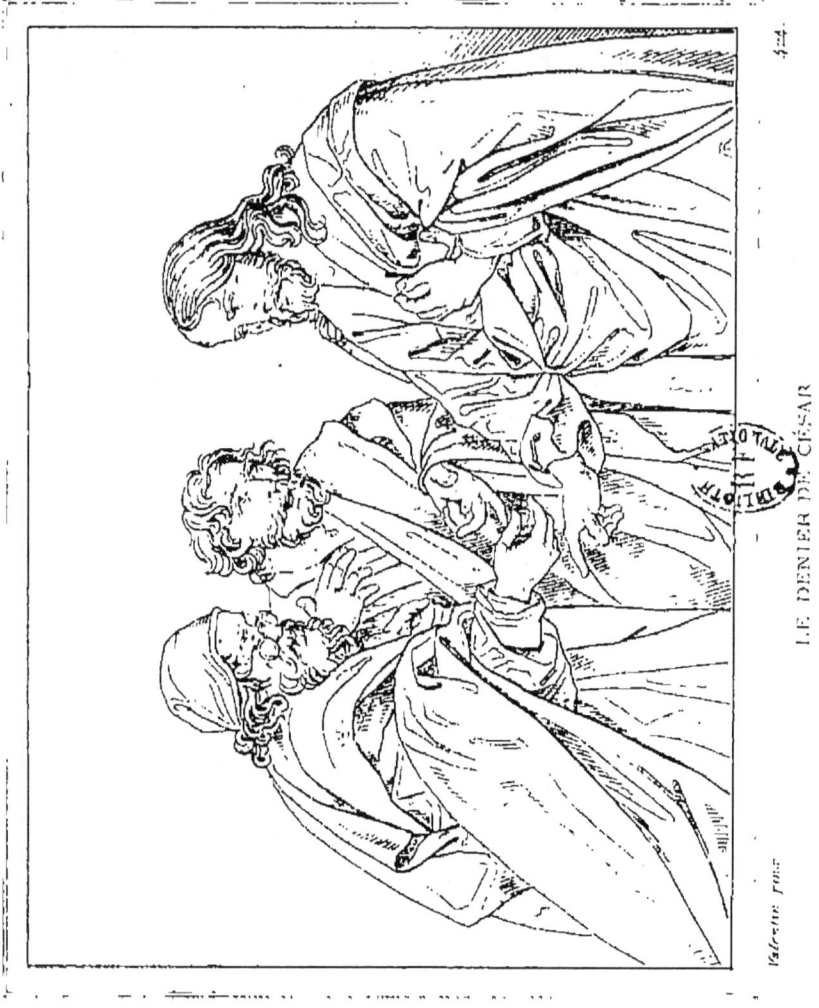

Valentin pinx.

LE DENIER DE CÉSAR

LE DENIER DE CÉSAR.

La secte des pharisiens était très nombreuse chez les Juifs;
ceux qui la composaient se faisaient remarquer par la régula-
rité de leurs mœurs, l'étendue de leurs lumières; ils jeûnaient
beaucoup, faisaient de longues prières et de grandes aumônes;
mais on les accusait d'orgueil et surtout d'hypocrisie. Ils
n'aimaient donc pas Jésus-Christ, parce qu'il prêchait une morale humble et douce, et que sa sagesse était plutôt en actions
qu'en paroles. Cherchant toutes les occasions de lui nuire,
quelques uns d'eux lui demandèrent un jour si l'on devait
payer le tribut à César. « Mais Jésus connaissant leur malice,
leur dit : Hypocrites, pourquoi me tentez-vous? Montrez-moi
la pièce d'argent qu'on donne pour le tribut; ils lui présen-
tèrent un denier. Jésus leur dit : De qui est cette image? de
César, répondirent-ils. Rendez-donc à César ce qui est à César,
et à Dieu ce qui est à Dieu. »

Valentin a bien rendu ce sujet. La figure du Christ est belle;
cependant on pourrait désirer plus de noblesse dans son regard. Celles des pharisiens sont naturelles et expressives; mais
l'anachronisme des lunettes est une erreur inconcevable qu'on
ne pardonnerait pas aujourd'hui. Les draperies sont bien jetées
et étudiées à la manière du Poussin. La couleur est bonne et le
maniement du pinceau large et hardi.

Ce tableau est dans la galerie du Louvre; il a été gravé par
Claessens.

Larg., 4 pieds 9 pouces; haut., 4 pieds 4 pouces.

CESAR'S TRIBUTE MONEY.

The sect of the Pharisees was very numerous among the Jews. Those who composed it caused themselves to be remarked by the regularity of their manners, and the extent of their knowledge; they fasted much, offered up long prayers, and gave great alms : but they were accused of pride, and particularly of hypocrisy. They therefore did not like Jesus Christ, for he preached an humble and mild morality, and his wisdom was rather in actions than is words, Seeking every occasion to injure him, some among them asked him, one day, if it was lawful to give tribute unto Cesar, or not ? « But Jesus perceived their wickedness, and said, Why tempt ye me, ye hypocrites? Show me the tribute money. And they brought unto him a penny. And he said unto them, Whose is this image and superscription ? They say unto him, Cesar's. Then saith he unto them, Render therefore unto Cesar the things which are Cesar's; and unto God the things that are God's. »

Valentin has rendered this subject well. The figure of Christ is handsome; yet more grandeur in his look might be desired. Those of the Pharisees are natural and expressive; but the anachronism of the spectacles is an inconceivable error, that would not be pardoned at the present day. The draperies are well cast, and studied after Poussin's manner. The colouring is good, and the penciling broad and bold.

This picture is in the Louvre Gallery : it has been engraved by Claessens.

Width, 5 feet; height, 4 feet 7 inches.

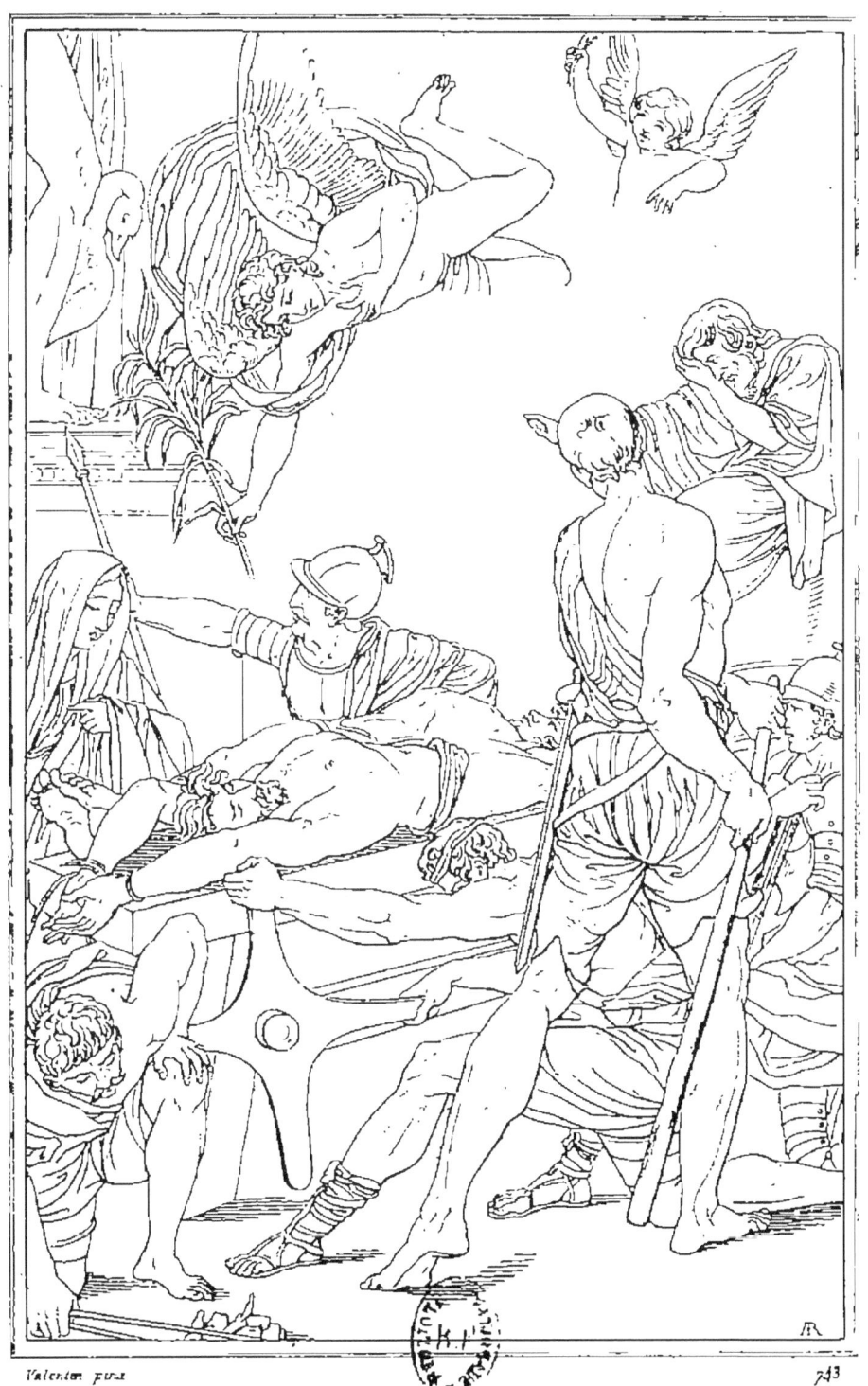

MARTYRS DES SAINTS PROCESSE ET MARTINIEN.

MARTYRS DES SAINTS,

PROCESSE ET MARTINIEN.

On assure que Processe et Martinien étaient deux soldats romains; que, se trouvant chargés de garder les apôtres, saint Pierre et saint Paul, arrêtés par ordre de Néron, ils furent convertis à la foi catholique par ces deux apôtres, et qu'ils reçurent les honneurs du martyre le lendemain de la mort des apôtres.

Ce tableau, peint à Rome par Moïse Valentin, peintre français, fort aimé du pape Urbain VIII, fut d'abord placé à l'un des autels de Saint-Pierre. En 1737, une copie en mosaïque ayant été faite par Christofati, le tableau original fut transporté au palais de *Monte-Cavallo;* apporté au Musée de Paris en 1795, il a été rendu en 1815.

Regardé comme un des chefs-d'œuvre du peintre Valentin, ce tableau est une imitation vraie d'une nature vigoureuse, mais on pourrait désirer plus de correction dans le dessin et plus de noblesse dans les expressions. Sous le rapport du coloris, cet ouvrage mérite les plus grands éloges ; sa touche est large, solide et moelleuse ; on voit que l'auteur a toujours consulté la nature, l'a bien sentie et bien rendue. L'effet n'est pas très-brillant, mais il est très-harmonieux.

MARTYRDOM

OF S^t. PROCESSUS AND S^t. MARTINIAN.

It is asserted that Processus and Martinian were two Roman soldiers; having to guard the apostles S^t. Peter and S^t. Paul, arrested by the order of Nero, they were converted to the Christian faith by those two apostles and received the honours of martyrdom the day after the apostles were put to death.

This picture was painted at Rome by Moses Valentin, a French painter much favoured by Pope Urbane VIII; it was at first placed over one of the altars at S^t. Peter's. In 1737, a copy in mosaic having been executed by Christofati, the original picture was transferred to the Palazzo Monte Cavallo: it was brought to the Museum of Paris, in 1795, and was returned in 1815.

This picture is considered as one of Valentin's masterpieces; it is a faithful and forcible imitation of nature, but more correctness in the designing, and more grandeur in the expressions, would have been desirable. With respect to the colouring, this work deserves the highest praise, the handling is broad, firm, and mellow; it is evident that the author constantly consulted nature, that he felt and expressed it well. The effect is not very brilliant, but it is very harmonious.

743.

NOTICE

SUR

LAURENT DE LA HIRE.

Laurent de La Hire naquit à Paris en 1606; fils d'un peintre qui avait été travailler en Pologne, il eut quelque peine à faire consentir son père à lui laisser suivre la carrière des beaux-arts. Il s'y fit pourtant remarquer, et son talent parut alors d'autant plus extraordinaire, que, des artistes ses contemporains, il fut le seul qui n'imita pas la manière de Vouet.

Ses compositions sont sages ; son coloris a de la fraîcheur, mais son pinceau est quelquefois trop léché, et son dessin n'est pas assez correct. Habile dans l'architecture et dans la perspective linéaire, il se distingua aussi par l'étude de la perspective aérienne, qu'il outra souvent. Ses lointains et même les figures de ses seconds plans sont dans un état de vague qui les fait paraître enveloppés d'un brouillard plus ou moins épais.

La Hire fut très-estimé dans le temps où il vivait ; le cardinal de Richelieu et le chancelier Séguier lui accordèrent leur appui. Il fit assez souvent des portraits, des paysages, et un grand nombre de petits tableaux représentant des sujets de l'Histoire sainte. Il a gravé à l'eau-forte quelques pièces d'après ses propres compositions. La Hire ne quitta jamais Paris, et se maria en 1639.

Lors de l'établissement de l'Académie de peinture, en 1648, il fut l'un des douze anciens chargés de professer, et mourut en 1656, le 28 décembre, âgé de 51 ans.

Philippe de La Hire, son fils, quitta la peinture d'assez bonne heure pour se livrer à l'étude de l'astronomie ; c'est de lui la représentation de la lune que l'on voit à la bibliothèque de Sainte-Geneviève à Paris, et qui a été gravée par Cl. Mellan.

NOTICE

OF

LAURENT DE LA HIRE.

Laurent de La Hire was born at Paris, in 1606; he was the son of a painter, who had exercised his profession in Poland. He had some trouble to induce his father, to allow him to become a votary of the Arts. He nevertheless distinguished himself in them, and his talent, at that time, appeared the more extraordinary, that, amongst the contemporary artists, he was the only one who did not imitate Vouet's manner.

His compositions are judicious, his colouring is fresh, but his pencilling is sometimes too laboured, and his drawing is not sufficiently correct. Skilful in Architecture and in Linear Perspective, he also distinguished himself in the study of Aerial Perspective but which he often used injudiciously. His distances, and even his middle-ground figures, are indistinct, appearing as if in a mist more or less dense.

La Hire, in his time was held in great esteem : Cardinal Richelieu and the Chancellor Seguier both patronized him. He often did portraits, landscapes, and a great number of small pictures representing subjects from sacred history. He has etched a few of his own compositions. La Hire never left Paris : he was married in 1639.

When the Academy of Painting was established in 1648, he was one of the twelve Elders chosen to lecture : he died December 28, 1656, at the age of 51.

Philippe de la Hire, his son, left the profession of painting, early enough in life, to give himself up to the study of astronomy : the representation of the moon, seen in the Library of St. Geneviève, at Paris, is by him : it has been engraved by Cl. Mellan.

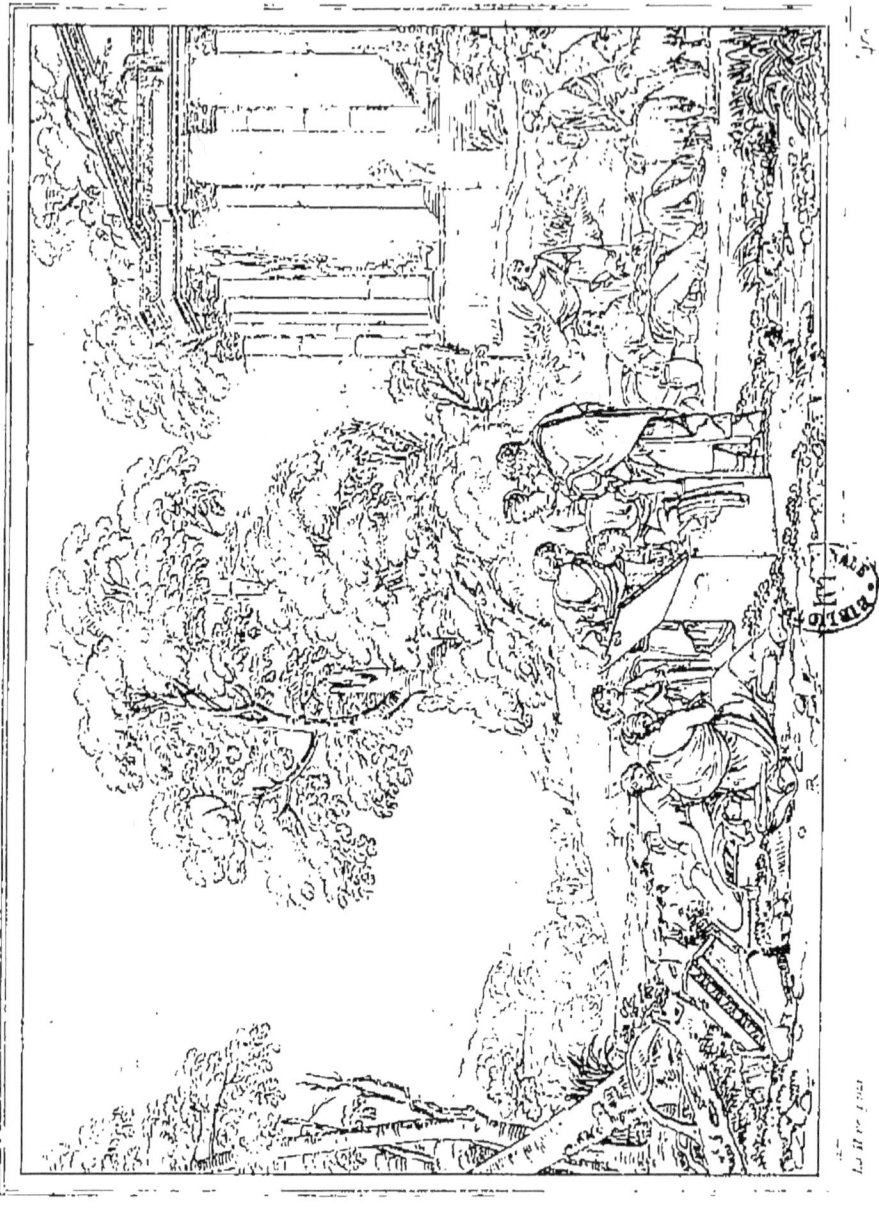

LABAN

CHERCHANT SES IDOLES.

Il est rare de trouver un tableau dont la composition soit plus agréable. On dirait que La Hire a copié d'après nature quelques paysages de l'antique Arcadie. Les arbres ont une forme grandiose. Le temple présente une fabrique qui se détache nettement des hautes futaies dont il est entouré. Les bords de la rivière que l'on voit serpenter dans le vallon sont parsemés de bocages, et l'œil y voit avec plaisir la vallée se prolongeant jusqu'aux montagnes de l'horizon. Les groupes de figures, qui enrichissent le premier plan, sont dessinés et placés avec un goût infini. Les têtes sont d'un beau caractère, et les draperies sont jetées avec négligence; la couleur est des plus harmonieuses, et la touche est pleine de finesse et de franchise.

On ne peut toutefois s'empêcher de reprocher au peintre d'avoir représenté la famille de Job avec des costumes grecs; d'avoir oublié les chameaux d'usage dans les voyages en Palestine; d'avoir introduit dans cette contrée un temple d'architecture corinthienne; enfin, d'avoir substitué une campagne si riante aux montagnes arides de Galaad où Jacob était campé lorsque Laban le retrouva.

Le tableau est dans la galerie du Louvre. Il a été gravé par Mathieu.

Larg., 4 pieds 6 pouces; haut., 2 pieds 10 pouces.

LABAN,

SEEKING HIS IMAGES.

It is scarce to find a picture of a more pleasing composition. It might be said that La Hire had copied from nature some landscapes of ancient Arcadia. The trees have a majestic form. The temple presents a building that detaches itself freely from the high woods by which it is surrounded. The banks of the river, seen meandering in the vale are strewed with groves; and the eye follows with pleasure the valley reaching even among the hills of the horizon. The groups of figures, enriching the fore-ground, are designed and arranged with extreme taste. The heads are of a fine character and the draperies are thrown negligently : the colouring is exceedingly harmonious, and the penciling is highly delicate and free.

The artist must however be reproached with having represented Jacob's family in Grecian costumes; with having forgotten the camels made use of in journies through Palestine with having introduced in this region a Temple of Corinthian Architecture; in short, with having substituted so smiling a country to the barren mount of Gilead where Jacob was encamped when Laban found him.

This picture is in the Gallery of the Louvre. It has been engraved by Mathieu.

Width, 4 feet 9 inches; height, 3 feet.

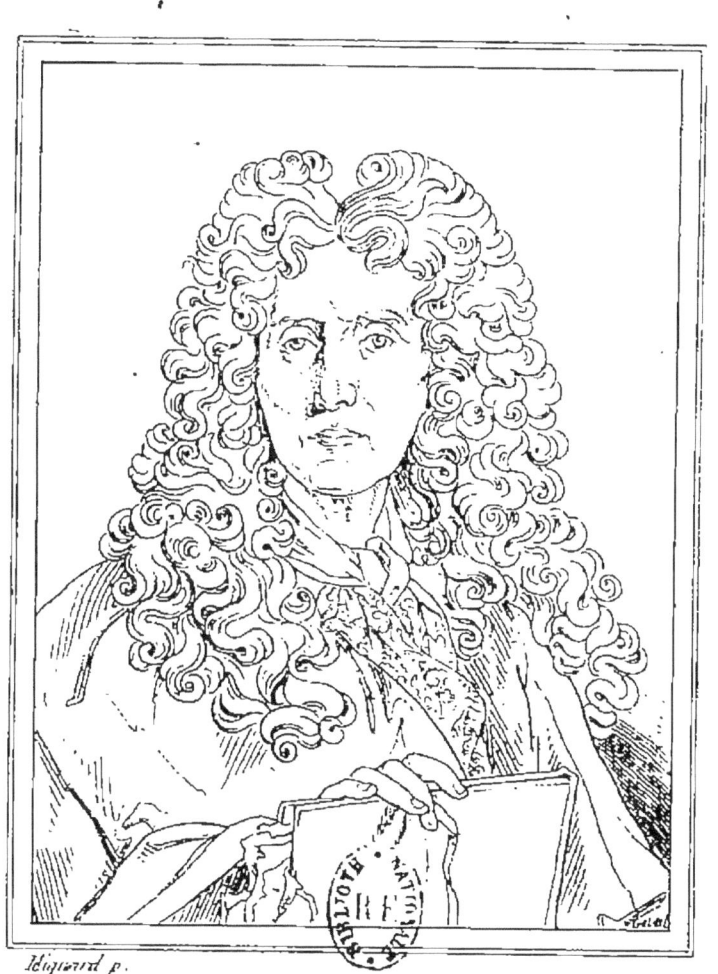

Mignard p.

PIERRE MIGNARD.

NOTICE
HISTORIQUE ET CRITIQUE

PIERRE MIGNARD.

Ce nom, si célèbre aujourd'hui, et le seul sous lequel soit connu l'un des plus habiles peintres du siécle de Louis XIV, n'est qu'un sobriquet donné par Henri IV, lorsque Pierre More lui fut présenté avec six de ses frères, tous officiers. Le prince, frappé de l'agrément de leur figure, dit à leur père : *Ce ne sont pas là des Mores, mais bien des Mignards;* et depuis ce temps le nom leur en resta.

Pierre More eut deux fils, dont l'aîné, Nicolas Mignard, fut connu sous le nom de Mignard d'Avignon, sa résidence habituelle, tandis que l'autre, nommé Pierre, porta le nom de Mignard le Romain.

Pierre Mignard naquit à Troyes en 1610. Fort enfant, il fut placé chez un médecin; mais au lieu de se livrer aux études nécessaires pour l'exercice de cet art, lorsqu'il accompagnait son maitre chez les malades, il dessinait leur attitude et leur expression; on assure même qu'à l'âge de douze ans il fit, dans un seul tableau, les portraits du médecin, de sa famille et de ses domestiques, ce qui frappa tout le monde d'étonnement, et engagea son père à le laisser suivre son penchant. Il entra d'abord chez un peintre de Bourges, nommé Boucher, et vint ensuite à Fontainebleau ou se trouvait son frère. Là il étudia les peintures de Primatice, de Rosso, de Freminet, et surtout

IX.

les belles statues antiques qui décoraient alors ce palais, il passa ensuite dans l'atelier de Vouet, le seul peintre d'alors qui eût une école de quelque célébrité, et dont il devint bientôt l'un des élèves les plus distingués.

Le maréchal de Créquy, revenant de son ambassade de Rome, fit voir à Mignard quelques tableaux qu'il avait rapportés d'Italie; le jeune peintre, échauffé par la vue de ces beautés, sentit qu'il y avait un meilleur goût à suivre que celui de Vouet, et il projeta sur-le-champ le voyage d'Italie. C'est en 1636 qu'il arriva à Rome, où il retrouva Alphonse Dufresnoy, qui avait été son camarade d'atelier, et la liaison qu'ils formèrent alors dura toute leur vie.

Pierre Mignard peignit également l'histoire et le portrait. Sa réputation eut quelque éclat à Rome même, et le pape Urbain VIII ayant voulu voir le jeune peintre français, lui ordonna de faire son portrait. Une telle faveur lui attira, comme on le pense bien, de nombreux travaux; ses Vierges surtout furent admirées, et reçurent le nom de *Mignardes;* ce qu'il ne faut pas prendre en mauvaise part, mais bien comme une preuve de l'admiration qu'on avait pour ses tableaux.

Dufresnoy étant à Venise, voulut y attirer Mignard, qui par la vue des grands coloristes de ce pays améliora beaucoup sa manière de peindre, et la rendit plus vigoureuse. Pendant son séjour à Rome, Mignard fut appelé, en concurrence avec Pierre Beretini, de Cortone, pour peindre le tableau d'autel de saint Charles de Catenari : il fit pour cela saint Charles donnant la communion aux pestiférés. On assure que voulant à cette occasion dessiner un cadavre d'après nature, il fut introduit la nuit dans une église où un père capucin se trouvait exposé à visage découvert, suivant l'usage d'Italie; mais le peintre étant resté seul, un accident fit éteindre la lampe, et la peur s'étant emparée de lui, il cherchait à retrouver la porte, lorsque son introducteur reparut avec de la lumière,

calma sa frayeur, et resta près de lui tandis qu'il achevait son
ouvrage.

Après avoir passé vingt-deux ans en Italie, ou il avait épousé
la fille d'un architecte romain, Pierre Mignard fut rappelé en
France; mais ce ne fut pas sans peine qu'il quitta Poussin et
l'Albane. Passant par Avignon, il resta quelque temps chez
son frère, ou il travailla au tableau de la Visitation que nous
avons donné sous le n°. 16. Il s'arrêta aussi à Lyon, ou il fit
le portrait de l'archevêque, M. de Villeroy; puis il arriva à
Fontainebleau ou le cardinal Mazarin le présenta au roi et à
la reine. Mignard avait cinquante ans, et c'est alors qu'il fit
les portraits de toute la cour, ainsi que celui du roi, qu'il peignit plusieurs fois à différentes époques. A la dernière, comme
il paraissait regarder son modele avec une grande attention,
le prince lui dit : *Vous me trouvez vieilli, Mignard. — Il est
vrai, Sire, je vois quelques victoires de plus sur le front de votre
majesté.* De semblables reparties étaient du goût de Louis XIV,
qui témoigna toujours un vif intérêt à Mignard. Il lui ordonna
de peindre plusieurs plafonds aux Tuileries, ainsi que dans les
petits appartemens à Versailles. La reine-mere le chargea de
décorer la coupole du Val-de-Grâce. Il y peignit à fresque une
grande composition de plus de deux cents figures, ou la fon-
datrice de cette abbaye royale est introduite dans le paradis
par sainte Anne sa patronne et par saint Louis.

Monsieur, frère du roi, employa aussi les talens de Mignard
et lui fit peindre ses appartemens de Saint-Cloud. Tant de travaux auraient dû amener le peintre dans les rangs de l'aca-
demie royale, mais Le Brun y régnait despotiquement, et
Mignard, ne voulant pas se trouver au second rang, préféra
rester à l'académie de Saint-Luc, qui à cette époque était la
confrerie dans laquelle il fallait être inscrit pour exercer, à
Paris, comme maîtres peintres, doreurs, vernisseurs.

En 1687, Mignard fut anobli; et Le Brun étant mort en
1690 le roi, sur la demande du duc d'Orléans, nomma Mi-

gnard son premier peintre : alors, et en raison de cette charge,
il fut admis le même jour académicien, professeur, recteur,
directeur et chancelier de l'académie royale de peinture.

On connaît de ce peintre plus de soixante tableaux ou
grandes compositions : elles ne sont pas aussi riches que celles
de Le Brun, mais sa couleur est plus brillante et plus vraie;
souvent l'expression de ses figures est froide, et manque de
noblesse, mais ses portraits sont harmonieux. On y remarque
une vérité et une grâce admirables. Sans doute le nombre en
est considérable, mais on l'augmente encore en confondant
avec les siens ceux qui sont de la main de son frère. Les dessins de Pierre Mignard, moins finis que ses peintures, sont
ordinairement à la pierre noire, presque sans ombres. Il s'en
trouve aussi aux trois crayons sur papier gris.

Mignard vécut dans l'intimité avec les plus grands hommes
de son siècle, tels que Racine, Boileau, Scarron, Chapelle
et Molière. Il fit le portrait de plusieurs d'entre eux, et Molière, pour lui en témoigner sa gratitude, composa le poeme
intitulé *la Gloire du Val-de-Grâce;* mais cet ouvrage ne répond
ni au génie du poète, ni au talent de l'artiste.

Ce peintre ne laissa d'autre élève que Sorlay, dont le nom
est peu connu, et il termina sa carrière en 1695, à l'âge de
quatre-vingt-cinq ans. Il fut enterré dans l'église des Jacobins
Saint-Honoré; et son tombeau, en marbre, par Desjardins et le
Moine, a été transporté depuis dans l'église de Saint-Roch.

HISTORICAL AND CRITICAL

NOTICE

OF

PIERRE MIGNARD.

This name, so celebrated at the present day, under which we know one of the most able painters who flourished during the reign of Louis XIV, was but a nick name given by Henry IV, when Pierre More was presented to him with six of his brothers, who were all officers. The prince struck with their prepossessing appearance, said to their father : *Ce ne sont pas là des Mores, mais bien des Mignards*, and since that time the name of Mignard has been borne by the family.

Pierre More had two sons, the elder, Nicolas Mignard, was called Mignard of Avignon, his usual residence, while Pierre Mignard, the younger was called Mignard the Roman.

Pierre Mignard was born at Troyes in 1610. He was placed very young, with a physician ; but instead of devoting himself to the studies necessary for obtaining a knowledge of the medical art, when he accompanied his master in visiting the sick, he drew their attitudes and expressions : it is even said that when twelve years of age he produced, in a single picture, the portraits of the physician, of his family, and of his servants, which struck every body with astonishment, and induced his father to let him follow his inclination. He was placed at first with a painter of Bourges, named Boucher, afterwards he went to Fontainebleau, where was his bro-

ther. He studied there the paintings of Primaticcis, Rosso, Freminet, and above all* the beautiful antique statues which
then adorned that palace, he subsequently went into the
atelier of Vouet, the only painter of that period, who had a
school of any importance ; and in a short time, he became
one of its most distinguished pupils.

The marshal de Crequy, on returning from his embassy to
Rome, showed Mignard, some pictures he had brought from
Italy ; the young painter, inspired by the sight of such beauties, felt there was a superior taste to be followed to Vouet's,
and he instantly projected his journey to Italy. It was in 1636
that he arrived in Rome, were he found Alphonse Dufresnoy,
who had been his fellow-student; the friendship they then
formed together lasted during their lives.

Pierre Mignard painted both history and portraits. His reputation was so high even at Rome, that pope Urban VIII desirous of seeing the young French artist, ordered him to paint
his likeness. So great a favour, as may easily be imagined, was
the cause of bringing him numerous orders : his Virgins were
particularly admired, and received the name of *Mignardes;*
this must not be taken ironically, but as a proof of the admiration his pictures excited.

Dufresnoy being at Venice, attracted Mignard thither, and
the contemplation of the magnificent colourists produced by
that country greatly improved his manner of painting, and
increased its vigour. During his stay in Rome, Mignard was
chosen in conjunction with Pietro Berrettini of Cortona, to paint
an altar-piece for the church called San Carlo dei Catenari :
he represented in it saint Charles administering the communion to those infected with the plague. It is said, that wishing
on this occasion to study a dead body after nature, he was
admitted during the night into a church, where the corpse of
a capuchin-father lay, with its face uncovered, according to
the custom of Italy ; but the painter been alone, the lamp

was accidentally extinguished and fear seizing him, he was endeavouring to get to the door when the person who had introduced him into the church appeared with a light, soothed his trepidation, and remained near him while he finished his work.

After having passed twenty-two years in Italy, where he married the daughter of a roman architect, Pierre Mignard returned to France; but it was not without regret that he quitted Poussin and Albani. Passing through Avignon, he remained some time in his brother's house, where he worked at a picture of the Visitation, which we have given in n°. 16. He stopped also at Lyons, where he painted the portrait of the archbishop, M. de Villeroy; he then arrived at Fontainebleau, where the cardinal Mazarin presented him to the king and queen. Mignard was fifty years of age at the time; and it was then he took the portraits of the whole court, and also that of the king, of whom he had painted previously several, at different periods. On the last occasion, while contemplating his model with great attention, the king said to him : *You find me older, Mignard? —It is true, sire,* he replied, *I find several additional victories on your majesty's brow.* Such reparties pleased the taste of Louis XIV, who always expressed a lively interest for Mignard. He ordered him to paint several ceilings at the Tuileries, and also in the small apartments at Versailles. The queen Dowager commissioned him to decorate the cupola of the Val-de-Grace. He painted there a large composition in fresco, consisting of more than two hundred figures, where the founderess of this royal abbey is introduced into paradise by sainte Anne, her patron, and by St. Louis.

MONSIEUR, the king's brother, also patronised the talents of Mignard, and employed him to paint his apartments of Saint-Cloud. So many productions ought to have placed Mignard in the first ranks of the royal Academy, but Le Brun reigned there despotically, and Mignard, who would not stand in the second rank, preferred remaining in the Academy of Saint-Luke, which at that time was a company where the names of those, who exercised at Paris the trades of house-painters, gilders, and varnishers were obliged to be inscribed.

In 1687, Mignard was ennobled, and Le Brun dying in 1690, the king at the request of the duke of Orleans nominated Mignard his first painter; then, and in consequence of that office, he was elected, on the same day academician, professor, rector, director, and chancellor of the royal Academy of painting.

Of this artist's productions we are acquainted with sixty pictures or large composition : they are not so rich as Le Brun's, but his colouring is more brilliant and more true. The expression of his figures may often be cold and, wanting in dignity, but his portraits are harmonious, and remarkable for their truth, and admirable grace. Unquestionably, their number is considerable, but it is much augmented by confounding with his portraits, those, by his brother. The drawings of Pierre Mignard less finished than his paintings, are generally in black chalk, with scarcely any shading. There are some also in three different coloured chalks on grey paper.

Mignard was intimate with the greatest men of his time, such as Racine, Boileau, Scarron, Chapelle and Moliere. He painted the portraits of many among them, and Molière, on his part, testified his gratitude by composing the poem entitled *la Gloire du Val-de-Grâce;* but it does credit neither to the genius of the poet, nor to the talent of the painter.

This artist left no other pupil than Sorlay, whose name is but little known, and he finished his career en 1695, at the age of eighty five. He was interred in the church of the Jacobins-Saint-Honoré ; his tomb, executed in marble by Desjardins and Lemoine, has since been removed into the church of Saint-Roch.

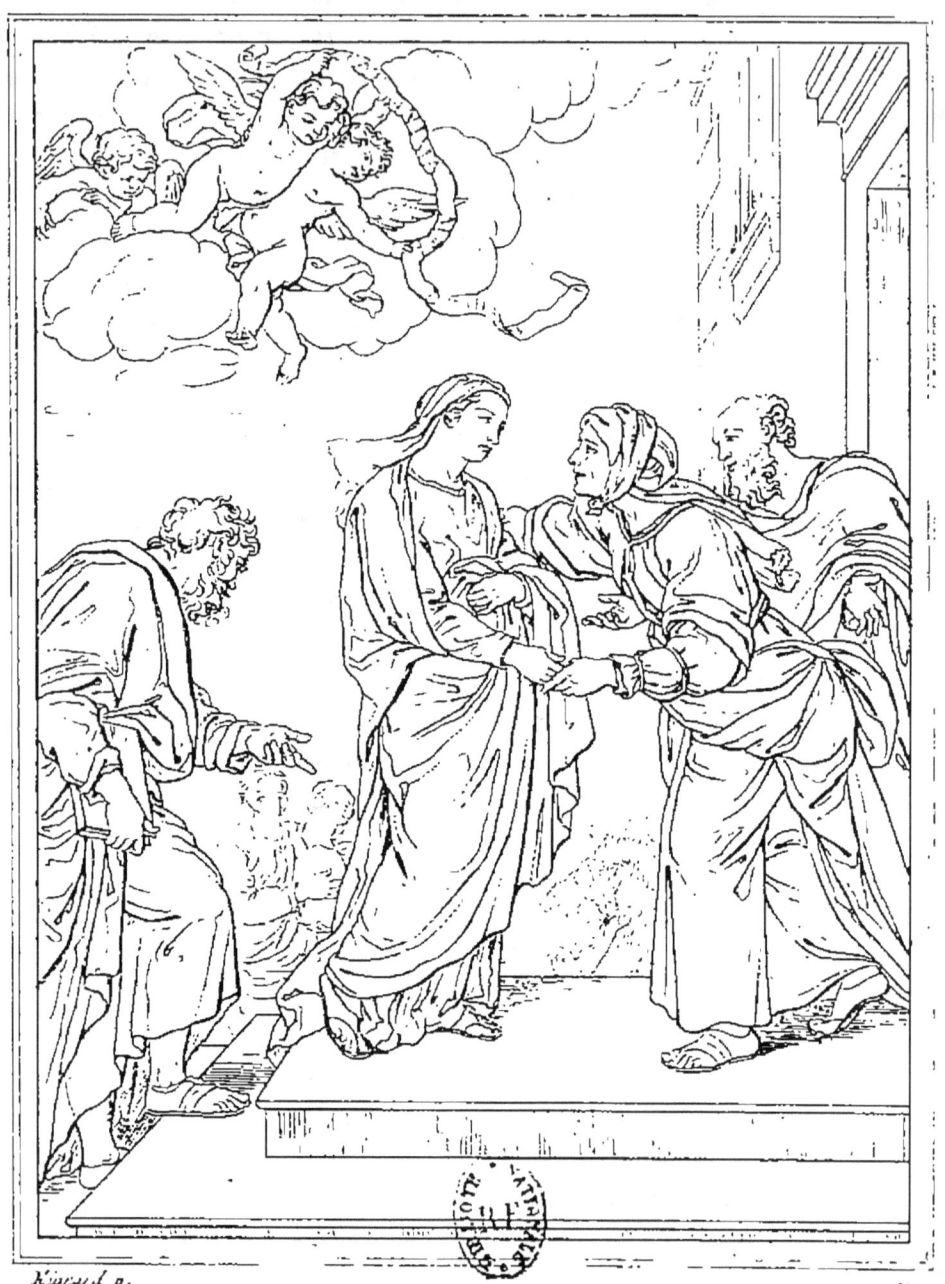

LA VISITATION.

LA VISITATION.

Cette composition est du petit nombre de celles qui peuvent nous donner une idée des talens de Mignard comme peintre d'histoire, car il s'est fait connaître bien plus, et surtout s'est fait remarquer de la manière la plus avantageuse par ses nombreux portraits, où l'on trouve toujours réunies la grace et la finesse d'expression, avec un grand charme dans le coloris.

Mignard avait commencé ce tableau à Rome; mais, surchargé de travaux, et obligé de terminer avant son départ les portraits qu'il avait commencés, il apporta son tableau avec lui. Pendant une année de séjour chez son frère, à Avignon, il y travailla, mais il ne put le terminer; ce n'est qu'à Paris qu'il y mit enfin la dernière main, et il fut placé alors au maître-autel des filles de la Visitation, à Orléans. On assure que la tête de la Vierge est le portrait de sa fille, Mme la comtesse de Feuquières, et sainte Élisabeth celui de sa femme.

Ce tableau a été gravé par Jean-Louis Roullet.

Haut., 10 pieds; larg., 6 pieds.

THE VISITATION.

This is one among the few of Mignard's compositions that enable us to form an idea of his talents as an historical painter, as he was more conspicuous, and particularly distinguished, by his numerous portraits, which always display a graceful and fine expression, together with a great charm in the colouring.

Mignard had begun this picture in Rome; but overcharged with works, and obliged to terminate, before his departure, the portraits he had undertaken, he brought it along with him. During a year's residence at his brother's, at Avignon, he resumed without completing it. He at length terminated it in Paris, and it was placed on the great altar of the filles de la Visitation at Orleans. The head of the Virgin is said to be the portrait of his daughter, the countess de Feuquieres, and saint Elisabeth that of his wife.

This picture has been engraved by Jean Louis Roullet.

Height, 10 feet 8 inches; breadth, 6 feet 4 inches.

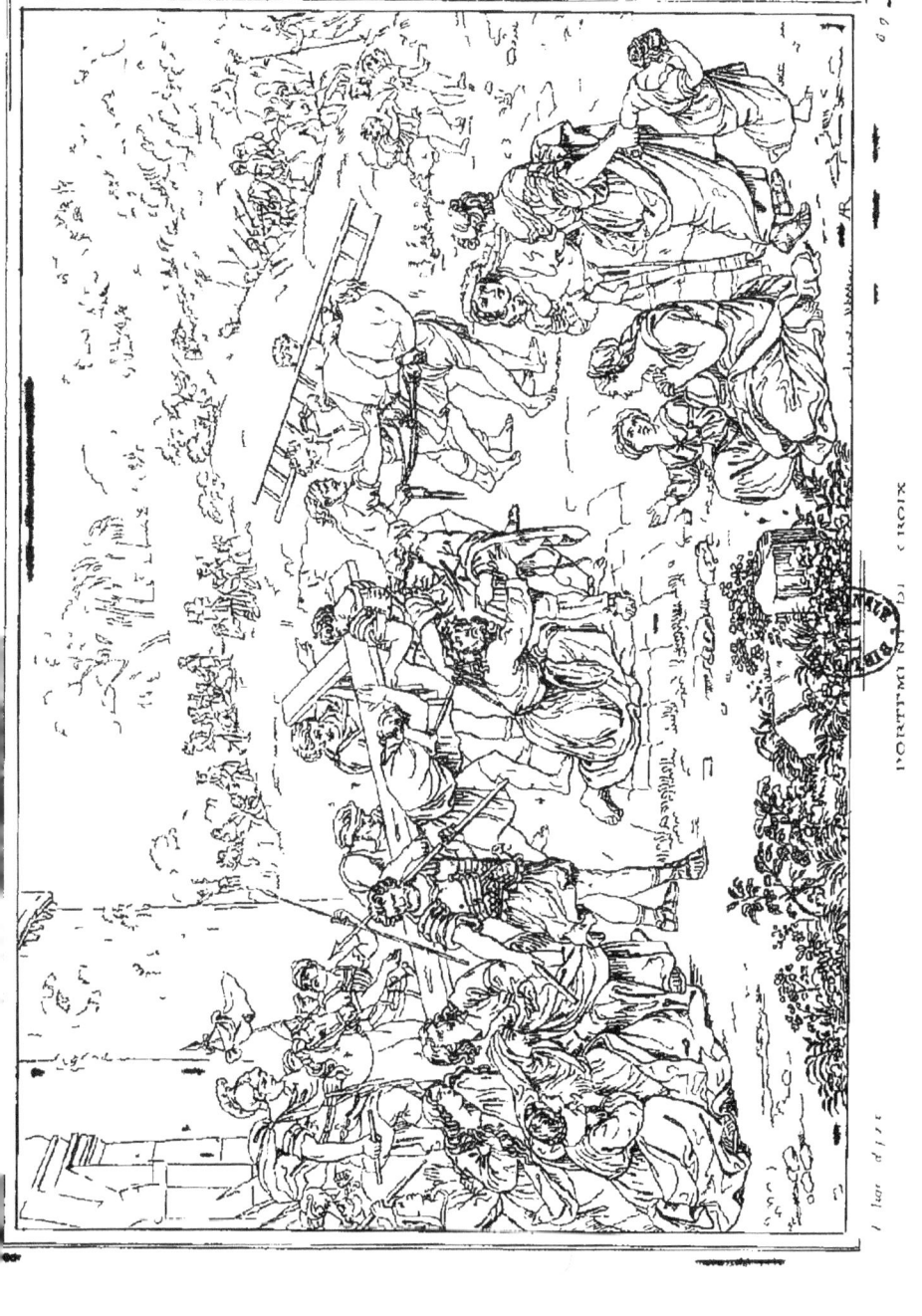

PORTEMENT DE CROIX

PORTEMENT DE CROIX.

Quoique tout le monde connaisse l'histoire de la Passion de Jésus-Christ, peut-être est-il bon de rappeler, en particulier, la scène que le peintre Mignard a voulu représenter ici. On voit les juifs sortant de Jérusalem. Saint Luc, dans son évangile, dit : « Lorsqu'ils le menaient au supplice, ils prirent un homme de Cyrène, appelé Simon, qui revenait des champs, et le chargèrent de la croix, pour la porter après Jésus. Or, il était accompagné d'une grande multitude de peuple et de femmes qui se frappaient la poitrine et qui se lamentaient. Mais Jésus se tournant vers elles, leur dit : « Filles de Jérusalem, ne pleurez pas sur moi, mais pleurez sur vous-même et sur vos enfans. »

Mignard fit ce tableau pour le roi vers l'année 1680. Il est d'autant plus précieux, que le peintre a fait plus fréquemment des portraits que des compositions historiques. On le voit maintenant dans la galerie du Louvre. Gérard Audran en a fait une gravure d'un grand mérite et fort recherchée. Des gravures plus petites en ont été faites par Benoît Audran et par Jean Audran.

Larg., 6 pieds; haut., 4 pieds 6 pouces.

THE BEARING OF THE CROSS.

Although every one is acquainted with the history of the Passion of Jesus Christ, still it is as well to relate the immediate scene intended by the painter Mignard to be delineated in the present picture. The Jews are seen flocking out of Jerusalem : S^t. Luke, in his Gospel, says : « And as they led him away, they laid hold upon one Cymon, a Cyrenian, coming out of the country, and on him they laid the cross, that he might bear it after Jesus. And there followed him a great company of people, which also bewailed and lamented him. But Jesus turning unto them said, Daughters of Jerusalem, weep not for me, but weep for yourselves; and for your children. »

Mignard did this picture for the King, about the year 1680. It is the more precious, as the painter more frequently did portraits than historical compositions. At present it is in the Gallery of the Louvre. Gerard Audran has engraved from it a print of great merit and much esteemed. Smaller engravings of it have have been executed by Benedict Audran, and by John Audran.

Width 6 feet 4 inches; Height 4 feet 9 inches.

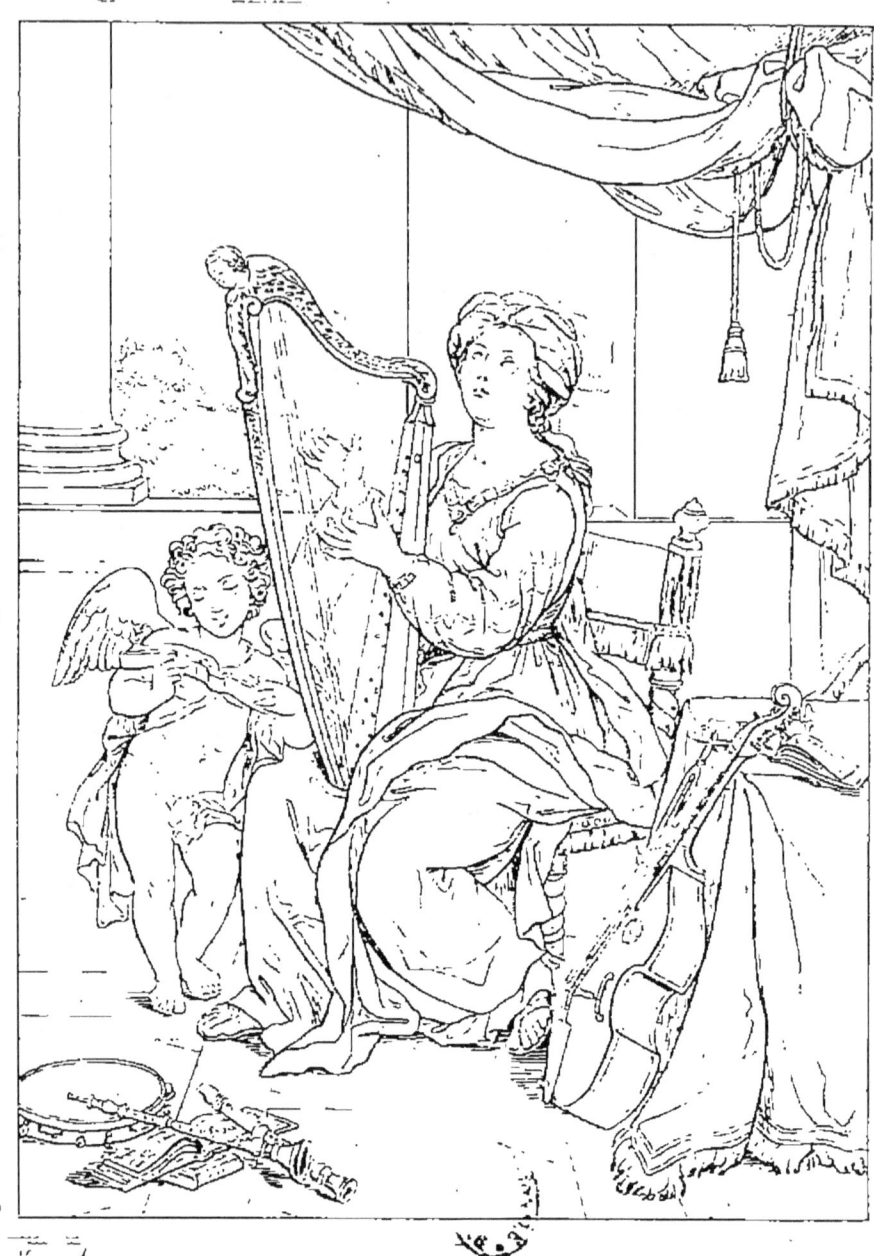

SAINTE CÉCILE.

Le costume que Mignard a donné à sainte Cécile est tout-à-fait idéal ; il est d'autant plus excusable à cet égard qu'on n'a rien de certain sur le temps et le pays où vivait cette illustre martyre. Les uns placent sa mort à la fin du IIe. siècle, les autres dans le IVe. Quelques auteurs prétendent qu'elle appartenait à la famille romaine de Cécilius ; que, mariée contre son gré à Valérien, elle le convertit à la foi de Jésus-Christ, et qu'il consentit à ce qu'elle conservât sa virginité. D'autres auteurs disent qu'elle vint en Sicile, et qu'elle y souffrit le martyre. On ne sait trop non plus ce qui la fit regarder comme patrone des musiciens, si ce n'est qu'en 821 le pape Pascal Ier. chargea les religieux dans le monastère desquels était son tombeau de *chanter* jour et nuit les louanges de Dieu.

Ce tableau, dans lequel Mignard a donné le cachet de son talent, est d'un pinceau facile et agréable. Il a été exécuté pour Louis XIV, qui le fit placer dans son cabinet particulier. Il est maintenant au Musée royal, et a été gravé par C. Duflos et par Bouillard.

Haut., 2 pieds 2 pouces ; larg., 1 pied 7 pouces.

S_t. CECILIA.

The costume Mignard has given to saint Cecilia is quite
ideal, as we have no precise date on the time and country in
which this illustrious martyr lived. Some fix her death towards
the end of the second century, others in the fourth. There are
authors who assert she belonged to the roman family of Ceci-
lius, and that, married against her will, she converted her
husband, Valerian, to the christian faith, and was allowed by
him to keep her virginity. Other authors say she went to Sicily
and there suffered martyrdom. Neither is the reason known
why she is considered the patroness of musicians, except that,
in 821, pope Paspal the first ordered the monks in whose mo-
nastery her tomb was, to sing the praises of God night and
day.

This picture, on which Mignard has impressed the stamp of
his genius, is done in an easy and agreable manner. It was
executed for Louis the fourteenth, who had it placed in his
private collection. It is now in the royal Museum.

Height. 2 feet 4 inches; breadth, 1 foot 9 inches.

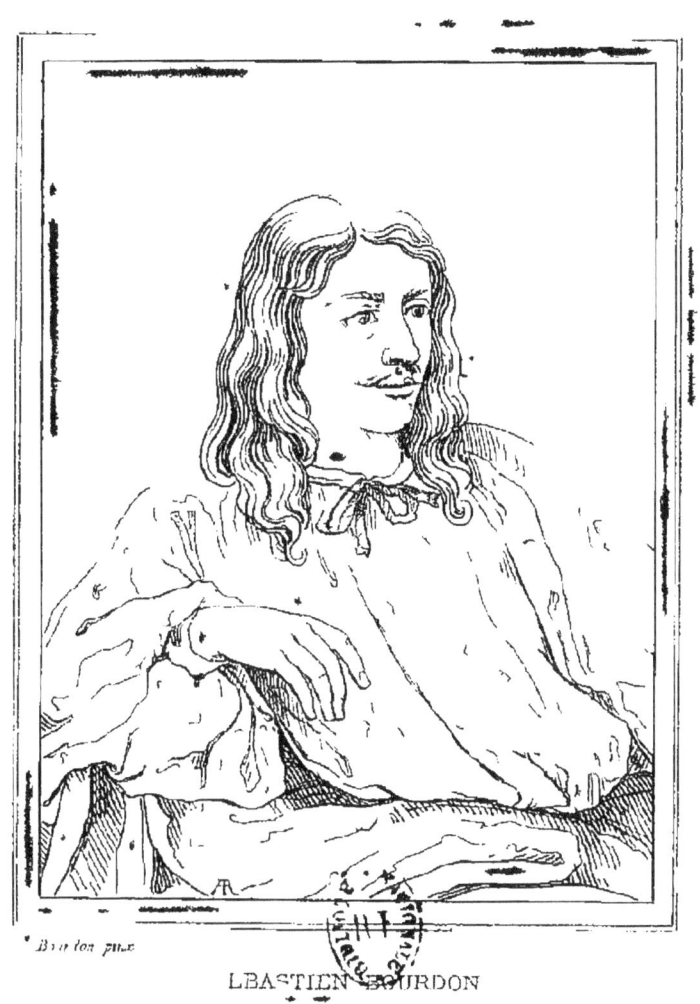

Bourdon pinx.

LBASTIEN BOURDON

NOTICE
HISTORIQUE ET CRITIQUE

SÉBASTIEN BOURDON.

———

Sans avoir atteint la réputation dont jouissent Poussin, Claude Lorrain et Le Sueur, Bourdon cependant doit être placé sur la ligne des peintres dont le talent fait honneur à la France. Si quelques incorrections de dessin s'aperçoivent dans plusieurs de ses nombreux ouvrages, ce défaut est amplement racheté par de grandes beautés, une facilité extraordinaire, et beaucoup d'originalité.

Sébastien Bourdon naquit à Montpellier en 1616. Son père, peintre sur verre, lui donna les premiers élémens du dessin; mais bientôt il fut confié à l'un de ses oncles, qui l'amena à Paris. Il fit ce voyage sur une voiture chargée de bagages, s'y endormit et tomba avec le ballot sur lequel il était, sans que personne s'en aperçût. Cependant un courrier ayant averti qu'il avait vu sur la route quelque chose qui devait appartenir à la voiture, le conducteur retourna sur ses pas, et trouva l'enfant encore plongé dans le sommeil.

Le jeune Sébastien fut placé à Paris chez un peintre médiocre, qu'il quitta dès l'âge de quatorze ans pour aller à Bordeaux. Il eut d'abord occasion de faire, dans un château

voisin de cette ville, un plafond qu'il peignit à fresque ;
mais ensuite, ne trouvant plus à s'occuper, il partit pour Toulouse, et la misère l'obligea à s'engager. Le capitaine de la
compagnie dans laquelle il s'était enrôlé, étonné des talens
de son jeune soldat, lui donna bientôt après son congé. Il
partit alors pour Rome, ou il n'eut d'autres ressources que de
travailler pour un marchand de tableaux qui le payait assez
mal. La flexibilité de son talent, et sa mémoire heureuse,
lui donnèrent les moyens de faire des tableaux, ou il imitait
la manière de chaque maître. Il poussa cette adresse au point
d'imiter de souvenir un tableau de Claude Lorrain. L'ayant
exposé dans un jour de fête, ainsi que cela était l'usage alors,
chacun se récria sur le mérite du nouveau chef-d'œuvre de
l'habile paysagiste. On courut chez lui pour l'en compli-
menter, et on le trouva occupé à terminer le tableau, que
l'on croyait avoir vu à l'exposition. Ce ne fut pas sans peine
que Lorrain pardonna cette supercherie à Bourdon, qui
acquit dès lors quelque célébrité, et trouva une existence
honnête à répeter ainsi des tableaux d'André Sacchi, de
Michel-Ange Cercozi et de Pierre de Laer.

Un peintre, compatriote de Bourdon, jaloux de sa pro-
spérité, voulut la troubler, et le menaça de le dénoncer à
l'inquisition comme calviniste · Cette crainte força Bourdon
à quitter Rome précipitamment, après un séjour de trois années. Il alla d'abord à Venise, et revint ensuite à Paris, où il
fit, pour l'eglise de Notre-Dame, le crucifiement de saint Pierre.
La reputation que ce tableau lui occasiona s'accrut encore par
le martyre de saint André, qu'il exécuta pour la cathédrale de
Chartres. Il allait faire six autres tableaux pour l'église de
Saint-Gervais de Paris ; mais, s'étant permis quelques plaisan-
teries au sujet de la vie de ce saint, on l'autorisa seulement
à terminer le tableau qui était commencé, et les cinq autres furent donnés à Champagne et à Le Sueur.

De si grands ouvrages n'empéchèrent pas Bourdon de se

délasser de temps à autre en faisant des tableaux de genre,
ou des bambochades peintes avec une rapidité extraordinaire,
et dans lesquels cependant on trouve toujours de l'esprit ; de
l'originalité et une couleur vigoureuse. Il fit aussi des portraits et des paysages justement estimés ; mais sa vivacité
l'entraînait souvent à faire vite, n'ayant pas ordinairement
la patience de terminer ses tableaux. On l'a vu même, se laissant emporter par sa facilité, parier de faire douze têtes d'a-
près nature en un seul jour. Il gagna son pari, et ces têtes,
dit-on, ne furent pas des moins belles qu'il ait faites.

Il est facile de concevoir qu'avec une tel esprit, Bourdon
devait avoir quelque bizarrerie dans le caractère ; aussi le
voyait-on tantôt se livrer entièrement à la société, s'y présenter avec un extrême enjouement, puis se livrer au travail avec le plus grande opiniâtreté ; se renfermer alors dans
un grenier qui lui servait d'atelier et retirer après lui l'échelle
par laquelle il était monté, afin que personne ne vînt l'in-
terrompre, évitant aussi qu'on pût se douter où il était.

Lors de l'établissement de l'académie royale de peinture,
en 1648, Bourdon fut l'un des douze anciens ; plus tard il
fut nommé recteur de l'académie.

Les troubles de la Fronde vinrent encore tourmenter Bourdon, à cause de sa religion. Il s'expatria en 1652, pour aller en Suède avec le titre de peintre de la reine. Il n'eut
à faire dans ce pays que des portraits, et fit celui de Chris-
tine à cheval. Pendant qu'il travaillait, il parla à cette princesse des tableaux que Gustave-Adolphe avait eus pour sa part
lors de la prise de Prague, en 1620 ; la plupart étaient
encore emballés. La reine lui ordonna de les examiner ; et
lorsqu'il lui en rendit compte, voyant avec quel enthousiasme
il lui vantait surtout ceux du Corrége, cette princesse pour
faire un acte de générosité, lui dit qu'elle les lui donnait ;
mais Bourdon répondit à l'instant même qu'elle ne pouvait se
dessaisir de tableaux si précieux, qui étaient des plus beaux de

l'Europe. Ils passèrent depuis au cardinal Odescalchi, puis dans la galerie d'Orléans, et sont maintenant dispersés.

Bourdon, revenu à Paris, fut chargé de faire, pour la paroisse Saint-Benoît, un tableau représentant le Christ mort et la Vierge près de lui. Il fit ensuite un voyage à Montpellier avec toute sa famille; et, lors de son retour, en 1663, il peignit à fresque les plafonds de la galerie Bretonvilliers. Aidé dans ce grand travail par ses élèves Guillerot, Monier et Friquet, il y représenta l'histoire de Phaéton en neuf grandes compositions, maintenant détruites par le temps.

On ne sait pas à quelle époque, Bourdon peignit ses tableaux des Sept Œuvres de Miséricorde, mais ils doivent être de son meilleur temps, lui-même a montré l'estime qu'il en faisait, puisqu'il les grava à l'eau-forte; il a fait de la même manière une trentaine de pièces, dont plusieurs sont des paysages remarquables, sous le rapport de la composition et sous celui de la gravure.

Bourdon venait d'être chargé de peindre un plafond dans l'appartement des Tuileries; mais il n'avait encore fait que le dessin quand il fut surpris par une fièvre violente, dont il mourut en 1671, laissant **deux** filles, qui toutes deux peignaient la miniature.

Si la mort ne fût venue surprendre Bourdon dans un âge si peu avancé, il eût encore produit beaucoup, mais sans doute aussi il n'aurait rien fait de mieux pour sa gloire. Les principaux caractères de ses ouvrages sont d'être faits avec facilité, mais peu terminés. Lorsqu'il copia la nature, il ne sut pas la choisir. Ses portraits sont remarquables par un coloris vigoureux et vrai. Ses nombreux paysages le placent à côté du Poussin.

Son œuvre se compose d'environ 200 compositions.

HISTORICAL AND CRITICAL NOTICE

or

SEBASTIAN+ BOURDON.

Without having reached a reputation equal to that enjoyed by Poussin, Claude Lorraine, and Le Sueur, still Bourdon must be ranked with those painters whose talents do most credit to France. If a want of correctness in the drawing be observed in several of his numerous works, this defect is amply redeemed by great beauties, an extraordinary facility, and much originality.

Sebastian Bourdon was born at Montpellier, in 1616. His father, a glass-stainer, taught him the first principles of drawing, and he was early placed under one of his uncles, who took him to Paris. He performed this journey on a vehicle loaded with luggage, on which he fell asleep, and fell down with one of the bales without any one seeing him. A courrier having given notice that he had perceived something lying in the road, which most likely belonged to the waggon, the driver went back, and found the boy fast asleep.

When at Paris, young Sebastian was put with a painter of middling talent, whom he left when fourteen years old, and went to Bordeaux. He at first had to paint, in a *Château* near the town, a ceiling, which he did in fresco; but, subsequently, having no employment, he set off for Toulouse, where want obliged him to enlist for a soldier. The Captain of his company, astonished at the talent of the young recruit, soon afterwards gave him his discharge. He then went to Rome : in this place he had no other resource than to work for a picture-dealer, who but ill-paid[*] him. The versatility of his talent and a strong memory gave him the means of painting pictures wherein he imitated the manner of each master. He carried this skill so far as to imitate a picture of Claude Lorraine's, from memory alone. Having exhibited it during a holiday, as was then the custom, every one was struck at the merit of this fresh specimen of the skilful lanscape-paint-er. Many persons went to compliment him on it, and found[*] him finishing the very picture believed to have been exhibit-ed. Lorraine did not easily forgive Bourdon this trick : but the latter acquired from that time some celebrity, and earned a comfortable livelihood by thus repeating the pic-tures of Andrea Sacchi, Michael Angelo Corcoz, and Peter de Laer.

A painter, a fellow countryman of Bourdon, jealous of his success, wished to stop it, and threatened to denounce him before the Inquisition, as a Calvinist. This annoyance oblig-ed Bourdon to leave Rome suddenly, after a three years' residence. He at first went to Venice, and afterwards return-ed to Paris where he did the Crucifixion of St. Peter, for the Church of Notre Dame. The reputation he acquired by that work, was increased by the Martyrdom of St. Andrew, which he painted for the cathedral of Chartres. He was also to do six pictures for the Church of St. Gervais in Paris; but having taken the liberty of jesting on the life of this Saint, he was only allowed[*] to finish the subject he had begun, and the five others were given to Champagne and Le Sueur.

Such large compositions did not prevent Bourdon from oc-casionally painting, by way of diversion, fancy pictures, and bambocciate, executed with extraordinary rapidity; and in which, spirit, originality, and[*] a vigorous colouring, are always found. He also did some very justly esteemed portraits and' landscapes; but his restlessness often induced him to work quick, seldom having the patience to finish his pictures. He has even been known, relying on his facility, to bet that he would paint, in a single day, twelve heads from nature. He won the wager, and these heads, it is said, were as handsome as any he had done.

It will be easily conceived that, with such a mind, Bourdon must have been an eccentric character. Thus he was sometimes seen giving himself up wholly to company, displaying great playfulness, and afterwards setting to work with the utmost assiduity. He would then shut himself up in a loft, which served him for a study, pulling up the ladder after him, that no one might intrude on his privacy, or even guess where he was.

When the Royal Academy for Painting was founded, in 1648, Bourdon was one of the twelve Elders : later he was named Rector of the Academy.

The troubles occasioned by the Fronde, were a source of vexation to Bourdon, on account of his religion. He left his country in 1652, for Sweden, with the title of painter to the Queen. In this country he only had portraits to paint, and he did that of Christina on horseback. Whilst working at it, he incessantly spoke to that Sovereign of the pictures Gustavus Adolphus had had for his share at the taking of Prague, in 1620: the greater part were yet unpacked. The Queen ordered him to examine them, and when he gave her the description, seeing with what enthusiasm he particularly praised those of Correggio, she generously gave them to him. But Bourdon immediately replied' that she ought not to part with such precious pictures, which were some of the finest in Europe. They afterwards belonged to Cardinal Odescalchi', then to the Orleans Gallery, and are now dispersed.'

Bourdon, returning to Paris, was commissioned to paint, for the Parish of St. Benoît, a picture representing Christ Dead and the Virgin by him. He afterwards went to Montpellier with all his family; and on his return, in 1663, he painted, in fresco, the ceilings of the Bretonvilliers Gallery: he was assisted in this great work by his pupils, Guillerot, Monier, and Friquet. He represented in it the story of Phaeton, in nine large compositions, but now entirely destroyed by time.

It is not known at what period Bourdon painted his Seven Acts of Mercy, but they must have been in his best time; himself showing how much he prized them, since he etched them : he has also done in the same manner about thirty subjects, several of which are landscapes, remarkable as to the composition and style of engraving.

Bourdon was ordered to paint the ceiling of an apartment in the Tuilleries; but he had only done the drawing of it, when he was attacked by a violent fever, of which he died in 1671, leaving two daughters, who both painted miniatures.

If Bourdon had not been snatched away at so early a period he might have produced much more, but certainly nothing to increase his reputation. The principal character of his works is that of being done with facility; but they are slightly finished. When he copied nature, he knew not how to make a choice : his portraits are remarkable for a faithful and vigorous colouring. His numerous landscape place him by the side of Poussin.

His works amount to about two hundred compositions.

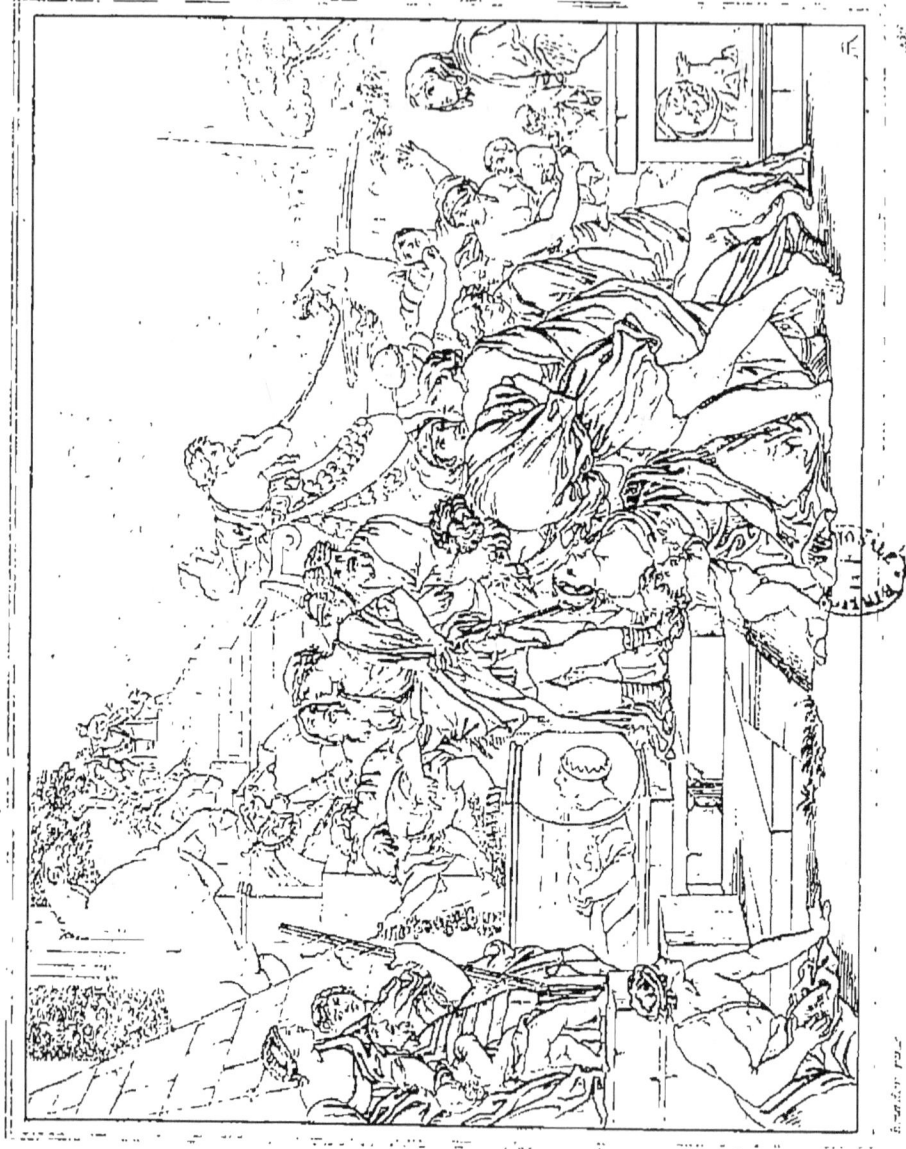

APELLES VOYANT LE TOMBEAU D'ALEXANDRE.

465

AUGUSTE

VISITANT LE TOMBEAU D'ALEXANDRE.

Suétone rapporte que, « étant à Alexandrie, Auguste se fit ouvrir le tombeau d'Alexandre et en fit tirer le corps. Il lui mit une couronne d'or sur la tête, le couvrit de fleurs, lui rendit toutes sortes d'hommages ; et, comme on lui demandait s'il ne voulait pas voir aussi les Ptolémées, il répondit : J'ai voulu voir un roi et non des morts. »

Bourdon a suivi si exactement le récit de Suétone, qu'on ne peut se méprendre sur le sujet ; mais c'est à tort qu'il a placé une couronne de laurier sur la tête d'Auguste, puisqu'il n'était encore que consul lors de son voyage à Alexandrie. On peut aussi faire remarquer que la forme du tombeau n'a guère de rapport avec l'architecture égyptienne.

Ce tableau est maintenant à l'hôtel-de-ville d'Amiens ; il a été gravé par Masquelier.

Larg., 4 pieds 4 pouces ; haut., 3 pieds 3 pouces.

AUGUSTUS

VISITING ALEXANDER'S-TOMB.

Suetonius relates that, « Augustus being at Alexandria caused Alexander's tomb to be opened before him, and the body to be drawn therefrom. He placed a golden crown on its head, covered it with flowers; and being asked, if he would not also see the Ptolomies, he replied : I wished to see a king, and not dead men. »

Bourdon has so closely followed Suetonius' account, that the subject cannot be mistaken : but he has erred in placing a crown of laurels upon the head of Augustus, as he was but consul at the time of his journey to Alexandria. It may also be remarked that the shape of the tomb has but little connexion with Egyptian architecture.

This picture is now in the Hôtel-de-Ville, or Mansion House, at Amiens. It has been engraved by Masquelier.

Width, 4 feet 7 inches ; height, 8 feet 6 inches.